Führung durch Kooperation

Thurid Holzrichter · Mara Santer

Führung durch Kooperation

Besseres Miteinander – exzellente
Leistungen

 Springer

Thurid Holzrichter
Sören, Deutschland

Mara Santer
Sören, Deutschland

ISBN 978-3-662-63256-7   ISBN 978-3-662-63257-4   (eBook)
https://doi.org/10.1007/978-3-662-63257-4

Die Deutsche Nationalbibliothek verzeichnet diese Publikation in der Deutschen Nationalbibliografie;
detaillierte bibliografische Daten sind im Internet über http://dnb.d-nb.de abrufbar.

Planung/Lektorat: Marion Kraemer
Springer ist ein Imprint der eingetragenen Gesellschaft Springer-Verlag GmbH, DE und ist ein Teil von
Springer Nature.
Die Anschrift der Gesellschaft ist: Heidelberger Platz 3, 14197 Berlin, Germany

Vorwort

Führung durch Kooperation – das ist ein Erfolgsrezept für Unternehmen wie unseres, die im sich wandelnden Markt bestehen bleiben wollen. Unsere Bäckerei mit 300 Mitarbeitenden besteht seit 1882 und hat sich immer erfolgreich den veränderten Bedingungen der Gesellschaft angepasst und so auch jetzt. Junge Menschen wünschen eine andere Form der Führung, als es in den letzten Jahrzehnten üblich war. Sie wollen sich wertgeschätzt fühlen und ihre Potenziale entwickeln. Arbeit ist mehr, als seine Brötchen zu verdienen, unsere Mitarbeitenden, aber auch wir als gesamtes Familienunternehmen wollen etwas Nachhaltiges schaffen, der Zeit, die wir mit Arbeit verbringen, Sinn geben. Vor einigen Jahren erfolgte bei uns ein Generationswechsel, welchen die Autorinnen des Buches mit ihrem Netzwerk HOLZRICHTER-BERATUNGEN erfolgreich begleiteten. Immer wieder stellten wir gemeinsam fest, dass wir der Konkurrenz voraus sind, wenn wir gute Fachkräfte gewinnen und auch an uns binden. Enge zwischenmenschliche Beziehungen sind Bestandteil eines Familienunternehmens, und wir sind sehr erfolgreich in dem, was wir tun, weil wir eng mit unseren Partnern, aber auch Mitarbeitenden kooperieren. Wir verstehen unsere Arbeit als einen gegenseitigen Lernprozess, wir Führungskräfte lernen von und mit den Mitarbeitenden und sie von und mit uns.

Natürlich gibt es in unserem Unternehmen wie in jedem Unternehmen Situationen, wo Probleme auftauchen, wo sich Widerstände ergeben oder Dinge nicht laufen, wie wir es uns in der Geschäftsführung wünschen.

Den Ursachen dieser Probleme auf den Grund zu gehen, zu analysieren, warum die Mitarbeitenden nicht tun, was wir für richtig halten, und entsprechende Maßnahmen einzuleiten, die an den Bedarfen und Bedürfnissen der Mitarbeitenden ansetzen, sie zu verstehen und sie gleichsam zu fordern, ihre Potenziale einzusetzen, das ist ein Weg zu einem erfolgreichen Miteinander für uns. Um herauszufinden, warum Mitarbeitende nicht wie gewünscht arbeiten oder warum Kooperationspartner nicht ihren vollen Einsatz für uns zeigen, sind die Dimensionen und die damit verbundenen Fragen dieses Buches für uns essenziell. Wir haben durch die Anwendung des WVBSW-Modells (mit den Dimensionen **W**ertschätzung, **V**erstehbarkeit, **B**ewältigbarkeit, **S**innhaftigkeit und **W**ohlbefinden) nicht nur dazu beigetragen, dass unsere Mitarbeitenden mehr Leistung bringen und sich dabei wohler fühlen, sondern auch, dass Potenziale entdeckt und eingesetzt wurden. Heute sind wir erfolgreicher als vor dem Wandel unserer Unternehmenskultur und wir führen dies unter anderem auf eine gemeinsame Wertebasis und damit verbunden eine enge Kooperation zwischen uns Mitarbeitenden auf allen Ebenen der Bäckerei zurück.

Die beiden Psychologinnen, Thurid Holzrichter und Mara Santer, haben uns auf unserem Weg durch ihre große Erfahrung in der Beratung von Unternehmen sehr geholfen. Zum einen haben sie durch ihre versierte Fachlichkeit beeindruckt, zum anderen auch durch ihre authentische Art, die wichtigen Dimensionen des WVBSW-Modells praxisnah und alltagstauglich zu vermitteln. Ich freue mich sehr, dass die wichtigen Inhalte dieser Arbeit nun in Buchform auch anderen Unternehmen zur Verfügung stehen und bin mir sicher, dass die Anwendung der hier beschriebenen Technik den Wandel in der Arbeitswelt, hin zu mehr Kooperation, offenerem Denken und gegenseitigem Wachstum, sehr unterstützen kann. Der gesellschaftliche Wandel, sei es in der Frage der Genderpolitik oder auch der veränderten Vorstellungen der jungen Generationen an die Arbeitswelt, stellt uns Unternehmen vor neue Herausforderungen.

Dieses Buch liefert einen praktischen und sehr nützlichen Ansatz, diese Veränderungen nicht nur hinzunehmen, sondern sie zu entfalten und gewinnbringend in ein wandelbares und damit auch zukünftig erfolgreiches Unternehmen zu integrieren.

Moritz Günther
Hauptgesellschafter Bäckerei Günther
GmbH & Co. KG

Inhaltsverzeichnis

Über die Autorinnen

Thurid Holzrichter ist Diplom-Psychologin und Autorin mehrerer Bücher, Beraterin, Coach und Trainerin sowie Gründerin des Netzwerkes HOLZRICHTER-BE-RATUNGEN. Im Zusammenschluss mit kooperierenden Kolleg*innen betreut sie mit ihrem Netzwerk mehrere Hundert Projekte pro Jahr. Der Schwerpunkt ihrer Arbeit liegt in der Beratung von Unternehmen, Bildungsein-richtungen sowie der Führungskräfteentwicklung. Der Fokus auf Lösungen, die langfristig Bestand haben und sich durch Win-win-Situationen für beide Parteien aus-zeichnen, spornt sie an. Wohlbefinden und Leistung ge-meinsam zu steigern, um Menschen ein für sie optimales Leistungsniveau zu schaffen, sind Ziele ihrer Arbeit mit Führungskräften. Der Blick auf Ressourcen und die Steigerung dieser, um resilient agieren zu können, sind dabei wichtiger Bestandteil ihrer Arbeit. Sie ist unter anderem spezialisiert auf Generationswechsel in Unter-nehmen und begleitet diese erfolgreich, indem sie die Ko-operation und das gegenseitige Verstehen auch dann fördert, wenn unterschiedliche Sichtweisen den Wechsel erschweren. Mit einem fachlichen und dennoch kreativen Blick auf bestehende Situationen begleitet sie in Unter-nehmen und Bildungseinrichtungen seit vielen Jahren erfolgreich Veränderungsprozesse, löst Widerstände auf und steigert die Kooperation aller Beteiligten. Sie be-gleitet Auftraggeber im Bereich Change Management und berät politische Entscheidungsträger. Künstler (v. a. Musiker) berät sie in einem spezifischen Konzept, mit Kolleg*innen in Kooperation zu bleiben und gleichzeitig die individuelle Identität zu erhalten. Sie unterstützt sie darin, trotz der spezifischen Anforderungen an das Arbeitsumfeld in innerer Balance zu bleiben und das eigene Potenzial langfristig zu entfalten und zu erhalten.

Mara Santer ist Diplom-Psychologin und Mathematikerin, Beraterin, Coach und Trainerin sowie stellvertretende Leitung des Netzwerkes HOLZRICHTER-BERATUNGEN. Sie berät Teams und Einzelpersonen in Unternehmen und Bildungseinrichtungen. Dabei ist einer ihrer Schwerpunkte das Thema Wertschätzung. Sie zeigt Führungskräften und Teams, wie durch gelebte Wertschätzung das Miteinander im Alltag besser gelingt und Reibungsverluste sowie Konflikte vermieden bzw. gelöst werden können. Als ein Bestandteil dieses Themas arbeitet sie besonders mit Menschen, die führen und Verantwortung für andere übernehmen, am Thema Selbstwertschätzung. Darüber hinaus ist sie auf den Bereich der Positiven Psychologie spezialisiert und beschäftigt sich mit individuellen und im Alltag umsetzbaren Lösungen zu den Fragen, wie Ressourcen gestärkt, Stärken gefördert und durch eine Stärkung des individuellen Wohlbefindens Leistung und Qualität gesteigert werden können. In ihrer Arbeit zeichnet sie ihr analytischer Blick auf Situationen und Herausforderungen aus. Verknüpft mit einer ausgeprägten Empathie geht sie auf die individuellen Bedürfnisse ihres jeweiligen Gegenübers ein und hilft, zu strukturieren und in fordernden Situationen den Überblick zu behalten. Bei ihrer Beratung in Entwicklungsprozessen ist es für sie nicht nur wichtig, schnell zu erfassen, was gebraucht wird, sondern auch den Fokus darauf zu legen, was schon da ist und genutzt werden kann. Sie beschäftigt sich ebenso gern mit grundlegenden Themen wie persönlichen Werten und Haltungen verschiedener Personen in einem Team als auch mit verhaltensorientierten Themen wie Zeit- und Zielmanagement.

Einleitung

Führung durch Kooperation und die Herleitung des WVBSW-Modells

Zusammenfassung

Dieses Buch richtet sich an Führungskräfte, Menschen, die im Personalmanagement tätig sind, genauso wie an Fortbildende und Personen, die sich in anderen Kontexten fragen, wie sie Kooperation zwischen Menschen fördern können. Es wird ein Modell vorgestellt, gelingende Kommunikation zwischen Menschen zu steigern. Für uns bedeutet Kooperation dabei: an gemeinsamen Zielen zu arbeiten und im Interesse aller zu handeln, also Win-win-Situationen zu mehren und sich dabei zu entwickeln, zu wachsen, innovativ zu werden und die Stärken und Potenziale der einzelnen Akteure bestmöglich einzusetzen, sodass letztlich das Ergebnis der Gruppe mehr wird, als die einzelnen Teile hätten für sich erzeugen können.

1.1 Führung durch Kooperation. Warum ist das Thema wichtig?

Dieses Buch richtet sich an Führungskräfte, Menschen, die im Personalmanagement tätig sind, genauso wie an Fortbildende und Personen, die sich in anderen Kontexten fragen, wie sie Kooperation zwischen Menschen fördern können.

► Wenn wir über Kooperation schreiben, dann meinen wir eine ehrliche zwischenmenschliche Kooperation.

Es geht in unserer Betrachtung also nicht vorrangig um Kooperation zwischen Unternehmen für strategische Zwecke, sondern um die Kooperation, die zwischen den Führungskräften von Unternehmen auf der Beziehungsebene, aber auch

T. Holzrichter und M. Santer, *Führung durch Kooperation*,
https://doi.org/10.1007/978-3-662-63257-4_1

zwischen Führungskräften und Mitarbeitenden, in Teams und in anderen Formen des menschlichen Zusammentreffens entstehen kann.

Für uns bedeutet Kooperation: an gemeinsamen Zielen zu arbeiten und im Interesse aller zu handeln, also Win-win-Situationen zu mehren und sich dabei zu entwickeln, zu wachsen, innovativ zu werden und die Stärken und Potenziale der einzelnen Akteure bestmöglich einzusetzen, sodass letztlich das Ergebnis der Gruppe mehr wird, als die einzelnen Teile hätten für sich erzeugen können.

▶   Kooperation wird hier nicht verstanden als die Kooperation zwischen Unternehmen im klassischen Sinne der Betriebswirtschaftslehre, sondern als die soziale Kooperation einzelner Menschen oder auch Teammitglieder untereinander, die miteinander in welcher Weise auch immer zusammenarbeiten.

Kooperation meint in der Psychologie eine Form der fairen Zusammenarbeit zwischen Personen, Gruppen oder Institutionen und zeichnet sich durch bewusstes und planvolles Herangehen bei der Zusammenarbeit aus. Dementsprechend ist Kooperation reziprok (Spieß, 2021).

Bisherige Literatur setzt häufig bei der Zusammenarbeit in Teams an oder bietet als Gegenteil den Umgang mit Konflikten an (Spieß, 2021). Unser Buch allerdings soll aufzeigen, wie Führungskräfte Kooperation in allen Prozessen, in denen sie mit anderen Menschen zusammenarbeiten, fördern können und diese Technik auch in ihr Unternehmen übertragen können. Dabei ist der Begriff der Führung hier weit gefasst zu verstehen, denn das in diesem Buch vorgestellte WVBSW-Modell unterstützt Kooperation auf allen Ebenen der zwischenmenschlichen Zusammenarbeit und lässt sich damit als übergeordneter Ansatz zur Bildung einer Unternehmenskultur genauso verwenden wie zur Führung von Teams, aber auch zur Führung von Einzelpersonen. Dabei stehen die Buchstaben der Abkürzung für **Wertschätzung, Verstehbarkeit, Bewältigbarkeit, Sinnhaftigkeit** und **Wohlbefinden.** Darüber hinaus ist es anwendbar überall dort, wo Menschen miteinander zu tun haben.

Am Beispiel einer Schule, die sehr vielschichtige Beziehungsebenen mit sich bringt, lässt sich gut darstellen, wie das Modell auf ganz unterschiedlichen Ebenen angewendet werden kann.

Beispiel zur Anwendbarkeit des WVBSW-Modells zur Führung durch Kooperation

Das von uns als **WVBSW-Modell** benannte und in diesem Buch beschriebene Modell lässt sich anwenden, indem es mit seinen Einzelbausteinen die Leitlinien der Schule ergänzt und einen Beitrag zur Vision liefert. Die Schulleitung kann das Kollegium mittels WVBSW führen und auch im Einzelkontakt, gerade wenn sich Konflikte ergeben, WVBSW als wichtiges Diagnosetool verwenden. Die einzelnen Lehrkräfte können das WVBSW-Modell anwenden, wenn sie vor ihren Schülern und Schülerinnen stehen. Sie können es im

Einzelkontakt nutzen, um Gespräche mit einzelnen Kindern oder auch mit Eltern gewinnbringend zu führen. Auch Kinder untereinander können lernen, mithilfe des Modells in Kooperation zu bleiben und die fünf Dimensionen kindgerecht für sich abzuprüfen. ◄

Das Modell lässt sich also sehr breit anwenden, da es immer dort hilfreich wird, wo Menschen miteinander interagieren. Die an der Interaktion Beteiligten können es zum einen nutzen, um die Kooperation zu steigern, und zum anderen, um Gründe für fehlende Kooperation oder dysfunktionales Miteinander zu beleuchten.

Die klassische Anwendung in diesem Buch beschreibt die Anwendung als Führungstool zwischen Vorgesetzen und Mitarbeitenden. So ist das Buch geschrieben. Gleichwohl lässt sich das Modell in den unterschiedlichsten anderen Kontexten anwenden, so auch in Teamsituationen, in der Liebesbeziehung zwischen zwei Menschen oder im Umgang mit (ihren) Kindern. Kooperation ist in den meisten Fällen von Vorteil, wenn es darum geht, erfolgreich miteinander zu sein. Kooperation setzt Vertrauen voraus, aber sie bildet auch Vertrauen. Sobald einzelne Akteure aus der Kooperation aussteigen, werden nicht nur Leistung und Ergebnis gefährdet, sondern auch reziproke Prozesse auf dem Weg zur Zielerreichung, was sich wiederum auf andere Ziele und Bereiche der Zusammenarbeit auswirken kann.

> **Praxisbeispiel: Kooperation vs. fehlende Kooperation in der Partnerschaft**
>
> **Beipiel 1 – Kooperation in der Partnerschaft**
> Mira und Jan sind seit 3 Jahren ein Paar. Sie achten darauf, sich mit Respekt zu begegnen und wertschätzend auf die Bedürfnisse des jeweils anderen zu gucken und diese in die eigenen Wünsche und Ziele zu integrieren. Die Beziehung verläuft weitgehend harmonisch. Wenn die beiden sich streiten, dann suchen sie schnell nach der tieferen Ursache des Streits und nutzen dafür das hier vorgeschlagene WVBSW-Modell. Sie erkennen so die Ursachen für die Disharmonie und können darüber in den Austausch kommen. Sie lernen dadurch, sich besser zu verstehen und ihre Beziehung gewinnt an Stabilität.
>
> **Beispiel 2 – Fehlende Kooperation in der Partnerschaft**
> Sarah und Philipp sind ebenfalls seit 3 Jahren ein Paar. Sie geraten häufiger in Streit, der beide sehr belastet, weil sie sich persönlich angegriffen fühlen. Dann folgt ein Vorwurf dem nächsten. Sobald Sarah Philipp etwas sagt, womit sie sich nicht wohlfühlt, also ihre Bedürfnisse nicht erfüllt sieht, kommt Philipp mit einer anderen Sache, wo Sarah seiner Meinung nach etwas getan hat, was sie hätte anders tun müssen. So geht es hin und her. Wenn Sarah sich aufregt, dass Philipp seine Kaffeetasse hat wieder stehen lassen, dann schimpft Philipp, dass sie vor wenigen Tagen ihre Teller nicht in den Geschirrspüler geräumt hat. Sarah versucht zu erklären, warum sie dies nicht gemacht hat. Sie war im Zeitdruck. Das will Philipp aber gar nicht hören und schimpft, dass auch ihre Kleidung oft abends im Bad liegen bleibt. Sarah wirft nun Philipp vor, dass er

sich nicht wie abgesprochen um die Reparatur der Waschmaschine gekümmert habe und Philipp wirft Sarah vor, dass sie auch einmal einen Beitrag zum Zusammenleben leisten könnte. Beide fühlen sich zunehmend verletzt, worum es eigentlich wirklich geht und was die Bedürfnisse des jeweils anderen sein könnten, dafür bleibt keine Ruhe und Zeit. Sie gehen entnervt aus dem Streit. Irgendwann raufen sie sich wieder zusammen, aber beide haben das Gefühl, dass die Beziehung sie nicht umfänglich erfüllt. Insgeheim stellen sie die Beziehung bereits infrage, darüber reden sie aber nicht. ◀

In Unternehmen und Institutionen ist Kooperation eine Anforderung bei allen arbeitsteiligen oder spezialisierten Arbeiten (Gebert, 2004). Häufig gibt es keine echte Alternative zur Kooperation, zum Beispiel in Teamarbeit. Umso sinnvoller ist es, sich grundlegende Gedanken darüber zu machen, wie die Voraussetzungen für Kooperation geschaffen werden können und wie Kooperationsbereitschaft und Kooperationsvermögen im Miteinander abgeprüft und daraufhin zielgerichtet gesteigert werden können.

Latente Konflikte und auch Widerstände, kontraproduktives oder abweichendes Arbeitsverhalten, vergeltendes Verhalten, Fehlverhalten, emotionaler Missbrauch, soziale Unterminierung, Aggression sowie Mobbing/Bullying (Nerdinger et al., 2014) können als nicht gelungene Kooperation beziehungsweise als ihre Gegenteile verstanden werden.

Schon an dieser Stelle wird deutlich, dass die Steigerung von Kooperation mit einem Zuwachs an positiven Effekten verbunden sein wird. Genau diese Zusammenhänge finden sich auch in der Forschung (vgl. Kap. 2).

Wir beraten im Netzwerk HOLZRICHTER-BERATUNGEN seit vielen Jahren Führungskräfte und machen immer wieder eine Erfahrung: Wer versteht, wo die Ursachen für unerwünschtes Verhalten bei seinen Mitarbeitenden liegen und wer versteht, warum jemand sich seiner Arbeit bzw. der Kooperation als weiter gefasster Begrifflichkeit verweigert, in den Widerstand geht, krank wird, sich wegbewirbt oder hinter dem Rücken der Führung aufstachelt, der versteht in der Regel auch, was er oder sie tun muss, um eine Änderung herbeizuführen.

So beraten wir Führungskräfte in Unternehmen, Schulen, Institutionen und der Politik vor allem auf der Suche nach Ursachen für Widerstände oder schlechte Arbeitsleistungen von Mitarbeitenden oder ganzen Teams. Selten arbeiten wir mit Führungskräften zusammen, die uns mitteilen: „Wir kennen die Ursachen, warum ein Mitarbeitender sich in einer entsprechenden Weise verhält, aber wir wissen nicht, was wir jetzt tun sollen." Viel häufiger, im Grunde fast bei jeder Anfrage, ergibt sich, dass Führungskräfte sich die Gründe für ein unerwünschtes Verhalten oder schlechte Arbeitsleistungen nicht sicher erklären können und Unterstützung bei der Suche nach den tatsächlichen Ursachen benötigen. Sobald diese gefunden und benannt sind, agieren die meisten Führungskräfte wieder gemäß ihrer Professionalität und Expertise und wissen, was zu tun ist.

Das WVBSW-Modell hilft bei der Suche nach diesen Ursachen. Wenn Kooperation nicht gelingt und sogar Widerstände auftreten, werden Sie die Ursachen in einem der fünf Bereiche des Modells entdecken.

1.2   Theoretische Herleitung des WVBSW-Modells zur Steigerung von Kooperation

Das in diesem Buch vorgestellte WVBSW-Modell zur Steigerung von Kooperation beinhaltet fünf Dimensionen, die Kooperationsbereitschaft sowohl diagnostizieren als auch durch entsprechend eingeleitete Maßnahmen steigern können. Um in Konfliktsituationen eine konstruktive und friedliche Einigung im Sinne von Win-win-Ergebnissen zu erzielen, ist das Harvard-Konzept (Fisher et al., 2013) ein gut erprobter Ansatz. Die Einigung im Sinne einer Win-win-Situation ist mehr als ein Kompromiss, sie stellt die grundlegenden Bedingungen für echte Kooperation dar, da im Vordergrund der größtmögliche beiderseitige Nutzen steht und die persönliche Beziehung positiv erhalten bleiben soll. Die Kernpunkte des Harvard-Konzepts sollen hier genannt werden, wobei sich auch eine ausführliche Beschäftigung mit dem Ansatz lohnt.

Innerhalb des Harvard-Konzepts sollen

- Menschen und Probleme getrennt voneinander behandelt werden (vgl. Kap. 3 und 8),
- die Beteiligten sich auf Interessen und nicht auf Positionen konzentrieren und diese verhandeln (vgl. Kap. 4, 5 und 6),
- die Optionen für beide Seiten von Vorteil sein (Win-win-Ergebnis, vgl. Abb. 1.1, vgl. Kap. 3 und 7),
- die Ergebnisse auf objektiven Entscheidungskriterien aufbauen, sie müssen von beiden Seiten als fair und neutral bewertet werden.

Wie nach dem Harvard-Konzept erkennbar ist, ist der Blick auf die Bedürfnisse der verschiedenen Interaktionspartner*innen unerlässlich in Konfliktsituationen und überdies stark förderlich für Kooperation allgemein (vgl. Abb. 1.1). Aus diesem Grund und ausführlich in Kap. 3 ausgeführten Gründen ist Wertschätzung

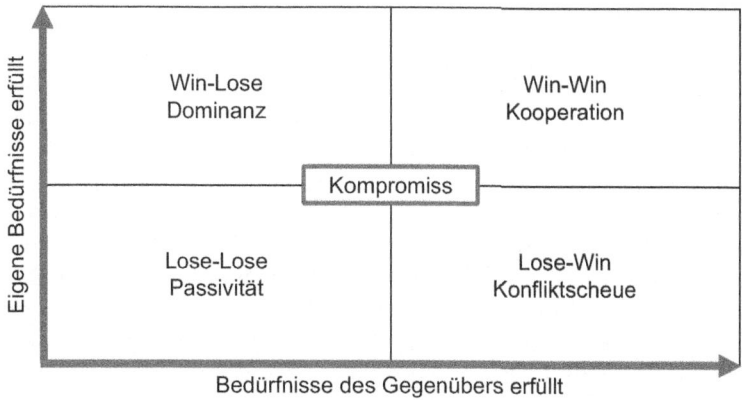

Abb. 1.1 Verhandlungsmatrix nach Harvard-Konzept. (Mod. nach Fisher et al., 2013; mit freundlicher Genehmigung von Campus, Frankfurt)

in unserem Modell die erste der fünf Dimensionen, wobei die Reihenfolge nicht
hierarchisch zu verstehen ist.

Dimension Wertschätzung
Zahlreiche Studien (vgl. Kap. 3) stellen die Wichtigkeit von Wertschätzung
in der Führung von Menschen heraus. Deswegen ist Wertschätzung für
uns eine wichtige Dimension von Kooperation. Bei Wertschätzung geht es
immer darum, andere Menschen mit ihren Bedürfnissen zu sehen und entsprechend zu handeln. Wenn Menschen das Gefühl haben, mit ihren Bedürfnissen nicht gesehen zu werden, dann gehen sie eher aus der Kooperation
und es entwickelt sich eher dysfunktionales Verhalten.

Innerhalb der Evolution gilt Kooperation als einer der wichtigen Erfolgspara-
meter erfolgreicher Entwicklung (Nowak, 2013), auch wenn dies bisher durch
starke Fokussierung und Verbreitung der Evolutionstheorie von Charles Darwin
nicht vordergründig im Bewusstsein der allgemeinen Betrachtung liegt. Ohne
Kooperation wäre die Abstimmung von Zellen und zum Beispiel die Vermeidung
von Krebs nicht möglich. Unterschiedlichste Systeme kooperieren im menschlichen Körper miteinander, um das Gesamtsystem zu wahren. Kooperation ist auch
im Tierreich erfolgreich, wie zum Beispiel bei Ameisen oder in der partnerschaft-
lichen Aufzucht von Jungtieren bei Vögeln und anderen Tieren. Pinguine würden
ohne Kooperation zwischen den Elterntieren keine Jungtiere aufziehen können.
Kooperation macht auch Gruppen von Menschen erfolgreich. Der jetzige Stand
der Gesellschaft wäre ohne Kooperation, Austausch und Zusammenarbeit nicht
möglich gewesen. Innerhalb der Spieltheorie kann zum Beispiel insbesondere
am sogenannten Gefangenendilemma (Rapoport et al., 1965; Rilling et al., 2007)
mathematisch gezeigt werden, dass kooperatives Verhalten für die beteiligten
Spieler einen größeren Nutzen hat, als wenn individuelle Strategien verfolgt
werden.
    Auch in Krisen zeigt sich die Überlegenheit von Kooperation. Durch enge
Kooperationen und das Teilen von wissenschaftlichen Erkenntnissen gelang es in
kurzer Zeit, innerhalb der Covid-19-Pandemie Impfstoffe nicht nur zu entwickeln,
sondern sie auch zu produzieren und in verschiedensten Ländern verfügbar zu
machen. Gegenseitige Unterstützung und Hilfe bringt letztlich die gesamte Gruppe
voran. Kooperation hat also Vorteile auf unterschiedlichen Gebieten, wobei viele
Forschende und Praktiker darüber hinaus soziale Kooperation als Grundbedürfnis der Menschen einstufen, um gesund zu bleiben und die eigenen Potenziale
im Zusammenhalt mit der Gruppe bestmöglich zu entfalten (vgl. Kap. 2). Wenn
wir uns fragen, was Menschen gesund erhält, denn danach streben Menschen
evolutionär sowohl bewusst als auch unbewusst, dann liefert der Ansatz der
Salutogenese ebenfalls wichtige Erkenntnisse. Mit dem theoretischen Konstrukt
des Kohärenzgefühls (Sense of Coherence, SOC) formulierte Aaron Antonovsky
(1997) ein Schlüsselkonzept der Salutogenese.

Das Kohärenzgefühl ist nach Antonovsky (1997) dabei eine globale Orientierung, die ausdrückt, in welchem Ausmaß ein Mensch ein durchdringendes, andauerndes und dennoch dynamisches Gefühl des Vertrauens in die Welt hat. Genau dieser Grundgedanke hat in unserem Buch eine zentrale Schlüsselrolle. Vertrauen lässt sich durch die Steigerung des Kohärenzgefühls stärken und genau dies ist ein wichtiger Schlüssel zur erfolgreichen Führung. Wenn Menschen ihre Welt als in sich logisch, zusammenhängend und nachvollziehbar erleben, sie die Situationen, die sich im Verlauf ihres Lebens aus ihrer inneren und äußeren Umgebung ergeben, als strukturiert, vorhersehbar und erklärbar, d. h. verstehbar (vgl.   Kap. 4, Verstehbarkeit), einschätzen, sie glauben, das eigene Leben bewältigen und gestalten zu können und ihnen genügend Ressourcen zur Verfügung stehen, um den Anforderungen des Lebens oder einer Situation erfolgreich zu begegnen (vgl.   Kap. 5, Bewältigbarkeit), und sie einen Sinn in ihrem Tun erleben und damit ein Gefühl von Bedeutsamkeit haben und die Anstrengungen sich für sie lohnen (vgl.   Kap. 6, Sinnhaftigkeit), dann haben sie ein starkes Kohärenzgefühl.

> **Dimensionen Verstehbarkeit, Bewältigbarkeit und Sinnhaftigkeit**
> Im betrieblichen Sinne sind Menschen, die ihre Aufgaben verstehen (vgl. Kap. 4), sie als bewältigbar erleben (vgl. Kap. 5), und einen Sinn in der Aufgabe sehen (vgl. Kap. 6), eher bereit zu kooperieren und damit bessere Leistungen für das Unternehmen zu bringen. Aus diesem Grund nutzen wir die drei Dimensionen des Kohärenzgefühls (Verstehbarkeit, Bewältigbarkeit und Sinnhaftigkeit) für unser **WVBSW-Modell**. Sie ergeben die drei mittleren Buchstaben. Die Zusammenhänge zwischen diesen drei Dimensionen und Kooperation werden im Kap. 2 ausführlich erläutert. Jede Dimension wird in einem eigenen Kapitel praxisnah beschrieben.

Als fünfte Dimension im WVBSW-Modell ist die Betrachtung des Wohlbefindens von Bedeutung. Menschen kooperieren unterschiedlich stark entsprechend ihres aktuellen, inneren Zustandes. Auch wenn es hier Überschneidungen zum Bereich der Bewältigbarkeit oder Wertschätzung gibt, so sollte das Wohlbefinden im Rahmen von Kooperationsbereitschaft immer mitbedacht werden, da es die momentane Verfassung abbildet. Menschen, die sich körperlich, mental oder sozial nicht wohlfühlen, steigen eher aus der Kooperation aus. Das körperliche oder das mentale Wohlbefinden des Gegenübers nicht zu beachten, bedeutet, einige der Bedürfnisse des Gegenübers nicht zu erkennen. Auch das soziale Wohlbefinden, innerhalb des Arbeitsteams, aber auch das soziale Wohlbefinden im Privatleben, also das Eingebettetsein in einen sozialen Kontext, ist für das Erkennen der Bedürfnisse des Gegenübers wichtig. Je nach kultureller Prägung gibt es unterschiedliches kooperatives Verhalten. In individualistischen Kulturen findet sich mehr erlernte Konkurrenz und Wettbewerb als in kollektivistischen Kulturen, in denen der Einzelne es mehr gewohnt ist, sich der Gruppe unterzuordnen

(Spieß, 2021). Auch wenn es sich lohnt, diesen Aspekt im Hinterkopf zu behalten (und ebenso insgesamt die Lernerfahrungen einzelner Individuen grundsätzlich im Miteinander zu berücksichtigen), so vertreten die Autorinnen und das mit ihnen verbundene Netzwerk die Haltung, dass Kooperation in Menschen angelegt ist (s. o.) und es ein Bedürfnis des Menschen im Spannungsfeld zwischen Autonomie und Abhängigkeit ist, zu kooperieren und damit ein gutes Mittel zwischen persönlichem Wachstum und Zugehörigkeit zu einer Gruppe zu erreichen.

Dimension Wohlbefinden
Wohlbefinden (vgl. Kap. 7) ist zum einen Bedingung für zwischenmenschliche Kooperation, zum anderen trägt Kooperation auch zu einem erhöhten Wohlbefinden bei. Zusammenhänge zwischen Wohlbefinden und Kooperation werden ebenfalls im Kap. 2 dargestellt. Wenn Menschen sich körperlich, mental (bzw. psychisch) und sozial wohlfühlen, sie also zum Beispiel frei von Schmerzen sind und sich darüber hinaus vital fühlen, Freude erleben und sich eingebettet in eine freundliche Gruppe erleben, dann sind sie eher bereit, für diese Gruppe einzustehen und im Sinne der Gruppe auch einmal zurückzustehen, um das beste Ergebnis für die Gesamtheit im Sinne einer Win-win-Situation zu erreichen.

Zusammenfassend kann festgehalten werden, dass Führungskräfte davon profitieren, wenn sie die Ursachen für fehlende Kooperation verlässlich prüfen können, um dann mit geeigneten Maßnahmen gegenzusteuern und die Kooperationsbereitschaft von Mitarbeitenden gezielt zu erhöhen. Durch die in Folge erhöhte Kooperation lassen sich die positiven Effekte von Kooperation auf die Profitabilität, das Wachstum und die Innovationskraft sowie viele weitere positive Effekte (vgl. auch Kap. 2) mehren.

Fazit
Kooperation trägt maßgeblich zum unternehmerischen Erfolg bei. Die fünf Dimensionen des hier vorgestellten WVBSW-Modells ermöglichen eine einfache und sichere Betrachtung wichtiger Voraussetzungen für Kooperation. Führungskräfte können diese fünf Dimensionen in ihrem Führungshandeln abprüfen, zum Beispiel in Gesprächen, in E-Mails, in Bekanntmachungen und in der Verinnerlichung innerhalb der eigenen Haltung durch konkretes Verhalten im Kontakt mit anderen Menschen (vgl. auch Kap. 8). Sie erkennen dadurch Ursachen für fehlende Kooperation, was ihnen ermöglicht, maßgeschneiderte Lösungen zu entwickeln.

Literatur

Antonovsky, A. (1997). Salutogenese: Zur Entmystifizierung der Gesundheit. In A. Franke (Hrsg.), *Forum für Verhaltenstherapie und psychosoziale Praxis.* (Bd. 36). Dgvt-Verlag.

Fisher, R., Ury, W., & Patton, B. (2013). *Das Harvard-Konzept: Der Klassiker der Verhandlungstechnik.* Campus.

Gebert, D. (2004). Organisationsentwicklung. In H. Schuler (Hrsg.), *Lehrbuch Organisationspsychologie* (S. 601–616). Huber.

Nerdinger, F. W., Blickle, G., & Schaper, N. (2014). *Arbeits- und Organisationspsychologie* (3., vollst. überarb.). Springer.

Nowak, M. A. (2013). *Kooperative Intelligenz – Das Erfolgsgeheimnis der Evolution.* Beck.

Rapoport, A., Chammah, A. M., & Orwant, C. J. (1965). *Prisoner's dilemma: A study in conflict and cooperation.* The University of Michigan press.

Rilling, J. K., Glenn, A. L., Jairam, M. R., Pagnoni, G., Goldsmith, D. R., Elfenbein, H. A., & Lilienfeld, S. O. (2007). Neural correlates of social cooperation and non-cooperation as a function of psychopathy. *Biological psychiatry, 61*(11), 1260–1271.

Spieß, E. (2021). Kooperation. In M. A. Wirtz (Hrsg.), *Dorsch Lexikon der Psychologie.* Hogrefe. https://dorsch.hogrefe.com/stichwort/kooperation. Zugegriffen: 15. Jan. 2022.

Überblick WVBSW-Modell und empirische Zusammenhänge zwischen den Modelldimensionen und Kooperation

2

Zusammenfassung

Kooperation von Mitarbeitenden ist grundlegend und entscheidend für den Erfolg von Unternehmen und Organisationen. Bei der Führung durch Kooperation mit dem WVBSW-Modell geht es darum, zu führen und dabei sicherzustellen, dass das Gegenüber nicht aus der Kooperation aussteigt bzw. in den Widerstand geht. Führung durch Kooperation bezeichnet also keinen Stil im weiteren Sinne, sondern eine Technik, nämlich zu ermöglichen, dass Mitarbeitende in der Kooperation bleiben (können). Dazu werden die Dimensionen Wertschätzung, Verstehbarkeit, Bewältigbarkeit, Sinnhaftigkeit und Wohlbefinden näher betrachtet, denn wenn sie beachtet werden, steigert dies die gegenseitige Kooperation und das Zusammenarbeiten wird erfolgreicher. Dieses Kapitel liefert eine Zusammenfassung der wichtigsten Zusammenhänge der fünf Dimensionen und Kooperation. Die fünf Dimensionen werden in den Folgekapiteln daraufhin einzeln vorgestellt.

2.1 Überblick WVBSW-Modell

Kooperation von Mitarbeitenden ist grundlegend und entscheidend für den Erfolg von Unternehmen und Organisationen. Da es sich bei Unternehmen um soziale Systeme handelt, gelten die Erkenntnisse aus der Evolutionsbiologie und Neuroforschung zu den Voraussetzungen gelingender Kooperation in sozialen Systemen auch für die Personalführung und Gesundheitspolitik in Unternehmen. Dazu zählen laut Badura et al. (2010) **gemeinsame Haltungen sowie Werte und Regeln, Vertrauen, gegenseitige Unterstützung und Wertschätzung.** So schreiben die Autoren: *„Das soziale Vermögen einer Organisation … treibt das*

Humanvermögen und leistet einen wichtigen Beitrag zu verbesserter Gesundheit und gesteigertem Unternehmenserfolg (Badura et al., 2010, S. 86)."

Die Führung durch Kooperation mit dem WVBSW-Modell ist nicht besonders weich oder als oberste Prämisse menschenfreundlich und unterscheidet sich auch vom kooperativen Führungsstil, der eine Führung beschreibt, die im Wesentlichen dadurch charakterisiert ist, dass Führungskraft und Mitarbeitende sich in der Entwicklung und Umsetzung von Projekten in ihren Kompetenzen ergänzen und Aufgaben und Verantwortlichkeiten nach Konsensfindung zugeteilt werden. Der kooperative Führungsstil bezeichnet also eine Form der Führung, in der Mitbestimmung ein zentrales Element ist.

Bei der Führung durch Kooperation mit dem WVBSW-Modell geht es hingegen darum, zu führen und dabei sicherzustellen, dass das Gegenüber nicht aus der Kooperation aussteigt bzw. in den Widerstand geht. Führung durch Kooperation bezeichnet also keinen Stil im weiteren Sinne, sondern eine Technik, nämlich zu ermöglichen, dass Mitarbeitende in der Kooperation bleiben (können). Dem Können kommt hier eine große Bedeutung zu, wie im Verlauf des Buches deutlich werden wird. Ein Beispiel aus dem Schulkontext soll dies veranschaulichen. Der Schulkontext eignet sich für Beispiele sehr gut, da dort sehr vielschichtige und heterogene Beziehungsebenen miteinander verwoben sind und es sich durch die Schulpflicht um einen Sonderfall des Miteinanders handelt.

> **Beispiel: Führung durch Kooperation mit dem WVBSW-Modell im Klassenraum**
>
> Eine Lehrkraft hat 23 unterschiedliche Kinder zu unterrichten. Sie weist eine Aufgabe an. Hier besteht bereits ein Unterschied zur kooperativen Führung, da dort die Kinder ggf. mitbestimmt hätten, welche Aufgabe sie bearbeiten wollen.
>
> Nach einigen Minuten werden die Schüler und Schülerinnen vermehrt unruhig. Erst schimpfen oder fluchen einige Einzelne, dann ergeben sich erste Gruppendynamiken.
>
> Die Lehrkraft wendet nun das WVBSW-Modell an, denn sie spürt, dass die Kinder, geäußert durch ihre Lautstärke, fehlende Konzentration und erste Unmutsbekundungen, aus der Kooperation gehen. Sie lässt die Bearbeitung der Aufgabe für einen Moment aussetzen und begibt sich auf Ursachensuche für die fehlende Kooperation. Damit ihr dies möglich ist, braucht die Lehrkraft zunächst eine innere Haltung, Störungen als „fehlendes Können von Kooperation" zu verstehen und diese nicht als feindselig zu betrachten.
>
> Zunächst erbittet sie sich eine offene Kommunikation und motiviert die Kinder, ganz ehrlich zu sagen, wo ihre Probleme bei der Aufgabe liegen. Sie fühlt sich nicht persönlich angegriffen. Im Gegenteil: Sie kündigt an, dass es in keinem Fall negative Sanktionen geben wird, wenn Einzelne sich ehrlich äußern.
>
> Sie prüft nun die fünf Dimensionen des WVBSW-Modells unter Zuhilfenahme typischer Fragen zu den Bereichen ab (vgl. Kap. 3, 4, 5, 6 und 7). Da es sich um eine einzelne Aufgabe handelt, startet sie mit der Verstehbarkeit und hängt die Frage nach der Wertschätzung hinten an.

Sie fragt die Dimensionen V = Verstehbarkeit, B = Bewältigbarkeit, S = Sinnhaftigkeit, W = Wohlbefinden ab, bevor sie sich dem ersten W = Wertschätzung zuwendet:

- **Verstehbarkeit: Versteht ihr, was ihr jetzt wie tun sollt?** Zwei Schüler melden sich und sagen, dass sie noch nicht genau verstanden haben, was zu tun ist. Die Lehrerin bewertet dies nicht und ermuntert die Gemeinschaft, noch einmal gemeinsam zu erörtern, wie die Aufgabe gemeint und zu bearbeiten ist. Die beiden Schüler fragt sie in der Folge, ob diese noch Fragen hätten, was sie verneinen. Die Lehrerin setzt damit zum zweiten Schritt an
- **Bewältigbarkeit: Ist die Aufgabe für euch machbar?** Eine Schülerin meldet sich und sagt, dass sie eigentlich ziemlich Hunger hätte und schon unterzuckert wäre und sich kaum mehr konzentrieren könne. Die Lehrerin gesteht ihr zu, trotz der laufenden Stunde einen Happen zu essen. Ein weiterer Schüler meldet sich und sagt, dass er durch Krankheit die vorherige Einheit verpasst hätte und deswegen mit der neuen Aufgabenstellung gar nicht zurechtkäme, da ihm Kenntnisse fehlen. Er war derjenige, der am lautesten seinen Unmut geäußert hat. Die Lehrerin vereinbart mit ihm, dass sie sich ihm gleich gesondert zuwenden werde, um ihm zu helfen. Eine weitere Schülerin meldet sich und sagt, dass sie ihr Lineal vergessen habe und die Aufgabe deswegen nicht machen könne. Sie erhält ein Ersatzlineal von einer Klassenkameradin.
- **Sinnhaftigkeit: Ist die Aufgabe für euch sinnvoll?** Gleich fünf Schüler melden sich und sagen, dass sie keinen Sinn in der Aufgabe sehen. Die Lehrkraft ist auf dieses Problem vorbereitet und in der Lage, den Schülern den Sinn in der Aufgabe zu vermitteln. Sie kann es auch deshalb, weil sie vorher selbst über den Sinn der Aufgabe nachgedacht hat.
- **Wohlbefinden: Wie geht es euch gerade? Wie ist eure Stimmung?** Nun melden sich zwei Schülerinnen, die sagen, dass sie bereits durch die vorherigen Stunden ziemlich ausgelaugt seien. Die Lehrerin schlägt eine Aktivierungsübung für alle Kinder der Klasse vor, die sich beteiligen möchten. Sie betont die Freiwilligkeit. Alle machen mit, denn sie kennen die Lehrerin, die Übung und das gute Gefühl nach der Übung. Die Lehrerin bedankt sich dafür, denn sie ist authentisch berührt, dass alle ihre Schüler und Schülerinnen in die Kooperation gegangen sind und bei der Übung mitmachen. Mehr noch, allein durch die Äußerungen und die Kritik sind die Kinder in die Kooperation gegangen. Dadurch dass sie sich beteiligt haben, haben sie gezeigt, dass ihnen die Beziehung und die gemeinsamen Ziele nicht egal sind. Auch das wertschätzt die Lehrerin.
- **Wertschätzung: Fühlt ihr euch von mir gesehen? Habe ich noch irgendetwas vergessen, was jetzt für euch oder Einzelne von euch wichtig ist?** Niemand meldet sich.

Die Lehrerin hat durch die Anwendung des WVBSW-Modells in einer gesamten, unruhigen Klasse innerhalb weniger Minuten ermitteln können, wie es zur Unruhe und fehlendem Arbeitseinsatz kam. Sie kann die Kinder nun bitten, sich wieder der Aufgabe zuzuwenden und hat selbst lediglich die Aufgabe, sich dem einen Schüler zuzuwenden, dem noch Kenntnisse aus der vorherigen Einheit fehlen. Ihre Haltung ist geprägt von Authentizität, Empathie und Wertschätzung (vgl. Kap. 8).

Bei erneuter Unruhe kann sie den Kindern klar kommunizieren, entweder einzeln direkt mit ihr ins Gespräch zu gehen oder die Unruhe zu unterlassen. Sie kann sich durch die Fragen des WVBSW-Modells sicher sein, dass sie die Voraussetzungen für Kooperation geschaffen hat, indem sie nach Ursachenfeststellung Probleme gelöst hat. Wer jetzt nicht kooperieren will, der hat dies für sich zu verantworten und erhält entsprechende disziplinarische Maßnahmen, wenn er oder sie nicht offen kommuniziert, wo sein oder ihr Problem liegt und was er oder sie braucht.

Durch unterstützendes Personal und eine gemeinsame Haltung an der Schule können auf diese Weise auch Kinder abgeholt werden, die in anderen Settings schnell frustriert sind und durch diese Frustration aufgrund eigener fehlender Ressourcen und bisheriger, schwieriger Lernerfahrungen (z. B. Selbstwert) den Unterricht stören. Die gesamte Schule arbeitet an kooperationsfördernden Maßnahmen und kann aber auch eine Strenge walten lassen, wenn Kooperation trotz mehrfacher Einladung und trotz Zurverfügungstellung von Unterstützung nicht vonseiten einzelner Schüler oder Schülerinnen gezeigt wird. ◄

Es geht bei der Führung durch Kooperation im Sinne des WVBSW-Modells darum, klar, strukturiert, mit hohen Erwartungen und dennoch mit dem Blick auf den Mitarbeitenden zu führen.

Es gilt, mit **Wertschätzung** zu führen (vgl. Kap. 3). Das heißt, ein Gespür für die Bedürfnisse des Gegenübers zu entwickeln und zu vermitteln, dass man die anderen „in ihren Bedürfnissen sieht" und diese so gut es geht und so sehr die Situation es zulässt, beherzigen wird. Die einfache Formel „Ich verstehe dich" oder „Ich kann Ihre Situation verstehen" authentisch vermittelt, zeigt bereits ein empathisches Einschwingen auf das Gegenüber und deeskaliert.

Verstehbarkeit in allen Prozessen zu hinterfragen und einzufordern, ist ebenso ein grundlegendes Element des Erfolgs innerhalb des Modells. Führungskräfte geben Anweisungen verstehbar und prüfen ab, ob diese von den Mitarbeitenden tatsächlich verstanden wurden (vgl. Kap. 4). Prozesse werden dahingehend optimiert, dass Verstehbarkeit regelmäßig mitgedacht und überprüft wird.

Auch **Bewältigbarkeit** wird innerhalb des Modells sichergestellt durch die regelmäßige Überprüfung, ob genügend Ressourcen aufseiten des Unternehmens, aber auch aufseiten des Mitarbeitenden vorhanden sind, um eine Arbeit in bestmöglicher Qualität zu erledigen (vgl. Kap. 5).

Die Frage nach der **Sinnhaftigkeit** erfordert ebenfalls Klarheit. Alles, was den Sinn nicht befördert, muss noch viel konsequenter ausgesondert werden als in anderen Führungstechniken (vgl. Kap. 6). Der Sinn hinter dem Unternehmensziel (also der langfristige Beitrag des Unternehmens zu einer besseren Welt, wie auch immer dies definiert wird) sollte über alle anderen Ziele des Unternehmens gestellt werden und von den Führungskräften entsprechend geteilt und kommuniziert werden. Gemeinsam geteilte Werte unterstützen das Sinnerleben. Das bedeutet zum Beispiel auf Mitarbeitendenebene, dass eine Steigerung der Ressourcen innerhalb der Mitarbeitenden (z. B. durch eine Erhöhung der Fertigkeiten, Steigerung weiterer internaler physischer, psychischer oder sozialer Ressourcen) als wichtiger und damit höher in der Priorisierung einzustufen ist als die kurzfristige Erreichung eines Umsatzziels. Wenn Unternehmen kurzfristige Ziele statt Sinnhaftigkeit priorisieren, untergraben sie das Sinnerleben ihrer Beschäftigten. Umgekehrt stärkt man das Sinnerleben, wenn die Ziele regelmäßig in Bezug auf die Sinnhaftigkeit geprüft und kommuniziert werden.

Wohlbefinden (vgl. Kap. 7) unterstützt die Kooperationsbereitschaft von Mitarbeitenden und trägt langfristig zum Erhalt der Gesundheit und Leistungsfähigkeit der Mitarbeitenden bei.

▶ Überragende Leistungen entstehen dann, wenn geeignete Mitarbeitende wirklich alles gemäß ihrer Potenziale gegeben haben, was nötig war, sie also erfolgreich kooperiert haben.

Führung durch Kooperation mit dem WVBSW-Modell bietet somit eine einfach abzuprüfende Formel, um die Bedürfnisse, aber auch Hindernisse auf Ebene der Mitarbeitenden oder Kolleg*innen zu erkennen und Ursachen von dysfunktionalem Verhalten zu beheben, also Kooperation zu fördern. Genau dieser Blick, genau dieses Steigern der Kooperation ist der Schlüssel für erfolgreiche Unternehmen.

Zahlreiche Studien belegen, dass ein positiver Organisationswandel (vgl. Brohm, 2017) zu einem besseren Zustand innerhalb der Organisation, und auch in Bezug auf die Mitarbeitenden, führt. Die Unternehmen profitierten von weniger Kündigungen und geringerer Fluktuation, höherer Profitabilität, besserer organisationaler Leistung, geringeren Dauern bei Umsatzrückgängen und einer besseren Bewältigung von Krisen. Zum Teil waren darüber hinaus höhere Produktivität, mehr Innovationen, eine bessere Arbeitsqualität sowie damit einhergehend eine größere Kundenbindung durch Kundenzufriedenheit feststellbar. Die Vorteile, die aufseiten der Personalentwicklung in Studien gefunden wurden, sind beispielsweise eine bessere physische Gesundheit, eine Aktivierung der eigenen Stärken, höhere Werte in Zufriedenheit und Wohlbefinden, mehr Gemeinsinn, eine verstärkte Lernbereitschaft und psychische Fokussierung, mehr Sinnerleben, funktionalere Arbeitsgewohnheiten, mehr Anstrengungsbereitschaft auch in schwierigen Situationen, größeres Engagement und mehr Commitment, bessere Zusammenarbeit von Führungskräften und Mitarbeitenden inklusive besserer Teamleistungen – auch in Bezug auf ökonomische Kriterien – und eines besseren Informationsaustausches.

Es zeigten sich neben den vielen anderen positiven Effekten höhere Werte im sozialen Miteinander, in der Kooperation und positiver Kommunikation sowie eine stärkere korporative Verantwortung sowie organisationales Commitment (Brohm, 2016, 2017; Cameron, 2012).

Die fünf Dimensionen des WVBSW-Modells werden in Tab. 2.1 in einer Übersicht unterteilt in Bezug auf Personalführung und Strukturen dargestellt. Diese Unterteilung ist gewählt, da sich Kooperation durch die fünf Dimensionen sowohl im Führungsverhalten und der Kommunikation als auch durch die Gestaltung der Strukturen fördern lässt (vgl. Kap. 8).

2.2 Empirische Zusammenhänge zwischen den Dimensionen des WVBSW-Modells und Kooperation

Kooperation lässt sich mithilfe des WVBSW-Modells fördern, da es für alle fünf Bereiche Zusammenhänge zwischen der jeweiligen Dimension und Kooperation gibt. Diese sollen in einem kurzen Überblick im Folgenden dargestellt werden, um das Modell mit seinen Dimensionen näher zu betrachten, aber auch, um die Benefits in der Anwendung deutlich zu machen.

2.2.1 Zusammenhang zwischen Wertschätzung und Kooperation

Um Kooperation zwischen Menschen zu ermöglichen oder zu verbessern, ist es laut Badura und Steinke (2011) entscheidend, dass Grundvoraussetzungen in Form von gemeinsamen Werten (vgl. Kap. 8) erfüllt sind. Zu diesen zählen beispielsweise Vertrauen, Empathie und soziale Unterstützung, welche alle eine Schnittmenge mit der Begrifflichkeit der Wertschätzung aufweisen.

Die für Kooperation notwendige Wertschätzung lässt sich auf vielfältige Weise herstellen, wie eine Studie von Stocker et al. (2013) zeigt. Positive Rückmeldungen (vgl. Kap. 8) und Vertrauen, Unterstützung, Respekt und Interesse an der Zusammenarbeit mit dem Mitarbeitenden sind, neben greifbaren Belohnungen, zentrale Elemente.

Wie eine Kultur der Anerkennung und Kooperation in einem Unternehmen ermöglicht werden kann, lässt sich an dem Beispiel von Schulen erkennen. Nieskens et al. (2012) nennen als entscheidende Faktoren gemeinsame Werte, das Zusammengehörigkeitsgefühl, Gerechtigkeit und Konfliktkultur.

Im Rahmen von Organisationsentwicklungsprozessen benennt Schreyögg (2003) die aktive Einbindung von Mitarbeitenden als Kernelement. Wenn wiederum Vertrauen und Respekt fehlen, gibt es keine Grundlage für Kooperation. In diesem Fall sei es schwierig, Menschen von Kooperation zu überzeugen (Pastoors & Eber, 2019). In Vertrauen und Respekt spiegele sich das Bedürfnis der Menschen nach Wertschätzung wider, und wenn dieses Bedürfnis nicht erfüllt sei, gefährde das ihre Interessen. Das grundlegende Bedürfnis des Menschen nach

Tab. 2.1 Übersicht über die fünf Dimensionen des WVBSW-Modells unterteilt in Bezug auf Personalführung und Strukturen

Dimension	Personalführung	Strukturen
Wertschätzung Wertschätzung beschreibt eine (wohlwollende) innere Haltung anderer Menschen gegenüber	Wertschätzung meint, dass mein Gegenüber sich von mir mit seinen Bedürfnissen, Werten, Eigenschaften und seinem Einsatz gesehen (und angenommen) fühlt **Frage:** Fühlt mein Gegenüber sich wertgeschätzt? Mehr in Kap. 3	Um Wertschätzung auf der Ebene der Strukturen zu verankern, können v. a. Rituale helfen, die dafür sorgen, dass der Ausdruck der wertschätzenden Haltung im Alltag nicht untergeht Sie unterstützen die Mitglieder des Unternehmens darin, Wertschätzung zu leben und wertschätzendes Verhalten zu zeigen **Frage:** Verfügt das Unternehmen über geeignete Strukturen, die Wertschätzung aktiv fördern?
Verstehbarkeit Verstehbarkeit bedeutet, dass die Anforderungen aus der inneren und äußeren Erfahrungswelt im Verlauf des Lebens oder hier in Bezug auf die Arbeit strukturiert, überschaubar und erklärbar sind („Gefühl der Verstehbarkeit" – „Ich blicke durch")	Verstehbarkeit meint, dass mein Gegenüber durch meine Kommunikation vermittelt bekommt, auf welche Art und Weise (d. h. wie, wann und wo sowie mit Einsatz welcher Hilfsmittel) etwas zu tun ist **Frage:** Versteht mein Gegenüber wirklich, wie, wann, wo und womit etwas zu tun ist? Mehr in Kap. 4	Strukturen, können die Verstehbarkeit von Prozessen und Abläufen unterstützen. Hier ist zum Beispiel eine Optimierung der Informationsflüsse genauso von Bedeutung wie übersichtliche und klare Beschilderungen, Abbildungen, Manuale usw. **Frage:** Verfügt das Unternehmen über Strukturen, die Ordnung, Übersichtlichkeit, Anschaulichkeit, Nachvollziehbarkeit sowie Vorhersehbarkeit gewährleisten und damit sämtliche Abläufe für die Beteiligten erklärbar machen?
Bewältigbarkeit Bewältigbarkeit ist gegeben, wenn Ressourcen zur Verfügung stehen, die nötig sind, um den Anforderungen des Lebens gerecht zu werden („Gefühl der Bewältigbarkeit" – „Ich kann´s packen", „Es ist machbar für mich")	Bewältigbarkeit meint, dass mein Gegenüber genügend Ressourcen (Liste siehe Tab. 5.3) zur Verfügung gestellt bekommen hat, um eine Aufgabe bewältigen zu können **Frage:** Ist das für mein Gegenüber machbar? Mehr in Kap. 5	Bewältigbarkeit in Strukturen zu stärken, bedeutet, optimal unterstützende Arbeits- und Organisationsstrukturen zu schaffen, die umweltbezogene und soziale Ressourcen bereitstellen und innerphysische und innerpsychische Ressourcen bei den Mitgliedern des Unternehmens steigern **Frage:** Sind die Abläufe ökonomisch gestaltet und werden Ressourcen optimal genutzt, um die Bewältigbarkeit der Anforderungen zu erhöhen?

(Fortsetzung)

Tab. 2.1 (Fortsetzung)

Dimension	Personalführung	Strukturen
Sinnhaftigkeit Sinnhaftigkeit liegt vor, wenn Anforderungen als Herausforderungen angesehen werden, die Investitionen und Engagement verdienen und bedeutsam für die Zielperson sind („Gefühl der Sinnhaftigkeit" – „Es lohnt sich", „Es macht Sinn!")	Sinnhaftigkeit meint, dass mein Gegenüber für sich einen Sinn in der Sache sieht und daher weiß, *warum* etwas zu tun ist **Frage:** Macht es für mein Gegenüber Sinn? Mehr in Kap. 6	Visionen, gemeinsame Werte und damit verbundene Ziele sowie eine entsprechend angelegte Kommunikation steigern die Sinnhaftigkeit für Einzelne **Frage:** Hat das Unternehmen eine Vision und Werte, die sich auch in den Strukturen abbilden und die sich für Einzelne aufrufen und alltagsnah erleben lassen?
Wohlbefinden Wohlbefinden umfasst den körperlichen, mentalen und sozialen Bereich. Wohlbefinden bedeutet, dass eine Person sich in diesen drei Bereichen wohlfühlt und geht damit im Sinne der WHO-Definition von 1946 über das bloße Freisein von Krankheit und Gebrechen hinaus (WHO, 1946)	Wohlbefinden meint, dass mein Gegenüber sich sowohl körperlich, mental (psychisch) als auch sozial wohlfühlt **Frage:** Wie geht es meinem Gegenüber in diesen drei Bereichen? Mehr in Kap. 7	Wohlbefinden auf der Ebene der Strukturen zu stärken, heißt, es nicht nur als individuelle Aufgabe zu sehen, sondern im Unternehmen Strukturen, Angebote und Maßnahmen zu verankern, die sowohl das körperliche als auch das mentale und das soziale Wohlbefinden stärken **Frage:** Verfügt das Unternehmen über Strategien, um das körperliche, mentale und soziale Wohlbefinden der Mitglieder des Unternehmens bewusst zu fördern?

Wertschätzung, welches auch die Grundlage zwischenmenschlicher Kooperation ist, sei durch Zurückweisungen gefährdet. Eine derartige Gefährdung zeigt sich in beruflichen Gratifikationskrisen (vgl. Kap. 3). Diese bewirken laut Tratzmiller (2011) kontraproduktive Verhaltensweisen und verhindern somit Kooperation.

Zusammenfassend lässt sich also festhalten, dass es Zusammenhänge zwischen Wertschätzung und Kooperationsbereitschaft von Mitarbeitenden gibt und es daher von großer Bedeutung ist, Wertschätzung zu fördern, um die Kooperationsbereitschaft der Mitarbeitenden zu erhöhen. Gemeinsame Werte und eine von Vertrauen und Respekt geprägte Haltung sind wichtige Ansatzpunkte. In Kap. 3 stellen wir Ihnen dar, wie Sie im praktischen Führungshandeln prüfen können, ob Ihre Mitarbeitenden sich wertgeschätzt fühlen, und zeigen Ihnen, wie Sie zum Aspekt Wertschätzung miteinander ins Gespräch kommen können, um dann, wenn nötig, für Ihr Unternehmen bzw. einzelne Mitarbeitende passgenaue Maßnahmen zu entwickeln, um Wertschätzung zu steigern und darüber auch die Kooperationsbereitschaft der Mitarbeitenden zu erhalten oder zu erhöhen.

▶   Fehlen Respekt und Vertrauen und fühlen sich Mitarbeitende nicht wertgeschätzt, dann schwindet die Kooperationsbereitschaft.

2.2.2 Zusammenhang zwischen Verstehbarkeit und Kooperation

Aufgabenklarheit und Transparenz sind im Arbeitsablauf und in der Unternehmenskultur wichtig, um Kooperation zu fördern. Je mehr Koordinationsbedarf aufgrund von Unklarheiten vorherrscht, desto konfliktreicher stellt sich die Kooperation dar (Badura, 2003). Nicht nur in den strukturellen Bedingungen können so die Voraussetzungen für eine bessere Kooperation geschaffen werden, sondern auch der Führungsstil trägt entscheidend dazu bei. Beispielsweise basiert eine mitarbeiterorientierte Führung neben Partizipation und Empathie auf Transparenz, die ein vertrauensvolles Miteinander ermöglicht und eine kooperative Atmosphäre schaffen kann. Um Kooperation zu stärken, ist es dementsprechend laut Pfannstiel und Mehlich (2018) wichtig, Transparenz, Beteiligung und das Gefühl von Sicherheit zu fokussieren.

Es wird nach Pastoors und Eber (2019) ersichtlich, dass eine bessere Einschätzbarkeit einer Situation eine nachhaltigere Zusammenarbeit und Kooperation ermöglicht. Zur Verstehbarkeit gehören für die Autoren klare Rollenverteilungen, klare Beziehungen, klare Absichten und Verantwortlichkeiten (d. h. Erwartungen und Ziele, vgl. Kap. 4) sowie eine Einschätzbarkeit bzw. ein Verstehen der Denk- und Sichtweisen des Gegenübers.

So ergibt eine Studie von Süß (2007) einen der stärksten negativen Zusammenhänge zwischen Rollen- und Aufgabenklarheit und kalkulatorischem Commitment. Kalkulatorisches Commitment bezeichnet das rationale Abwägen der Mitarbeitenden zwischen Vor- und Nachteilen, im Unternehmen zu bleiben oder es zu verlassen. Weder emotionale Verbundenheit (affektives Commitment) noch Verpflichtungsgefühl (normatives Commitment) spielen also beim kalkulatorischen Commitment eine Rolle, weiter im Unternehmen zu sein. Kalkulatorisches Commitment ist damit die ungünstigste Form, wie Mitarbeitende an ihr Unternehmen gebunden sein können.

Mitarbeitende, die unter fehlender Rollen- und Aufgabenklarheit litten, zeigten also mehr kalkulatorisches Commitment und damit niedrigere Arbeitsleistung (Scheele, 2019). Vermittlung von Informationen über die gemeinsame Zielerreichung, Festlegung und Koordination arbeitsteiliger Handlungen und die Überprüfung und Verbesserung des Zielerreichungsprozesses u. a. durch Aufgabenklarheit sieht Winterstein (1998) als wichtige Bestandteile der kooperativen Kommunikation und damit insgesamt als kooperationssteigernd an.

Zusammenfassend stellt sich heraus, dass eine Steigerung der Verstehbarkeit von Arbeitsprozessen die Kooperationsbereitschaft der Mitarbeitenden steigert. Klarheit in möglichst vielen Bereichen, angefangen bei Aufgabenklarheit, Klarheit in Bezug auf Ziele und Situationen, sowie Konsistenz im Führungsverhalten fördern Kooperation. In Kap. 4 erhalten Sie Anregungen, wie Sie die Verstehbarkeit aufseiten der Mitarbeitenden reflektieren können, um bei Bedarf Änderungen in Kommunikation oder Prozessen herbeizuführen.

▶   Wenn Mitarbeitende nicht genau verstehen, was sie wie, wann und wo
    tun sollen, dann beeinträchtigt dies die Kooperation.

2.2.3 Zusammenhang zwischen Bewältigbarkeit und Kooperation

Zeitdruck, ungenügende Informationen, fehlende Teamarbeitsmöglichkeiten:
Diese und ähnliche Faktoren führen dazu, dass eine Aufgabe oder die Arbeit an
sich als nicht bewältigbar erlebt werden kann. Das Gefühl, die Aufgabe nicht
bewältigen zu können, erhöht den Druck auf den Einzelnen und die Einzelne,
führt zu emotionalen Belastungen und lässt die Kooperationsbereitschaft sinken.
Das kann auch darin begründet liegen, dass keine Möglichkeit zur Kooperation
gesehen werden kann (Badura & Steinke, 2011; Oesterreich & Volpert, 1999).
Auf der anderen Seite kann das befriedigende Gefühl, gemeinsam Lösungen zu
erarbeiten, eine Kooperation stärken (Schumacher, 2012).

Bewältigbarkeit und Kooperation bedingen sich gegenseitig und können so zu
einer positiven Spirale führen, indem sie sich unterstützen und fördern. So können
Gruppenprozesse auch das Gefühl der Bewältigbarkeit von Aufgaben erhöhen
(Bendig, 2018). Hingegen kann es bei fehlender Kooperation zum sogenannten
social loafing (sozialen Faulenzen) kommen. Dieser Effekt tritt insbesondere
auf, wenn die Einzelleistungen der Mitglieder einer Gruppe nicht bekannt sind.
Die physiologische Anspannung der Gruppenmitglieder reduziert sich und es
kommt zu einem Leistungsabfall. Das Gruppenergebnis ist also schlechter, als
die Summe der Einzelleistungen es hätte erwarten lassen. Der Effekt lässt sich
in Studien beispielsweise beim Rudern feststellen, weil dort nicht messbar ist,
wer sich besonders angestrengt oder seine Leistung besonders zurückgenommen
hat. Sobald aber die Ergebnisse der Einzelmitglieder sichtbar sind, zum Beispiel
bei Schwimmstaffeln, lässt sich der Effekt nicht feststellen. Dieser Effekt verstärkt sich bei größerer Gruppengröße (Rosenstiel, 2004). Gebert (2004) schlägt
deshalb eine Förderung der intrinsischen Motivation sowie der Selbstwirksamkeitserwartung (vgl. Kap. 5) vor, da bessere Resultate erwartbar sind, wenn
Teammitglieder sich mehr zutrauen. Bewältigbar werden Anforderungen immer
dann erlebt, wenn zwischen der Anforderung und den zur Verfügung stehenden
Ressourcen ein ausgeglichenes Verhältnis besteht. Diese Zusammenhänge vertiefen wir in Kap. 5, wenn wir die Bewältigbarkeit detailliert erörtern und Ihnen
aufzeigen, wie Sie diese in Ihrem Kontext, Ihrem Unternehmen oder Ihrer Schule,
Ihrer Arbeitsgruppe, genauer betrachten können. Zu den Voraussetzungen für eine
Kooperation zählen deshalb unter anderem die Bereitstellung von Ressourcen, die
Mitarbeitende benötigen, um Aufgaben zu bewältigen und auch kooperieren zu
können (Dadaczynski, 2012), solche Ressourcen sind zum Beispiel Zeit oder auch
die Schaffung von unterstützenden Strukturen für die Zusammenarbeit und weitere
Faktoren, die wir in Kap. 5 erläutern.

▶ Wenn Mitarbeitende die an sie gestellten Anforderungen als nicht
   bewältigbar erleben bzw. die Aufgaben mit den eigenen oder von
   außen zur Verfügung gestellten Ressourcen nicht machbar sind, steigt
   das Stressempfinden und es leidet die Kooperation.

2.2.4 Zusammenhang zwischen Sinnhaftigkeit und Kooperation

Der Aufbau von Visionen und Sinn geht mit dem Aufbau von Motivation und
Kooperation einher (Dadaczynski, 2012). Welche Auswirkungen die Vermittlung
von Sinnhaftigkeit der Arbeit und ein veränderter Blick der Führungskraft auf Mitarbeitende haben können und wie diese Kooperation unterstützen, verdeutlicht
ein Beispiel von Fromm (2017, S. 166): *„Eine kleine Veränderung in der Blick-
richtung bewirkt Wunder. Als die Führungskraft den Fokus nicht mehr nur auf
ihr eigenes, drängender werdendes Problem richtet, sondern die Situation des
Kollegen zu verstehen versucht, ändert sich ihre Haltung. Sie erkennt, dass der
Kollege nicht aus Böswilligkeit nicht ‚liefert‘, sondern deshalb, weil er die Sinnhaftigkeit der Anfrage nicht versteht und daher anderen Themen Priorität ein-
räumt. Schon diese Erkenntnis ändert die Haltung besagter Führungskraft. Aus
Ärger wird Verständnis, dem eine andere Fragestellung folgt: ‚Was brauchst du
von mir, das es dir erleichtert, die Daten zu liefern?‘ Das Thema ist immer noch
das gleiche, doch der Fokus erweitert sich von den eigenen Bedürfnissen hin
zu den Bedürfnissen des Kollegen. Weg von mir – hin zu dem anderen. In dem
konkreten Beispiel hat ein Gespräch aus dieser veränderten Haltung heraus die
Spannungen abgebaut und die Kooperation deutlich verbessert."*
   Es ist wichtig, Mitarbeitenden die Sinnhaftigkeit von Zielen, Aufgaben und den
Wegen zu deren Bewältigbarkeit (vgl. Abschn. 2.2.3 und Kap. 5) aufzuzeigen. So
schreiben Badura et al. (2013, S. 10): *„Auf die Sinnhaftigkeit der Arbeit kommt es
an, auf die emotionale Bindung an Mitmenschen, Überzeugungen und Werte sowie
auf Transparenz, Gerechtigkeit, Empathie und Überzeugungskraft der Führung."*
   Zusammenfassend lässt sich feststellen, dass eine als unterstützend erlebte
zwischenmenschliche Beziehung und die Sinnhaftigkeit der Tätigkeit zu Wohlbefinden und Arbeitsmotivation führen und somit zu kooperativen Einstellungen
und Prozessen. Fehlt der Sinn, dann geht davon nach Badura et al. (2010) das
größte Gesundheitsrisiko aus und es sinken Qualität und Produktivität (Badura
et al., 2010).
   Im Kap. 6 dieses Buches beleuchten wir ausführlich die Wichtigkeit der Vermittlung von Sinnhaftigkeit in Arbeitsprozessen. Dabei geht es nicht darum, dass
die Führungskraft einen Sinn in der Aufgabenerfüllung sieht, sondern dass die
einzelnen Gruppenmitglieder, die Menschen, die die Aufgabe zu erledigen haben,
eine Sinnhaftigkeit in den Aufgaben erkennen. Wir zeigen Ihnen auf, wie Sie das
Vorliegen von Sinnhaftigkeit prüfen können und stellen Ihnen Beispielfragen vor.

▶ Wenn sich den Mitarbeitenden die Sinnhaftigkeit von Anweisungen
    oder Aufgabenstellungen nicht erschließt, dann werden sie diese
    Aufgaben weniger oder weniger gut bearbeiten. Sie gehen aus der
    Kooperation, weil sie den durch die Führungskraft angewiesenen Auf-
    gaben keine hohe Priorität zuweisen und sich folglich weniger mit der
    Aufgabenstellung beschäftigen oder sogar Widerstände entwickeln.

2.2.5 Zusammenhang zwischen Wohlbefinden und Kooperation

Die fünfte Dimension in unserem WVBSW-Modell beschreibt das Wohlbefinden
von Mitarbeitenden, unterteilt in körperliches, mentales und soziales Wohlbefinden. Auch wenn es Schnittmengen zu den anderen Bereichen gibt, so reicht
es für Kooperation unserer Meinung nach nicht aus, nur die Dimensionen Wertschätzung, Verstehbarkeit, Bewältigbarkeit und Sinnhaftigkeit zu betrachten, da
bestimmte Fragen sich mit diesen Dimensionen nicht genügend abdecken lassen.
Stellen Sie sich beispielsweise vor, dass Sie ziemliche Zahnschmerzen haben,
Ihr Zahnarzt aber erst am Nachmittag Zeit hat. Sie gehen also zur Arbeit. Sie
können sich grundsätzlich von einem Vorgesetzen zwar wertgeschätzt fühlen, die
Ihnen übertragene Aufgabe zwar verstehen, sie üblicherweise auch bewältigen
und sinnhaft finden, und dennoch werden Sie gereizter oder in anderer Form
beeinträchtigter sein als üblich. Der aktuelle Zustand einer Person, die Frage
des aktuellen Wohlbefindens, spielt also bei der Betrachtung der Kooperationsfähigkeit immer eine Rolle. Ähnlich verhält es sich beispielsweise mit einer
Person, die einen Trauerfall zu beklagen hat. Sie wird sich nicht wohlfühlen wie
an anderen Tagen und entsprechend beeinträchtigt in ihrer Arbeitsleistung, aber
auch ihrer Kooperationsbereitschaft sein. Sie wird eventuell das Bedürfnis nach
Rückzug haben und entsprechend ein anderes Verhalten zeigen, als sonst von ihr
gewohnt. Das Wohlbefinden einer Person zu betrachten, ist für die Ursachensuche
bei Widerständen oder schlechten Arbeitsergebnissen – und ebenso wenn man
Kooperation steigern will – von zentraler Bedeutung.

Ein erster Pfeiler des Wohlbefindens ist das körperliche Wohlbefinden. Dass
körperliche Gesundheit und damit einhergehend, aber breiter gefasst körperliches
Wohlbefinden die Arbeitsleistung von Mitarbeitenden und ihre Kooperationsbereitschaft, zum Beispiel gemessen an der Frage, wie sehr sich die Mitarbeitenden einbringen, steigert, ist mittlerweile in zahlreichen Untersuchungen
bestätigt worden. Körperliche Gesundheit hat sowohl Vorteile für die Einzel-
person, aber auch ökonomische und sozialgesellschaftliche Vorteile und kann die
Kooperation verbessern, wie unter anderem Badura und Steinke (2011) zeigen
konnten. Demnach hilft die Förderung der körperlichen Gesundheit, Absentismus
und Präsentismus zu vermeiden und Kooperation und Produktivität zu verbessern.
Auch in Bezug auf die körperliche Gesundheit bedingen sich Kooperation und
Wohlbefinden gegenseitig. So werden Unterstützung und Kooperation zu gesund-

heitsförderlichen Ressourcen und können somit zur Förderung der Gesundheit beitragen (Schumacher & Nieskens, 2012).

Neben dem körperlichen Wohlbefinden ist auch das mentale Wohlbefinden
entscheidend. In diesem Bereich können Erkenntnisse aus der Neurobiologie für
Impulse sorgen. Beispielsweise sehen Badura und Steinke (2011) die Berücksichtigung von Emotionen sowie emotionalen Kompetenzen als Voraussetzung von
Kooperation an. Kooperation und Wohlbefinden bedingen sich laut der Autoren
auch gegenseitig. So erzeugt eine erfolgreiche Kooperation positive Neben-
wirkungen auf das psychische Befinden, wie zum Beispiel positive Emotionen
(vgl. Kap. 7), und eine positive Gestimmtheit führt zu mehr sozialem Kontakt und
Kooperation (Fredrickson, 2001, 2004).

Das soziale Wohlbefinden, das sich in positiv erlebter Zwischenmenschlich-
keit zeigt, wird unter anderem bei Badura et al. (2013) als kooperationsförder-
liches Bedürfnis genannt. Wie bereits in Abschn. 2.2.1 beschrieben, führt ein
wertschätzender Führungsstil zu einer besseren Kooperation. Und diese wiederum
kann Wohlbefinden und Gesundheit fördern (Hundeloh, 2012). Hingegen
können Organisationspathologien wie Mobbing oder innere Kündigung sowie
unprofessionelle Führung, konfliktbeladene Beziehungen, unklare Ziele, Mängel
in der Unternehmenskultur, wie z. B. wenig gemeinsame Werte, Überforderung
aufgrund von fehlender Passung zwischen Person und Aufgabe (vgl. Kap. 5,
Bewältigbarkeit) die Kooperation intensiv beeinträchtigen und das Wohlbefinden
der Mitarbeitenden sowie längerfristig die Überlebensfähigkeit einer Organisation
bedrohen (Badura, 2010).

Alle drei Bereiche umfassend beruht das Wohlbefinden auf salutogenen
Potenzialen, die Kooperation und damit auch Erfolg des Unternehmens erleichtern
(Badura et al., 2010).

Wohlbefinden in den drei Bereichen des körperlichen, mentalen und sozialen
Wohlbefindens betrachten wir in Kap. 7 dieses Buches als fünfte Dimension des
WVBSW-Modells und zeigen sowohl Fragen als auch Ansätze auf, das Wohl-
befinden von Mitarbeitenden in Unternehmen in den Fokus zu rücken, wenn es um
Widerstände, Fluktuation oder kontraproduktives Verhalten im Unternehmen geht
oder Kooperationsbereitschaft gesteigert werden soll.

▶   Wenn Mitarbeitende sich körperlich, mental oder sozial nicht wohl-
    fühlen, neigen sie eher dazu, aus der Kooperation zu gehen, als wenn
    sie ein allumfassendes Wohlbefinden aufweisen.

2.2.6 Zusammenfassung

Grundsätzlich streben Menschen nach Anerkennung und das ist ein Motivator,
um zu kooperieren (Badura et al., 2010). Unternehmen und ihren Führungskräften kommt daher die Aufgabe zu, Anreize und Strukturen für Kooperation
zu schaffen. Gerade den Führungskräften kommt hier eine große Bedeutung
zu, da sie durch entsprechendes Führungshandeln die Kooperation nachhaltig

verbessern können (Badura et al., 2013). Es geht dabei immer sowohl darum, die Kooperationsbereitschaft (kooperieren wollen) als auch die Kooperationsfähigkeit (kooperieren können) zu steigern. Das Ausmaß, in dem Mitarbeitende ihre sozialen Bedürfnisse und Ziele (Wertschätzung, Verstehbarkeit, Bewältigbarkeit, Sinnhaftigkeit und Wohlbefinden) bei der Arbeit befriedigen können, bestimmt, inwieweit sie sich engagieren und somit auch kooperieren. Damit können WVBSW als Erfolgsfaktoren für Organisationen und Unternehmen gelten. Badura et al., (2010, S. 60) schreiben dazu: *„Wir empfehlen die Erleichterung und Förderung der objektiven und subjektiven Bedingungen zwischenmenschlicher Kooperation durch: gemeinsame Überzeugungen, Werte und Regeln, die Sinn und Vertrauen stiften und ein Gefühl der inneren Verbundenheit mit den Teammitgliedern, der Abteilung und der gesamten Organisation erzeugen, Anlässe, Raum und Zeit für zwischenmenschliche Vernetzung, Entwicklung und kontinuierliche Pflege sozialer Kompetenz auf allen Organisationsebenen."* Die Autoren (Badura et al., 2010) fassen zusammen, dass Leistungsfähigkeit und Leistungsbereitschaft Voraussetzungen für Kooperation sind und dass diese durch Fairness, Sinn, Wertschätzung, Transparenz und Beteiligung gefördert werden können. Fehlen diese Bedingungen, beginnt sich eine Abwärtsspirale zu drehen, in der es zu einem Verlust von Wertschätzung (Vertrauen, Respekt) sowie gemeinsamen Haltungen (Gemeinsamkeiten im Denken, Fühlen und Handeln) kommt und die Mitarbeitenden nur noch durch Zwang und Geld zusammengehalten werden. Nach den Autoren (Badura et al., 2010) häufen sich dann Missverständnisse, Beziehungskonflikte und Fehler und es sinkt erwartungsgemäß die Fähigkeit zum Umgang mit Herausforderungen. Ebenso sinkt die Lern- und Leistungsfähigkeit und es leiden Gesundheit und Loyalität.

Sobald es gelingt, die Mitarbeitenden in ihren WVBSW-Bedürfnissen zu unterstützen und diese Bedürfnisse professionell mit den Zielen des Unternehmens zu verknüpfen – sobald eine entsprechende Identifikation erfolgt –, entsteht eine Kooperation, die gestärkt und nachhaltig ist (Heyse & Sieland, 2012).

Fazit

Wenn Mitarbeitende

- sich wertgeschätzt fühlen (vgl. Wertschätzung, Kap. 3),
- wissen, was sie wie, wann, wo und womit tun sollen (vgl. Verstehbarkeit, Kap. 4),
- ihre Aufgaben als machbar erleben (vgl. Bewältigbarkeit, Kap. 5),
- einen Sinn in ihrem Tun erkennen (vgl. Sinnhaftigkeit, Kap. 6)
- und sich wohlfühlen (vgl. Wohlbefinden, Kap. 7),

dann werden sie zum einen mit hoher Wahrscheinlichkeit zur Kooperation bereit sein, und zum anderen gute Leistungen bringen.

Ein Unternehmen profitiert also in vielfältiger Weise durch die Steigerung der Kooperation unter Zuhilfenahme des WVBSW-Modells. Dieses Instrument unterstützt Führungskräfte praxisnah und zielführend dabei, die Ursachen für fehlende Leistung und andere Formen der fehlenden Kooperation zu finden und passgenau für ihr Unternehmen entgegenzuwirken. Im Folgenden werden die fünf Dimensionen ausführlich, pro Kapitel eine Dimension, dargestellt, bevor Tipps zu praktischen Anwendungen, Beispiele und eine Einladung zur Reflexion der Rolle der Führung in ihrer Vorbildfunktion dieses Buch abrunden.

Literatur

Badura, B., & Hehlmann, T. (2003). *Betriebliche Gesundheitsförderung. Der Weg zur gesunden Organisation.* Springer.

Badura, B., & Steinke, M. (2011). *Die erschöpfte Arbeitswelt. Durch eine Kultur der Achtsamkeit zu mehr Energie, Kreativität, Wohlbefinden und Erfolg.* Bertelsmann Stiftung.

Badura, B. (2010). Wege aus der Krise. In B. Badura, H. Schröder, J. Klose, & K. Macco (Hrsg.), *Fehlzeiten-Report 2009: Arbeit und Psyche: Belastungen reduzieren – Wohlbefinden fördern* (S. 3–12). Springer.

Badura, B., Greiner, W., Rixgens, P., Ueberle, M., & Behr, M. (2013). *Sozialkapital: Grundlagen von Gesundheit und Unternehmenserfolg* (2. Aufl.). Springer Gabler.

Badura, B., Walter, U., & Hehlmann, T. (2010). *Betriebliche Gesundheitspolitik: Der Weg zur gesunden Organisation.* Springer.

Bendig, R. (2018). *Handlungskompetenzen entwickeln am Lerngegenstand Kinderrechte. Globales Lernen in Kooperation von Schule, Zivilgesellschaft und Jugendarbeit.* Springer VS.

Brohm, M. (2016). *Positive Psychologie in Bildungseinrichtungen. Konzepte und Strategien für Fach- und Führungskräfte.* Springer.

Brohm, M. (2017). *Werte, Sinn und Tugenden als Steuerungsgrößen in Organisationen. Für Fach- und Führungskräfte.* Springer.

Cameron, K. (2012). *Positive leadership. Strategies for extraordinary performance.* Mcgraw-Hill Education Ltd.

Dadaczynski, K. (2012). Die Rolle der Schulleitung in der guten gesunden Schule. In DAK-Gesundheit & Unfallkasse NRW (Hrsg.), *Handbuch Lehrergesundheit – Impulse für die Entwicklung guter gesunder Schulen* (S. 197–228). Carl Link.

Fredrickson, B. L. (2001). The role of positive emotions in positive psychology: The broaden-and-build theory of positive emotions. *The American Psychologist, 56*(3), 218–226.

Fredrickson, B. L. (2004). The broaden-and-build theory of positive emotions. *Philosophical Transactions of the Royal Society of London. Series B. Biological Sciences, 359*(1449), 1367–1377.

Fromm, B. (2017). Führung aus der Kraft der Liebe: Eine neue Haltung etabliert Inspiration und Wertschätzung in der Führung. In C. von Au (Hrsg.), *Eigenschaften und Kompetenzen von Führungspersönlichkeiten.* Springer.

Gebert, D. (2004). Organisationsentwicklung. In H. Schuler (Hrsg.), *Lehrbuch Organisationspsychologie* (S. 601–616). Huber.

Heyse, H., & Sieland, B. (2012). Schulentwicklung – Transfersicherung für nachhaltigen Wandel. In DAK-Gesundheit & Unfallkasse NRW (Hrsg.), *Handbuch Lehrergesundheit – Impulse für die Entwicklung guter gesunder Schulen* (S. 373–396). Carl Link.

Hundeloh, H. (2012). Gute gesunde Schule – mit Gesundheit gute Schulen entwickeln. In DAK-Gesundheit & Unfallkasse NRW (Hrsg.), *Handbuch Lehrergesundheit – Impulse für die Entwicklung guter gesunder Schulen* (S. 25–40). Carl Link.

Nieskens, B., Rupprecht, S., & Erbring, S. (2012). Was hält Lehrkräfte gesund? Ergebnisse der Gesundheitsforschung für Lehrkräfte an Schulen. In DAK-Gesundheit & Unfallkasse NRW (Hrsg.), *Handbuch Lehrergesundheit – Impulse für die Entwicklung guter gesunder Schulen* (S. 41–96). Carl Link.

Oesterreich, R., & Volpert, W. (1999). *Psychologie gesundheitsgerechter Arbeitsbedingungen. Konzepte Ergebnisse und Werkzeuge zur Arbeitsgestaltung.* Hans Huber.

Pastoors, S., & Eber, H. (2019). *Psychologische Grundlagen zwischenmenschlicher Kooperation. Bedeutung von Vertrauen für langfristig erfolgreiche Zusammenarbeit.* Springer.

Pfannstiel, M. A., & Mehlich, H. (2018). *BGM – ein Erfolgsfaktor für Unternehmen: Lösungen, Beispiele, Handlungsanleitungen.* Springer.

von Rosenstiel, L. (2004). Kommunikation in Arbeitsgruppen. In H. Schuler (Hrsg.), *Lehrbuch Organisationspsychologie* (S. 387–414). Huber.

Scheele, M. (2019). Mitarbeiterbindung: 3 Arten von Commitment (06.08.2019). *Human Resources Manager.* https://www.humanresourcesmanager.de/news/mitarbeiterbindung-3-arten-von-commitment.html. Zugegriffen: 15. Jan. 2022.

Schreyögg, G. (2003). *Organisation – Grundlagen moderner Organisationsgestaltung* (4. Aufl.). Gabler.

Schumacher, L., & Nieskens, B. (2012). Einleitung. In DAK-Gesundheit & Unfallkasse NRW (Hrsg.), *Handbuch Lehrergesundheit – Impulse für die Entwicklung guter gesunder Schulen* (S. 5–9). Carl Link.

Schumacher, L. (2012). Gelingensbedingungen von Schulentwicklungsprojekten – Wann sollte ein Veränderungsvorhaben begonnen und wie sollte es gestaltet werden? In DAK-Gesundheit & Unfallkasse NRW (Hrsg.), *Handbuch Lehrergesundheit – Impulse für die Entwicklung guter gesunder Schulen* (S. 129–150). Carl Link.

Stocker, D., Jacobshagen, N., Krings, R., Pfister, I. B., & Semmer, N. K. (2013). Appreciative leadership and employee well-being in every working life. *Zeitschrift für Personalforschung, 28*(1–2), 73–95.

Süß, S. (2007). *Die psychologische Beziehung zwischen Unternehmen und freien Mitarbeitern: Eine empirische Untersuchung des Commitments und der arbeitsbezogenen Erwartungen von IT-Freelancern.* Diskussionsbeitrag Nr. 405, Diskussionsbeiträge der Fakultät Wirtschaftswissenschaft der FernUniversität in Hagen.

Tratzmiller, A. (2011). *Der Zusammenhang von beruflichen Gratifikationskrisen mit kontraproduktiven Verhaltensweisen und Organizational Citizenship Behavior.* Diplomarbeit. Universität Wien.

WHO. (1946). Constitution of the World Health Organization. *American Journal of Public Health and the Nations Health, 36*(11), 1315–1323. https://doi.org/10.2105/ajph.36.11.1315

Winterstein, H. (1998). Kooperative Kommunikation. *Zeitschrift für Personalforschung/German Journal of Research in Human Resource Management*, 143–164.https://www.jstor.org/stable/41851357

Dimension Wertschätzung

3

Fühlt mein Gegenüber sich wertgeschätzt?

Zusammenfassung

Eine grundlegende Voraussetzung für gelingendes Miteinander und Kooperation ist gegenseitige Wertschätzung. Sich von anderen wertgeschätzt zu fühlen, ist ein Grundbedürfnis, das alle Menschen haben, und der Mangel an Wertschätzung macht krank. Gleichzeitig gibt es viele Faktoren, die gelebte und empfundene Wertschätzung verhindern oder erschweren – selbst wenn den Beteiligten die Bedeutung des Themas bewusst ist. In diesem Kapitel geht es um Wertschätzung als grundlegende Haltung und darum, wie diese Haltung durch wertschätzendes Verhalten zum Ausdruck gebracht werden kann. Es werden mögliche Ursachen für fehlende Wertschätzung in den Blick genommen, Ideen für das Ausdrücken von Wertschätzung gegeben sowie Fragen vorgestellt, mit deren Hilfe Sie herausfinden können, ob Ihr Gegenüber sich wertgeschätzt fühlt.

Das WVBSW-Modell ergänzt die drei Bereiche des Kohärenzgefühls aus Antonovskys (1997) Modell der Salutogenese (vgl. Kap. 4, 5 und 6) um zwei weitere Dimensionen, die für gelingende Kooperation gegeben sein müssen: Wertschätzung (dieses Kapitel) und Wohlbefinden (Kap. 7). Während Verstehbarkeit, Bewältigbarkeit und Sinnhaftigkeit konkreter auf z. B. Arbeitsaufträge bezogen sind, handelt es sich bei Wertschätzung (und auch Wohlbefinden) um eine allgemeinere Grundlage für gelingendes Miteinander.

T. Holzrichter und M. Santer, *Führung durch Kooperation*,
https://doi.org/10.1007/978-3-662-63257-4_3

3.1   Die Dimension Wertschätzung

Das Thema Wertschätzung ist von zentraler Bedeutung für Teams und Unternehmen und deren Erfolg. Zum einen gibt es einen großen Mangel an Wertschätzung. Viele Studien (u. a. Matyssek, 2011; Weidner & Weidner, 2016) belegen, dass Mitarbeitende sich nicht ausreichend wertgeschätzt fühlen. Zum anderen hat dieser Mangel weitreichende Konsequenzen – für Mitarbeitende, ihr Verhalten und ihre Gesundheit und auch für Unternehmen und deren Erfolg (u. a. Siegrist, 1996; Semmer & Jacobshagen, 2003; Bauer, 2006; Matyssek, 2011; Semmer et al., 2013; Häfner et al., 2019).

▶   Wertschätzung beschreibt eine wohlwollende innere Grundhaltung anderen Menschen gegenüber. Außerdem ist Wertschätzung bzw. sich wertgeschätzt zu fühlen ein Grundbedürfnis und Voraussetzung für gelingende Beziehungen und Kooperation (u. a. Matyssek, 2011).

Sind Beziehungen und das soziale Miteinander nicht von einer wertschätzenden Haltung geprägt, führt das zu Stress und gesundheitlichen Beschwerden im psychischen und physischen Bereich und damit einhergehend auch zu mehr Fehltagen, geminderter Leistung und Produktivität sowie mehr Fluktuation in Unternehmen (Semmer, 2008; Semmer et al., 2013; Weidner & Weidner, 2016; Häfner et al., 2019). Außerdem entstehen durch fehlende Wertschätzung auch Widerstände. Mitarbeitende sind nicht nur nicht mehr so gut in der Lage, Leistung zu erbringen, sie setzen sich auch weniger für ihr Unternehmen ein und kooperieren weniger (Matyssek, 2011; Weidner & Weidner, 2016). Mitarbeitende hingegen, die Wertschätzung erfahren, sind nicht nur zufriedener mit ihrer Arbeit (Semmer et al., 2006, 2019), sondern auch motivierter, sich einzusetzen. Sie erbringen auch bessere Leistung (Franke & Felfe, 2011; Matyssek, 2011; Prümper & Becker, 2011; Weidner & Weidner, 2016). Wertschätzung wirkt also nicht nur präventiv gegen Erkrankungen und reduziert dadurch Ausfallkosten, sondern hat auch viele weitreichende positive Konsequenzen und ist damit entscheidend für gesundheitsförderliche und erfolgreiche Führung durch Kooperation.

Wertschätzung kann dabei als Basis angesehen werden. Erst wenn Wertschätzung vorhanden ist, kann Kooperation überhaupt gelingen. Menschen, die sich an ihrem Arbeitsplatz wertgeschätzt (dieses Kapitel) und wohlfühlen (Kap. 7), können kooperieren, wenn Aufgaben verstehbar (Kap. 4), bewältigbar (Kap. 5) und sinnhaft (Kap. 6) sind.

Dieses Kapitel zeigt Führungskräften, welche Haltung für wertschätzendes Verhalten entscheidend ist und mit welchen konkreten Strategien sie Wertschätzung ausdrücken und damit das Miteinander und gelingende Arbeitsprozesse stärken und Kooperation ermöglichen können.

Die Folgen fehlender Wertschätzung bzw. die Bedeutung von Wertschätzung wurden vielfach untersucht. Fehlt Wertschätzung, leidet die Gesundheit (Häfner et al., 2019). Es kommt vermehrt zu gesundheitlichen Beschwerden und das

Risiko für Krankheiten wie z. B. Herz-Kreislauf-Erkrankungen oder Depressionen steigt (Siegrist, 1996, 2002; Siegrist & Dragano, 2008). Dies entsteht u. a. dann, wenn es zu einem Ungleichgewicht zwischen Verausgabung und Anerkennung (z. B. durch Wertschätzung) und damit verbundenen Stressreaktionen kommt (Gratifikationskrise, Siegrist, 1996). Fehlende Wertschätzung stellt außerdem eine Bedrohung für den eigenen Selbstwert dar (Semmer, 2008; Semmer et al., 2013). Kein Mensch ist vollkommen unabhängig vom Feedback anderer und das eigene Selbstwertgefühl wird durch das Verhalten anderer einem selbst gegenüber beeinflusst (Semmer & Jacobshagen, 2010; Weidner & Weidner, 2016). Ein Angriff auf das eigene Selbstwertgefühl führt zu Stress, der sowohl die Gesundheit als auch die Leistung beeinträchtigt (Häfner, 2019). Kommt es durch fehlende Wertschätzung zu Problemen auf der Beziehungsebene, kann dies auch zu vermehrten Konflikten sowie einer erschwerten Konfliktlösung beitragen, da Sachargumente kaum durchdringen, wenn die Beziehungsebene gestört ist (Weidner & Weidner, 2016). Dies behindert nicht nur die Zusammenarbeit (und damit auch die Produktivität), ein gestörter sozialer Austausch kann zudem auch zur Entstehung eines Burn-outs beitragen (Schaufeli, 2006). All diese Folgen betreffen nicht nur die Mitarbeitenden selbst, sondern haben auch für Unternehmen (finanzielle) Konsequenzen (u. a. Siegrist & Dragano, 2008; Weidner & Weidner, 2016). Es kommt zu schlechten Leistungen, mehr Konflikten, mehr Widerständen. Mitarbeitende fehlen häufiger und setzen sich, auch wenn sie da sind, weniger ein. Unternehmen sind dadurch weniger produktiv und haben mit mehr Fluktuation und Qualitätsmängeln zu kämpfen.

Gelingt es hingegen, dass Mitarbeitende sich wertgeschätzt fühlen, hat dies weitreichende positive Konsequenzen. Durch empfundene Wertschätzung werden verschiedene Botenstoffe (Endorphine, Dopamin, Oxytozin) ausgeschüttet, was zu mehr Wohlbefinden, Entspannung, Konzentrations- und Leistungsfähigkeit führt (Bauer, 2006). Zum einen können Mitarbeitende, die gesund sind und sich wohlfühlen, (besser) ihrer Arbeit nachgehen. Zum anderen wirkt Wertschätzung auch direkt auf die Motivation der Mitarbeitenden (Franke & Felfe, 2011). Wer wertgeschätzt wird, zeigt mehr Einsatz, übernimmt auch eher einmal unangenehme Aufgaben und hat mehr Freude an der Arbeit (Matyssek, 2011; Weidner & Weidner, 2016; Häfner et al., 2019). Dies ist entscheidend für Unternehmenserfolg durch gelingende Kooperation. Ein Arbeitgeber gewinnt an Attraktivität und kann seine Mitarbeitenden besser ans Unternehmen binden, wenn die Unternehmenskultur von Wertschätzung geprägt ist und damit ein wichtiges Grundbedürfnis erfüllt (Matyssek, 2011; Weidner & Weidner, 2016). Gelebte Wertschätzung erzeugt ein „Klima der psychologischen Sicherheit" (Edmondson, 2004). Dies wirkt positiv auf das Selbstkonzept und den Selbstwert (Semmer & Jacobshagen, 2003). Die gewonnene Sicherheit führt dazu, dass Mitarbeitende gelassener ihrer Arbeit nachgehen können und dabei erfolgreicher sind (Semmer & Jacobshagen, 2003). Außerdem können aufgrund dieser Sicherheit auch Fehler und Probleme offen und frühzeitig angesprochen und gelöst werden (Semmer & Jacobshagen, 2010). Wertschätzung bildet damit auch die Grundlage für gelingende Kritikgespräche (Matyssek, 2011; Weidner & Weidner, 2016). Wer sich wertgeschätzt fühlt, kann besser mit negativem Feedback umgehen, da er oder sie sich nicht bzw. weniger in der Person angegriffen fühlt, sondern bei den sachlichen Inhalten bleiben kann (Matyssek, 2011; Semmer & Jacobshagen, 2010). Auch der gelingende Umgang mit Kritik und Fehlern führt letztendlich zu besserer Leistung und macht Teams und Unternehmen erfolgreicher.

Fazit

In vielerlei Hinsicht ist Wertschätzung die Grundlage für viele weitere „Zutaten", die für ein gelingendes Miteinander, effiziente Arbeitsprozesse und gute Leistungen benötigt werden. Wenn Wertschätzung als Grundlage nicht gegeben ist und Mitarbeitende innerlich aus der Kooperation aussteigen bzw. aktiv in den Widerstand gehen („Wenn hier so mit mir umgegangen wird, mache ich gar nichts mehr bzw. dann schieße ich auch zurück!"), wird dadurch die Kommunikation massiv beeinträchtigt und die Auseinandersetzung mit den weiteren Dimensionen für Führung durch Kooperation ist gar nicht erst möglich.

Was ist mit Wertschätzung genau gemeint?

Wie anfangs bereits erwähnt, ist Wertschätzung eine wohlwollende innere Haltung anderen Menschen gegenüber (u. a. Matyssek, 2011; Weidner & Weidner, 2016; Häfner et al., 2019). Diese Haltung führt zu einem wohlwollenden Miteinander. Wertschätzendes Verhalten ist Ausdruck dieser Haltung, z. B. durch (verbale/nonverbale) Kommunikation oder auch durch andere konkrete Verhaltensweisen, auf die wir in diesem Kapitel (Abschn. 3.3) eingehen werden.

▶ Wertschätzend zu sein heißt nicht, bestimmte Verhaltensweisen zu zeigen, sondern eine bestimme Haltung zu haben – und dann geeignetes Verhalten zum Ausdruck dieser Haltung zu finden.

Geeignet meint, dass der Ausdruck auf für das Gegenüber verständliche Art und Weise erfolgt.

Wertschätzung bezieht sich dabei auf eine Person insgesamt und nicht nur auf bestimmte Leistungen oder Fähigkeiten. Wertschätzung muss das Gegenüber sich nicht verdienen, sie ist voraussetzungslos und unabhängig von Fähigkeiten, Leistungen, Verdiensten oder einem bestimmten Verhalten. Damit grenzt sich Wertschätzung auch von Lob oder Anerkennung ab. Wertschätzung ist mehr als Lob (Häfner et al., 2019; Matyssek, 2011; Semmer et al., 2006), da Lob (bzw. Anerkennung oder positives Feedback) sich nur auf bestimmte Fähigkeiten, Leistungen, Verdienste oder Anstrengungen bezieht und diese würdigt. Wertschätzung geht darüber hinaus. Wertschätzung ist mehr als Lob, da sie auch möglich ist, wenn es keinen Anlass zum Loben gibt. Daher ist Wertschätzung auch so entscheidend, weil es oft besonders auf die schwierigeren Situationen ankommt, in denen Lob nicht gut möglich ist.

Eine wertschätzende Haltung zu haben, bedeutet, andere Menschen mit allem, was zu ihnen gehört (mit ihren individuellen Fähigkeiten, Bedürfnissen, Besonderheiten, ihrem Einsatz, ihrer Persönlichkeit, ihren Werten, ihrem Befinden …), zu beachten (u. a. Matyssek, 2011; Weidner & Weidner, 2016; Häfner et al., 2019). Es geht also darum, mit welchem Blick ich auf andere schaue (Matyssek, 2011). Dieser Blick bzw. diese Grundeinstellung prägt, wie ich mich anderen gegenüber verhalten werde. Nicht nur andere Menschen, sondern auch Situationen oder Dinge können wertgeschätzt werden. Wertschätzung beinhaltet dabei immer eine positive Perspektive, den Blick auf das Gute bzw. das Augenmerk auf das, was einem etwas **wert** ist.

Obwohl Lob und Anerkennung mit Wertschätzung eng zusammenhängen, sind sie nicht das Gleiche. Es gibt darüber hinaus viele weitere Konstrukte und Haltungen, die mit Wertschätzung in Verbindung stehen und gewisse Überschneidungen haben (u. a. Weidner & Häfner et al., 2019; Weidner, 2016), wie z. B. Interesse, Respekt, Ehrlichkeit, Fairness, Höflichkeit, Sympathie, Feedback, soziale Unterstützung, Empathie. Natürlich ist es leichter, jemanden wertzuschätzen, dem man nahesteht, zum Beispiel aus Sympathie, Bewunderung oder weil Werte oder Meinungen übereinstimmen und dieses Gegenüber ebenfalls wertschätzend ist. Trotzdem geht Wertschätzung über all dies hinaus und ist gerade dann von großer Bedeutung, wenn all das nicht gegeben ist.

Wertschätzung heißt allerdings nicht, dass es nicht auch Konflikte und Kritik geben darf. Wertschätzung steht auch nicht im Widerspruch zu Klarheit und Direktheit (Häfner et al., 2019). Im Gegenteil: Klar und direkt zu sein und das Gegenüber wissen zu lassen, woran er oder sie ist, ist oft wesentlich wertschätzender als die Alternativen. Wichtig dabei ist, wie diese Klarheit und Direktheit ausgedrückt werden. So ist es möglich, auf der Sachebene sehr klar und direkt und ggf. sogar hart bzw. unnachgiebig zu sein und gleichzeitig auf der Ebene der Person bzw. Beziehung sehr freundlich und wertschätzend zu bleiben. Für Führungskräfte kann die Kombination (= Motto des Harvard-Konzepts, Fisher et al., 2013) „Hart in der Sache und weich zur Person" an vielen Stellen sehr hilfreich sein. Oft wird zugunsten der Wertschätzung fälschlicherweise angenommen, man müsste auf der Sachebene nachgiebig sein und zum Beispiel von getroffenen Vereinbarungen und geltenden Regeln abweichen, um anderen entgegenzukommen und damit wertschätzend zu sein. Dies ist jedoch keineswegs der Fall.

Besonders entscheidend für wertschätzende Führung ist, dass Wertschätzung nicht als Mittel zum Zweck eingesetzt wird (Matyssek, 2011). Es geht nicht darum, andere zu etwas zu bewegen.

▸   „Verhalten, das wertschätzend sein soll, aber nicht auf einer wertschätzenden Haltung beruht, ist Manipulation (Matyssek, 2011, S. 12)."

Daher kann es auch kein Buch oder Seminar geben, das eine einfache Wertschätzungsanleitung liefert, die nur befolgt werden muss. Methoden allein funktionieren nicht und werden schnell zu leeren Gesten (Weidner & Weidner, 2016). Wichtig ist, dass angewendete Methoden einer authentischen wertschätzenden Haltung entspringen. Es kann jedoch durch Auseinandersetzung mit dem Thema eine wertschätzende Haltung gestärkt werden und darüber Verhalten verändert werden. Außerdem können Ideen geteilt werden, **wie** man eine wertschätzende Haltung gut zum Ausdruck bringen kann, sodass die Wertschätzung bei möglichst vielen Mitarbeitenden ankommt. Dass Wertschätzung echt sein muss (um die eingangs genannten positiven Wirkungen zu haben), heißt nicht, dass man sie nicht trotzdem strategisch bzw. geplant einsetzen kann (Weidner & Weidner, 2016). Eine Haltung an sich kann man nicht sehen und eine Haltung zum Ausdruck zu bringen, kann im Alltag schnell untergehen, besonders, weil eine Führungskraft sehr vielfältige Aufgaben hat. Daher kann es durchaus sehr hilfreich sein, wenn Führungskräfte sich Zeit dafür nehmen, sich mit dem Thema Wertschätzung zu beschäftigen und bewusst zu planen, wie sie im Alltag ihre Mitarbeitenden wertschätzen können. Dies ist dann keine Manipulation.

3.2   Gründe für fehlende Wertschätzung und Ansatzpunkte für Veränderung

Im Folgenden wird erläutert, welche Ursachen Wertschätzungsdefizite haben und wie diese vermieden werden können. Dazu ist es zunächst hilfreich, getrennt zu betrachten, wo Wertschätzungsdefizite entstehen, weil keine Wertschätzung gesendet wird, und welche anderen Gründe es gibt, dass trotz gesendeter Wertschätzung von Mitarbeitenden ein Defizit beklagt wird. Dieser getrennte Blick liefert mehr Ansatzpunkte für Veränderung. Beim Ausdruck von Wertschätzung gibt es wie bei der Kommunikation eine sendende Person, eine empfangende Person und eine Botschaft (u. a. Häfner et al., 2019; Schulz von Thun, 2014; Semmer & Jacobshagen, 2010). Kommt es zu einem Wertschätzungsdefizit, kann dies verschiedene Ursachen haben:

1. Es wurde keine Wertschätzung **gesendet.**
2. Wertschätzung wurde gesendet, aber das Gegenüber ist nicht in der Lage, diese zu **empfangen.**
3. Die **Passung** zwischen Gesendetem und der Art, wie die empfangende Person Wertschätzung versteht, ist nicht gegeben bzw. nicht ideal. Es kommt zu Wertschätzungsmissverständnissen, weil sendende und empfangende Person ein unterschiedliches Verständnis davon haben, wie Wertschätzung ausgedrückt werden sollte.

Um diese drei Hauptursachen genauer zu erläutern, stellen wir Ihnen in diesem Kapitel mögliche Gründe für fehlende Wertschätzung vor und geben außerdem Anregungen für Veränderung. Sie finden zu den verschiedenen Gründen auch einige Praxisbeispiele zur Veranschaulichung. Die Praxisbeispiele können Ihnen passend oder auch unpassend vorkommen. Entscheidend ist es, dass Sie überlegen, wo in Ihrem Bereich die Gründe für fehlende Wertschätzung liegen könnten. Sie erhalten dann Hinweise, wo Sie ansetzen können, um in Ihrem Unternehmen ein wertschätzendes Miteinander zu prägen.

3.2.1 Es wird keine Wertschätzung gesendet

Wenn keine Wertschätzung gesendet wird, kann dies viele Gründe haben. Oft wird vorschnell von Mitarbeitenden angenommen, dass dies daran liegt, dass sie nicht wertgeschätzt werden oder der Führungskraft das Thema nicht am Herzen liegt. Es gibt jedoch eine Vielzahl möglicher Gründe und das Bewusstsein für diese kann sowohl Verständnis für die Situation als auch Ansatzpunkte für Veränderung liefern. Die folgende Übersicht enthält mögliche Gründe, warum keine Wertschätzung gesendet wird (vgl. u. a. Semmer & Jacobshagen, 2010; Matyssek, 2011; Weidner & Weidner, 2016).

Mögliche Gründe, warum keine Wertschätzung gesendet wird

- Geringer Selbstwert der sendenden Person (dadurch Schwierigkeit, andere wertzuschätzen; automatische, meist unbewusste Neigung zur Abwertung anderer aufgrund eigener Selbstwertprobleme)
- Zeitdruck, Stress, Überlastung
- Aktueller Zustand/Verfassung der sendenden Person, Unwohlsein, sendende Person ist bei sich/ihren Problemen, eigene Unzufriedenheit
- Fehlende Vorbilder, Art der Erziehung, Prägung, Übernahme von vorgelebtem Verhalten, nie gelernt, wie man Wertschätzung ausdrückt
- Orientierung am Umfeld, kulturelle Prägung („Nicht geschimpft, ist gelobt genug"; unüblich, sich für „Selbstverständliches" zu bedanken, „Der andere sendet mir auch keine Wertschätzung" etc.)
- Fehlende Übung im Ausdrücken, fehlende Ideen zum Ausdrücken
- Fehlende Empathie
- Werteverständnis, Menschenbild
- Blick auf das Positive fehlt, fehlende positive Haltung
- Hoher Anspruch, Erwartungshaltung
- Interessenskonflikt/Angst vor Konsequenzen (z. B. nicht zu persönlich werden wollen; Angst, manipulierend wahrgenommen zu werden; Angst, dass es nicht geglaubt wird oder dass es missverstanden wird; Angst, dass sich andere benachteiligt fühlen; Angst, dass es als etwas anderes wahrgenommen wird und das Gegenüber sich verliebt etc.). Aus der Angst, zu persönlich zu werden, folgt oft, dass eher Leistung gelobt wird
- Nicht gelernt, Lob und Wertschätzung zu unterscheiden, Sachorientierung
- Sendende Person kennt Gegenüber nicht so gut, fehlende Information
- Sendende Person mag Gegenüber nicht so gern, fehlende Sympathie
- Meinungsverschiedenheiten, andere Ansichten als das Gegenüber
- Konflikte
- Unsicherheit, sendende Person traut sich nicht (u. a. durch Hierarchie)
- Taktisches Vorgehen, Aspekte der Selbstdarstellung (z. B. als „harter Kerl" gelten wollen)
- Bewusste Entscheidung (nicht senden wollen)

- Unterschwellige Konkurrenzen
- Kulturelle/sprachliche Barrieren
- Sprachliche Angewohnheiten (z. B. „nicht schlecht" statt gut)
- Fehlende Wertschätzung vom Gegenüber bzw. allgemein
- Mangelnde Selbstkontrolle (Emotionen freien Lauf lassen)

Die Länge dieser Liste zeigt, wie vielseitig die Gründe für fehlende Wertschätzung aufseiten der sendenden Person sind. Zusammenfassend gibt es zwei Hauptursachen:

- Wertschätzung wird nicht empfunden (u. a. Wert wird nicht geschätzt, andere Wertvorstellung, anderer Wahrnehmungsfokus z. B. aus Zeitdruck, fehlender Reflexion, Gleichgültigkeit etc.).
- Wertschätzung wird nicht ausgedrückt (u. a. weil es nicht gewollt wird oder nicht gekonnt wird, auch hier können Stress oder Zeitdruck eine Rolle spielen, aber auch viele weitere der oben genannten Gründe).

Eine besondere Rolle spielt der Selbstwert der sendenden Person.

▶   Menschen mit Selbstwertproblemen haben Schwierigkeiten, andere wertzuschätzen. Zum Schutz des eigenen Selbstwerts und um Minderwertigkeitsgefühle zu vermeiden, kommt es zur Abwertung und zum Angriff des Gegenübers. Selbstwertschätzung ist daher eine Voraussetzung, um andere Menschen wertschätzen zu können (Tesser, 1988; Kast, 2005; Leary, 2007; Rosenberg, 2016; Weidner & Weidner, 2016).

Die folgenden Beispiele zu einigen der oben genannten Gründe verdeutlichen, wie es zu fehlender Wertschätzung kommen kann.

Beispiel

Beispiel 1 – Interessenkonflikt/Angst vor Konsequenzen
Eine Führungskraft legt Wert darauf, ihre Mitarbeitenden nicht nur zu loben, sondern auch unabhängig von deren Leistungen Wertschätzung auszudrücken. Diese persönliche Wertschätzung wird von einer Mitarbeiterin falsch verstanden. Sie denkt, ihr Chef hätte Interesse an einer Liebesbeziehung zu ihr. Durch diese Erfahrung neigt die Führungskraft wieder dazu, eher ausschließlich auf der Sachebene zu bleiben und Leistungen zu loben.

Beispiel 2 – Anpassung ans Umfeld
Ein junger Mann hat einige Zeit im Ausland gelebt. Dort war es üblich, sich beim Aussteigen aus dem Bus bei der oder dem Busfahrer*in zu bedanken – egal, ob vorne oder von hinten durch den Bus gerufen. Da ihm diese Geste der

Wertschätzung sehr gefallen hat, macht er dies auch nach seiner Rückkehr in Deutschland weiter. Die meisten der Busfahrer*innen und auch die anderen Personen im Bus reagieren oft sehr irritiert. Anfangs behält er das Dankesagen trotzdem bei, doch mit der Zeit wird es immer weniger. ◄

Dafür ist Sorge zu tragen
Die sendende Person (z. B. die Führungskraft)

- hat eine wertschätzende Haltung, das heißt, er oder sie schätzt wert und will senden (vgl. Kap. 6 Sinnhaftigkeit),
- weiß, wie er oder sie Wertschätzung ausdrücken kann (vgl. Kap. 4 Verstehbarkeit),
- hat selbst genug Wohlbefinden (vgl. Kap. 7) und Ressourcen (u. a. Selbstwert, Zeit etc.), um Wertschätzung senden zu können (vgl. Kap. 5 Bewältigbarkeit).

Praxishinweis Um Wertschätzung zu mehren, kann man an verschiedenen Stellen ansetzen. Zum einen gilt es, die eigene Haltung und ggf. auch die Selbstwertschätzung zu reflektieren (Abschn. 3.6 und Abschn. 10.1). Zum anderen müssen Ideen zum Ausdruck der Wertschätzung vorhanden sein, die zur Situation und der sendenden Person passen. Wir stellen daher in Abschn. 3.3 eine Sammlung als Anregung vor. Darüber hinaus ist das Einüben weiterer Fähigkeiten ein Ansatzpunkt, die das Senden von Wertschätzung ermöglichen oder erleichtern, wie z. B. Zeitmanagement, Emotionsregulation, Kommunikation etc.

3.2.2 Es wird keine Wertschätzung empfangen

Wenn mangelnde Wertschätzung beklagt wird, muss dies nicht immer bedeuten, dass keine Wertschätzung gesendet wurde. Es kann auch sein, dass gesendete Wertschätzung nicht ankommt, weil das Gegenüber die Wertschätzung nicht wahrnimmt oder nicht annimmt. Wie es dazu kommt, zeigt die folgende Auflistung möglicher Gründe (vgl. u. a. Semmer & Jacobshagen, 2010; Matyssek, 2011; Weidner & Weidner, 2016).

Mögliche Gründe, warum keine Wertschätzung empfangen wird

- Wahrnehmungsfokus, fehlende Aufmerksamkeit, pessimistische Sichtweise
- Selbsterfüllende Prophezeiungen (Wirtz, 2021), Erwartung, dass man sowieso nicht wertgeschätzt wird
- Stress, Zeitdruck, Hektik, Überforderung
- Eigene Verfassung, aktueller Zustand, persönliche Probleme (vgl. Kap. 7)
- Eigener Selbstwert zu gering (Stichwort „kognitive Dissonanz" [Festinger, 1957, s. u.]: Entweder ich habe unrecht mit meiner „schlechten" Meinung über mich selbst oder der andere hat unrecht mit seiner „guten" Meinung/Wertschätzung.)

- Zu großer Mangel
- Mögliche Gründe dafür, dass man eigene Stärken/Erfolge nicht anerkennt (u. a. Weidner & Weidner, 2016): Gewohnheit (Was uns leichtfällt, nehmen wir nicht als besonders wahr), (zu) ehrgeizige Ziele, (zu) hoher eigener Anspruch, erlernte Haltungen (z. B. Bescheidenheit als wichtiger Wert), strenge/kritische Erziehung, Fokus auf Fehler in Schule (3 Fehler statt 97 richtige Wörter)
- Glaubenssätze (z. B. „Eigenlob stinkt")
- Unterstellung anderer Absichten der sendenden Person
- Negative Vorerfahrungen
- Misstrauen
- Nicht gelernt, es annehmen zu können
- Falscher Zeitpunkt, unpassender Rahmen
- Erwartungshaltung (etwas anderes erwartet)
- Nicht annehmen wollen, z. B. fehlende Sympathie/fehlende Beziehung
- Konflikt mit der sendenden Person
- Vergleiche mit anderen

Auch beim Empfangen lassen sich die genannten Gründe zwei Hauptursachen zuordnen:

- Wertschätzung wird nicht bemerkt (z. B. durch Stress, pessimistische Sichtweise etc.),
- Wertschätzung wird nicht angenommen bzw. nicht geglaubt (z. B. Selbstwertprobleme, Angst vor Manipulation etc.).

Und auch bei der empfangenden Person spielt der eigene Selbstwert eine zentrale Rolle.

▶   Menschen mit geringem Selbstwert reagieren oft empfindlich und fühlen sich schnell angegriffen und damit nicht wertgeschätzt (Semmer & Jacobshagen, 2010; Semmer et al., 2019). Ein stark ausgeprägtes Selbstwertgefühl hingegen schützt vor Kränkungen und Stress (Semmer, 2008; Matyssek, 2011; Semmer et al., 2013). Ist der eigene Selbstwert gering, wird mehr Bestätigung von außen gesucht, auch wenn diese das Selbstwertproblem nicht lösen kann. Wenn Menschen eine negative Meinung über sich selbst haben und dann andere ihnen positiv begegnen, d. h. sie wertschätzen, kann dies zu **kognitiven Dissonanzen** führen (Festinger, 1957). Um den unangenehmen Zustand des Widerspruchs zu entgehen, wird angenommen, dass eine Ansicht falsch sein muss. So führt ein geringer Selbstwert unbewusst dazu, dass Wertschätzung von anderen nicht empfangen – da nicht „geglaubt" – wird.

Die folgenden Beispiele veranschaulichen einige der oben genannten Gründe.

Beispiel

Beispiel 1 – kognitive Dissonanz/selbsterfüllende Prophezeiung

Ein Mitarbeitender, der Schwierigkeiten hat, sich selbst wertzuschätzen, richtet in seinem Alltag unbewusst den Fokus auf Situationen, die seine Einstellung sich selbst gegenüber bestätigen. Ihm fallen viele Situationen auf, die er als Geringschätzung interpretiert. Wertschätzendes Verhalten fällt ihm nicht auf oder er glaubt nicht, dass es ehrlich gemeint sein kann.

Beispiel 2 – negative Vorerfahrung:

Eine Mitarbeitende hat in ihrer alten Firma die Erfahrung gemacht, dass ihre Führungskraft meist nur dann wertschätzend ihr gegenüber war, wenn sie sie kurz danach um einen Gefallen gebeten hat. Die Mitarbeitende begegnet aufgrund dieser Vorerfahrung auch ihrer neuen Führungskraft misstrauisch, wenn diese wertschätzend ist, und unterstellt ihr, dass sie dies nur tut, um etwas Bestimmtes zu erreichen. ◄

Dafür ist Sorge zu tragen

Die empfangende Person (z. B. Mitarbeitende)

- nimmt die gesendete Wertschätzung wahr,
- kann die gesendete Wertschätzung annehmen bzw. glauben.

Praxishinweis Auch auf der Seite der Empfangenden lohnt sich die Stärkung des Selbstwertgefühls, damit die Wertschätzung anderer eher angenommen werden kann. Außerdem ist es entscheidend, sich die eigenen Erwartungen bewusst zu machen. Das Gegenüber (z. B. die Führungskraft) kann nicht den Mangel aus anderen Bereichen decken. Im Miteinander hilft es, ins Gespräch zu kommen und dabei Wertschätzung als empfangende Person auch einzufordern bzw. sich als sendende Person zu erkundigen, ob Wertschätzung beim Gegenüber ankommt. Die Gewaltfreie Kommunikation (Rosenberg, 2016, vgl. auch Abschn. 3.3.3) eignet sich als Methode, um bei nicht erfüllten Wertschätzungsbedürfnissen das Gespräch zu suchen.

3.2.3   Die Passung ist nicht gegeben

Auch wenn Sendende Wertschätzung ausdrücken und das Gegenüber in der Lage ist, Wertschätzung zu empfangen, kommt es trotzdem manchmal dazu, dass mehr Wertschätzung gewünscht wird. Dies kann daran liegen, dass die Passung nicht gegeben ist und Sendende und Empfangende eine unterschiedliche „Sprache" sprechen, d. h., sie haben ein unterschiedliches Verständnis davon, wie Wertschätzung am besten ausgedrückt werden sollte. Die Passung ist das i-Tüpfelchen für ein wertschätzendes Miteinander und wichtig, um Wertschätzung noch stärker erlebbar zu machen. Wenn die Passung stimmt, ist es „weniger Arbeit" für die sendende Person, da die Ausdrucksform ihm bzw. ihr liegt. Außerdem hat die Wertschätzung eine größere Wirkung für Empfangende, da diese dann nicht nur kognitiv verstehen, dass es sich um wertschätzendes Verhalten handelt, sondern auch das Gefühl bekommen, wertgeschätzt zu werden.

Wie kommt es nun dazu, dass die Passung manchmal nicht gegeben und das Verständnis von Wertschätzung oft so unterschiedlich ist? Hier spielen zwei grundlegende Faktoren eine entscheidende Rolle.

Übersicht
Fehlendes Bewusstsein für die Unterschiedlichkeit:
Es wird angenommen, dass andere Menschen sich durch die gleichen Dinge wertgeschätzt fühlen, wie man selbst. Oft wird geglaubt, dass Handlungen gleich Wertschätzung sind. Da Wertschätzung als Haltung jedoch durch ganz unterschiedliche Handlungen ausgedrückt werden kann, gilt es, eine Ausdrucksform zu finden, die auch das Gegenüber versteht. Darin unterscheiden Menschen sich, und es ist sehr individuell, wodurch sich Menschen wertgeschätzt fühlen. Dies kann verschiedene Gründe haben: Persönlichkeitseigenschaften, Erziehung, (Lern-)Erfahrung, kulturelle Unterschiede, Sozialisation, Wertesystem, Haltungen, Lebenssituation, unterschiedliche Interpretationen, unterschiedliche Erwartungen.

Fehlender Austausch:
Durch fehlenden Austausch über die Unterschiedlichkeit ändert sich die Situation nicht. Oft wird nur allgemein über das Thema Wertschätzung oder über fehlende Wertschätzung geredet. Mitarbeitende sagen dann „Ich fühle mich nicht wertgeschätzt" oder „Ich wünsche mir mehr Wertschätzung". Es wird nicht konkret benannt, was genau sich gewünscht wird und was man selbst als Wertschätzung empfindet. Sendende versuchen oft selbst „zu erraten", wie sie gut wertschätzen können, statt nachzufragen. Empfangende äußern oft nur allgemeine Wünsche statt konkreter Vorlieben. Das ist leichter, denn konkrete Vorlieben müsste man sich selbst zunächst bewusst machen.

Das folgende Beispiel veranschaulicht die fehlende Passung:

Beispiel

Eine Führungskraft möchte ihrem Mitarbeitenden ein Geschenk anlässlich dessen 25-jähriger Firmenzugehörigkeit machen. Die Führungskraft kauft für den Mitarbeitenden eine teure Flasche Rotwein. Dies fällt ihr nicht leicht, da sie sich nicht gut mit Weinen auskennt. Der Mitarbeitende erhält das Geschenk und bedankt sich. Allerdings trinkt er nicht gern Rotwein. Er weiß zwar, dass das Geschenk ein Ausdruck von Wertschätzung sein soll und freut sich, dass seine Führungskraft an das Jubiläum gedacht hat, obwohl gerade so viel los ist. Über eine persönliche Karte hätte er sich jedoch sehr viel mehr gefreut. Dies weiß seine Führungskraft aber nicht. Hätte sie es gewusst, wäre es ein Gewinn für beide Seiten gewesen. Persönliche Karten zu schreiben, fällt ihr viel leichter, als Wein auszusuchen. Sie dachte aber, Wein würde wertschätzender empfunden werden. ◄

Dafür ist Sorge zu tragen
Sendende und Empfangende machen sich bewusst, auf welche Art sie Wertschätzung ausdrücken und verstehen. Sie wissen, dass Menschen sich darin unterscheiden und tauschen sich daher konkret darüber aus.

Praxishinweis Um als Führungskraft der Unterschiedlichkeit Ihrer Mitarbeitenden gerecht zu werden, ist es wichtig, diese individuell zu behandeln und auf jeweils passende Art Wertschätzung auszudrücken. Befragen Sie Ihre Mitarbeitenden und machen Sie v. a. das „Wie" zum Thema. Regen Sie Selbstreflexion und Austausch in Ihrem Team darüber an, durch welche Verhaltensweisen sich jede*r Einzelne wertgeschätzt fühlt. Nehmen Sie sich ausreichend Zeit für Gespräche und gehen Sie auf die genannten Bedürfnisse und Wünsche ein, sofern diese realistisch sind und Sie dies können und wollen. Die Fragen in Abschn. 3.4 können Ihnen dabei helfen. Wenn Sie wenig Zeit haben und dennoch Erkenntnisse sammeln wollen, können Sie auch eine Mitarbeitendenbefragung durchführen. Dies wäre auch anonym möglich.

Fazit

Um Wertschätzung **sicherzustellen,** muss der gesamte Kommunikationsprozess mit allen seinen Beteiligten in den Blick genommen werden. Erlebte Wertschätzung setzt voraus, dass Wertschätzung gesendet wird, empfangen wird und die Passung stimmt. Sendende brauchen dazu eine wertschätzende Haltung und geeignete Ausdrucksformen dieser Haltung. Empfangende müssen die Wertschätzung wahrnehmen und annehmen können. Um die Passung zu erhöhen, ist es wichtig, sich über das Thema Wertschätzung konkret auszutauschen.

Setzen Sie an allen drei Bereichen an, um Wertschätzung als Erfolgsfaktor für gelingende Kooperation in Ihrem Team zu stärken. Dabei helfen Ihnen detaillierte **Fragen zur (erlebten) Wertschätzung.** Die Antworten auf diese Fragen erlauben es Ihnen einzuschätzen, ob Ihre Wertschätzung bei Ihrem Gegenüber auch ankommt.

Wertschätzung zu reflektieren, bedeutet: Haben meine Mitarbeitenden das Gefühl, dass ich sie mit ihren Bedürfnissen, ihren Werten, ihren Eigenschaften und ihrem Einsatz beachte?

3.3   Wertschätzung mehren

Da der Schwerpunkt dieses Buches darauf liegt, Führungskräften Ideen zu geben, wie sie die fünf Dimensionen des WVBSW-Modells stärken und damit Kooperation ermöglichen und steigern können, wird im Bereich Wertschätzung das Senden stärker in den Fokus genommen. Sie finden daher hier Ideen und Methoden, wie Wertschätzung ausgedrückt werden kann. Als Ergänzung lohnt es sich, die anderen Bereiche (Empfangen und Passung) im Kopf zu behalten und bei Bedarf wie in Abschn. 3.2 in den Praxishinweisen beschrieben aktiv zu werden.

In diesem Kapitel stellen wir Ihnen zunächst drei konkrete Methoden bzw. Modelle vor, die Ihnen helfen können, Wertschätzung auszudrücken (Abschn. 3.3.1, 3.3.2 und 3.3.3). Anschließend finden Sie verschiedene Kategorien (Abschn. 3.3.4), in denen Sie Ideen für wertschätzendes Verhalten sammeln können, die zu Ihnen und Ihren Mitarbeitenden passen. Als Anregung enthält der Abschn. 3.3.4 zusätzlich eine Ideensammlung.

▶   Sehen Sie diese Sammlung am Ende des Kapitels nicht als To-do-Liste, was Sie alles tun sollten. Wählen Sie aus, was zu Ihnen, Ihrer Situation und Ihrem Gegenüber passt. Nur so wird der Ausdruck Ihrer Wertschätzung authentisch.

3.3.1   Das Stufenmodell der Wertschätzung (nach Zwack et al., 2011)

Zwack et al. (2011) beschreiben in ihrem Stufenmodell drei Arten, wie Wertschätzung ausgedrückt werden kann. Diese sind stufenförmig angeordnet (vgl. Abb. 3.1).

Das Modell beinhaltet die drei folgenden Stufen:

Anwesenheit wahrnehmen
Wertschätzung ausdrücken auf dieser Stufe heißt, dem Gegenüber signalisieren, dass Sie bemerken, dass er oder sie da ist. Dies lässt sich u. a. durch allgemeine Regeln der Höflichkeit tun, z. B. jemandem die Tür aufhalten, Begrüßungen, Augenkontakt.

Funktion/Rolle ernst nehmen
Auf dieser Stufe begegnen Sie Ihrem Gegenüber in seiner Funktion bzw. Rolle und drücken in diesem Bereich Wertschätzung aus. Arbeitsleistungen und der Wert des Gegenübers für das Unternehmen/die Institution/das Team werden geschätzt. Dies kann durch Rückmeldung oder Dank geschehen („Danke, dass du dich darum gekümmert hast") oder aber auch dadurch, dass Sie Ihr Gegenüber mit dem

Abb. 3.1 Das Stufenmodell
der Wertschätzung. (Mod.
nach Zwack et al., 2011)

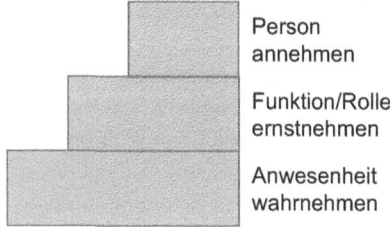

Person
annehmen

Funktion/Rolle
ernstnehmen

Anwesenheit
wahrnehmen

versorgen, was es braucht, um seine Funktion gut zu erfüllen. Sie können z. B. Informationen frühzeitig weitergeben, Mitarbeitende in Prozesse einbeziehen, ihnen Gestaltungs- und Entscheidungsspielraum geben. Es geht darum, Bedürfnisse, die sich aufgrund der Rolle/Funktion ergeben, zu berücksichtigen.

Beispiel

Im Bereich Schule könnte man dies z. B. auch auf Eltern anwenden. In ihrer Rolle als Erziehungsberechtigte haben sie bestimmte Sorgen und Anliegen. Auf dieser Stufe kommt es noch nicht darauf an, im Kontakt mit den betroffenen Eltern eine ganz bestimmte persönliche Familiensituation zu kennen und zu berücksichtigen, sondern zu bedenken, welche Anliegen und Bedürfnisse das Gegenüber mitbringt, weil es ein Elternteil ist (z. B. sich um sein Kind sorgen, für das Kind das Beste wollen, es verteidigen, sich für das Kind einsetzen etc.) ◄

Person annehmen
Hier kommt es darauf an, das Gegenüber nicht nur in seiner Rolle/Funktion zu sehen, sondern auch darauf einzugehen, was ihn oder sie als Person ausmacht. Berücksichtigen Sie die Eigenschaften, Vorlieben, Werte und aktuelle Situation Ihres Gegenübers und drücken Sie auf ganz individuelle Weise Ihre Wertschätzung aus. Dafür ist es natürlich notwendig, sich auf das Gegenüber einzulassen und etwas über sie oder ihn zu wissen. Wertschätzung auf dieser Stufe können Sie z. B. ausdrücken, indem Sie sich nach etwas Persönlichem erkundigen, das Ihr Gegenüber Ihnen letzte Woche erzählt hat oder indem Sie bei Mitarbeitenden mit kleinen Kindern flexible Arbeitszeiten ermöglichen.

Wertschätzung auf den höheren Stufen auszudrücken, erfordert mehr, hat aber auch die größere Wirkung. Anders betrachtet kann man aber auch festhalten: Nur weil Wertschätzung auf einer der Stufen aktuell nicht möglich ist, gibt es trotzdem andere Wege, Wertschätzung auszudrücken.

3.3.2   Aktiv konstruktives Reagieren (nach Seligman, 2012)

Eine weitere konkrete Methode, um Wertschätzung auszudrücken, ist das Aktiv konstruktive Reagieren (Seligman, 2012). Diese Methode aus der Positiven Psychologie fördert das Wohlbefinden und die Beziehungsqualität und ist eine sehr gute Möglichkeit, Ihrem Gegenüber zu zeigen, dass Sie sich für es interessieren und es mit seinem Erfolg bemerken.

Viele Methoden bzw. Ideen, wie Wertschätzung ausgedrückt werden kann, setzen am Agieren an. Dies ermöglicht einen großen Handlungsspielraum. Die Art Ihrer Reaktion zu reflektieren und ggf. anzupassen, liefert eine wirkungsvolle Ergänzung zum wertschätzenden Agieren. Auf unsere Mitmenschen reagieren ist etwas, das wir sowieso alle machen. Nutzen Sie die Chance, mit einer aktiv konstruktiven Reaktion einen großen Unterschied für das Wohlbefinden und das Miteinander zu machen und auch über diesen Weg Kooperation zu fördern. Im Folgenden werden die vier Arten, wie wir auf Menschen reagieren können, anhand eines Beispiels erläutert. Anschließend erhalten Sie Anregungen, mit welchen Fragen Sie aktiv konstruktiv auf Ihr Gegenüber reagieren können.

> **Beispiel**
>
> **Beispiel: Aktiv konstruktives Reagieren:**
> Stellen Sie sich vor, Ihr Gegenüber kommt auf Sie zu und berichtet ganz stolz, dass er oder sie soeben ein erfolgreiches Gespräch geführt hat. Sie können nun auf folgende Arten darauf reagieren:
>
> **Aktiv und destruktiv**
> Person 1: „Ich habe grade ein gutes Gespräch geführt!"
> Person 2: „Das hat bestimmt viel Zeit gekostet. Bist du sicher, dass diese gut investiert ist?"
> Person 2 geht aktiv auf das Thema ein und beteiligt sich auch auf emotionaler Ebene, dies jedoch in einer destruktiven Form. Bei dieser Art des Reagierens werden Nachteile in den Vordergrund gestellt und/oder Zweifel geäußert bzw. Unglauben ausgedrückt. Der Erfolg des anderen wird schlecht gemacht oder infrage gestellt. Dies ist ein direkter Ausdruck mangelnder Wertschätzung.
>
> **Passiv und destruktiv**
> Person 1: „Ich habe grade ein gutes Gespräch geführt!"
> Person 2: „Gut, dass ich dich treffe. Ich wollte noch über Thema XY mit dir sprechen."
> Person 2 geht weder emotional noch sachlich auf den berichteten Erfolg ein. Das Berichtete wird ignoriert und das Thema gewechselt. Diese Art des Reagierens kommt häufiger vor, als man vielleicht denkt (v. a. bei Zeitdruck), und stellt eine oft übersehene Gefahr für Wertschätzung und gelingende

Kooperation dar. Egal, wie sehr Person 2 in anderen Situationen versucht, Wertschätzung auszudrücken, wird sich Person 1 durch solche Erlebnisse nicht gesehen fühlen und den Eindruck mangelnder Wertschätzung behalten.

Passiv und konstruktiv
Person 1: „Ich habe grade ein gutes Gespräch geführt!"
    Person 2: „Das hast du gut gemacht."
    Person 2 reagiert durch ihr kurzes Lob zwar konstruktiv, geht aber nicht auf das Erzählte ein. Es werden keine Fragen gestellt und keine Freude ausgedrückt. Damit vertut Person 2 die Chance, durch ein Teilhaben an dem Erfolg die Beziehung zu Person 1 zu stärken und außerdem auch Wohlbefinden zu mehren.

Aktiv und konstruktiv
Person 1: „Ich habe grade ein gutes Gespräch geführt!"
    Person 2: „Das freut mich sehr für dich! Wie toll! Du hattest ja erzählt, dass dieses Gespräch bevorsteht und sehr wichtig ist. Wie bist du vorgegangen? Wie verlief das Gespräch genau? Wie hat XY reagiert? …"
    Person 2 zeigt Interesse, indem sie nachfragt. Es wird nicht nur sachlich auf den Erfolg eingegangen, sondern Person 2 freut sich mit. Sie gibt Person 1 die Möglichkeit, genauer von ihrem Erfolg zu berichten. Die positiven Emotionen bekommen Raum und werden verstärkt. ◄

Für eine aktiv konstruktive Reaktion spielen offene Fragen eine große Rolle. Geben Sie Ihrem Gegenüber die Chance, genauer von dem Erfolg zu berichten. Manchmal geraten Menschen in Versuchung, als Reaktion selbst von Situationen mit einem ähnlichen Thema zu erzählen. Sie wollen auch damit auf das Thema und ihr Gegenüber eingehen. Dies führt allerdings dazu, dass sie das Gespräch „an sich reißen" und ihrem Gegenüber keinen Raum für dessen eigenen Erfolg lassen. Widerstehen Sie also dieser Versuchung und bleiben Sie dabei, Ihr Gegenüber durch Fragen zum Berichten anzuregen. Es gibt viele mögliche Fragen, die Wertschätzung und Interesse ausdrücken, z. B.:

- Wie war die Situation ganz genau?
- Wie hast du reagiert?
- Was war daran besonders schön?

Eine Möglichkeit ist es, bei der Auswahl der Fragen gleichzeitig auf die fünf Dimensionen des WVBSW-Modells einzugehen. So kombinieren Sie das Aktiv konstruktive Reagieren direkt mit dem WVBSW-Modell.
    Die Fragen sollten natürlich immer zu der jeweiligen Situation passen. Sie finden hier einige Beispiele, die Sie direkt oder als Ideen für die Entwicklung eigener Fragen nutzen können.

- Wertschätzung:
  - Wie haben die anderen darauf reagiert?
  - Mit wem kannst du den Erfolg noch teilen?
- Verstehbarkeit:
  - Wie bist du vorgegangen?
  - Was hast du genau gemacht?
  - Wie war die Situation ganz genau?
  - Wo warst du, als es passierte? Wer war noch dabei?
- Bewältigbarkeit:
  - Welche deiner Stärken hast du genutzt?
  - Welche deiner Fähigkeiten kamen zum Einsatz?
  - Was war dein Beitrag an diesem Erfolg?
  - Kannst du diesen Erfolg für andere (schwierige) Situationen nutzen?
- Sinnhaftigkeit:
  - Welche deiner Werte konntest du dadurch leben?
  - Was macht diesen Erfolg so bedeutsam/wichtig für dich?
  - Was ist dir an der Situation besonders wichtig? Was daran war besonders schön?
- Wohlbefinden:
  - Wie hast du dich dabei/davor/danach gefühlt (körperlich, mental)?
  - Wo hast du diese Gefühle im Körper gemerkt?
  - Wie hat es sich angefühlt, als du aus der Tür gegangen bist?
  - Wie bist du am nächsten Morgen aufgewacht?

Natürlich werden nicht immer alle dieser Fragen passend sein, und es ist auch nicht das Ziel, dass Sie jedes Mal aus allen Bereichen etwas fragen sollen. Die WVBSW-Dimensionen können Ihnen jedoch auch hier als Anregung für Ihr Nachfragen mit unterschiedlichen Schwerpunkten je nach Situation dienen.

Ein Bedenken, was von Führungskräften in unseren Fortbildungen oft geäußert wird, ist die Frage, wie ein solches Gespräch (das natürlich Zeit kostet) auch wieder auf gute Art und Weise beendet werden kann. Eine Reaktion findet meist spontan statt und die Zeit, die dafür zur Verfügung steht, ist ggf. durch anstehende Termine oder andere Verpflichtungen begrenzt. Damit der positive Effekt des Gesprächs erhalten bleibt, lohnt es sich, zu überlegen, wie Sie das Gespräch aktiv und dennoch wertschätzend beenden können. Drei Ideen hierzu:

- Sie können mit einem **Dank** enden: „Danke, dass du mir davon erzählt hast!", „Danke, dass du das mit mir geteilt hast!"
- Sie können mit einer **Rückmeldung** dazu enden, was das Gespräch für Sie **bedeutet:** „Was du mir erzählt hast, freut mich total, weil …", „Von dir zu hören, wie du das gemacht hast, ist total hilfreich für mich, da …"
- Sie können mit einer Rückmeldung zu den **Stärken** des anderen enden: „Diese Situation zeigt, dass du sehr gut … kannst.", „In dieser Situation kamen deine Stärken … zum Einsatz.", „Daran konnte man sehen, wie gut du in … bist."

3.3.3 Wertschätzende Kommunikation (angelehnt an die Gewaltfreie Kommunikation nach Rosenberg, 2016)

Bei der von Rosenberg (2016) entwickelten Methode der Gewaltfreien Kommunikation wird eine Äußerung wie in Abb. 3.2 strukturiert (Genaueres zu dieser Methode und ihrer Wirkung siehe z. B. Rosenberg, 2016).

Dieser Ansatz ist an sich schon eine sehr wertschätzende Art zu kommunizieren, da Bedürfnisse der Beteiligten in den Blick genommen werden. Abgewandelt werden kann diese Methode, indem die Bitte am Ende durch einen Dank ersetzt wird (vgl. auch Brüggemeier, 2010). Sie verknüpfen also Ihr Danke mit einer konkreten Situation, einem empfundenen Gefühl und einem Bedürfnis, welches befriedigt wurde. Sich auf eine solche Art zu bedanken, hat eine ganz andere Wirkung als ein einfaches, schnell gesagtes „Danke". Das folgende Beispiel stellt die Anwendung im Fall des Dankesagens dar.

Beispiel

Eine Abteilung hat einen Pausenraum mit kleiner Küchenzeile. Es gibt einen Plan, wer wann für das Aufräumen der Küche zuständig ist. Die Kollegin, die diese Woche an der Reihe ist, hat Blumen mitgebracht und in die Küche gestellt. Eine andere Person aus dem Team bemerkt dies und reagiert darauf wie folgt:

- **Situation:** „Ich habe gesehen, dass du nicht nur in der Pausenküche aufgeräumt hast, sondern sogar Blumen mitgebracht hast.
- **Gefühl:** Darüber habe ich mich sehr gefreut!
- **Bedürfnis:** Mir ist es wichtig, dass unsere Räumlichkeiten schön gestaltet sind und dass wir gemeinsam etwas dafür tun.
- **Dank:** Vielen Dank für deinen Einsatz!" ◄

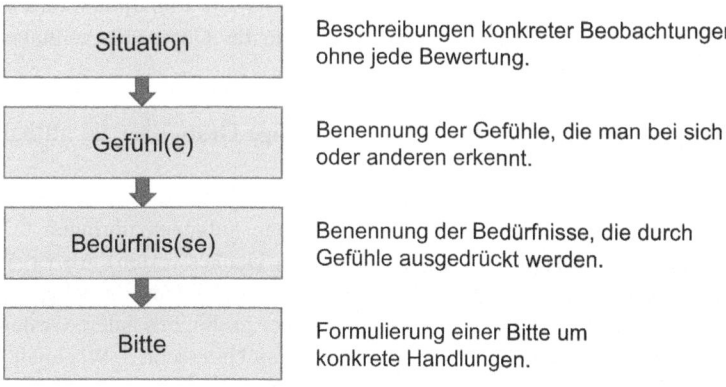

Abb. 3.2 Gewaltfreie Kommunikation. (Mod. nach Rosenberg, 2016; mit freundlicher Genehmigung der Junfermann Verlag GmbH)

3.3.4   Weitere Anregungen

Die vorgestellten Modelle und Methoden liefern bereits Anregungen für das Ausdrücken von Wertschätzung. Da Wertschätzung nicht eine bestimmte Verhaltensweise oder Methode ist, sondern eine Haltung, die auf ganz unterschiedliche Art
und Weise zum Ausdruck gebracht werden kann, erhalten Sie in diesem Abschnitt
noch weitere Anregungen in Form von Kategorien und konkreten Ideen.

Wertschätzung als Geste oder Zurückhaltung
Oft wird Wertschätzung als eine Geste ausgedrückt. Um Wertschätzung zu zeigen,
wird etwas getan. Eine weitere Möglichkeit ist, Wertschätzung auszudrücken,
indem Sie etwas nicht tun. Sie verzichten auf bestimmte Handlungsoptionen, um
anderen damit zu zeigen, dass Sie sie wertschätzen (Zwack et al., 2012). Wertschätzung als Zurückhaltung kann ausgedrückt werden, indem Sie z. B. leise sind,
um andere nicht zu stören, nicht dazwischenreden oder jemandem ins Wort fallen,
keine Tür-und-Angel-Gespräche führen oder in der Gegenwart von Nichtrauchern
auch auf das Rauchen verzichten. Es gibt eindeutige Signale der Geringschätzung,
z. B. jemanden aktiv ignorieren, aber auch unscheinbarere, z. B. jemandem „zu
viel" helfen. Dies kann als Ausdruck mangelnden Vertrauens in die Fähigkeiten
des Gegenübers verstanden werden. Wichtig ist es, diese Signale zu identifizieren
und zu vermeiden (Semmer, 2008).

▶   Überlegen Sie einmal selbst, was Sie lassen könnten, um dadurch Ihre
          Wertschätzung zum Ausdruck zu bringen.

Wertschätzung als Teilhabe
Eine weitere Art, Wertschätzung auszudrücken, ist, Menschen teilhaben zu lassen
(Zwack et al., 2012) – teilhaben lassen an der Interaktion, an einer Organisation,
an vertrauter Kommunikation. Es gibt auch hier unterschiedliche Stufen, wie stark
Sie jemanden teilhaben lassen. Durch das Bemerken der Anwesenheit, das Teilen
von Informationen, das Übertragen von Mitgliedschaften, Funktionen oder Rollen
und das Anvertrauen von Persönlichem lassen Sie Ihr Gegenüber teilhaben und
zeigen, dass Sie es wertschätzen.

**Wertschätzung als offizielle, besondere, einmalige Geste oder im alltäglichen
Verhalten**
Oft erleben wir, dass Führungskräfte sich große Mühe geben und etwas Besonderes
überlegen, um ihren Mitarbeitenden Wertschätzung entgegenzubringen (z. B. in
Form von offiziellen Ansprachen, Geschenken oder Dankesworten). Als Ergänzung
dazu ist es wichtig, Wertschätzung auch im täglichen Umgang zu leben (Häfner
et al., 2019; Semmer, 2008). Es müssen nicht immer große, besondere Gesten sein,
das Subtile, Alltägliche macht oft sogar den größeren Unterschied. Wie auch in den
anderen Bereichen ist es entscheidend, Wertschätzung nicht nur als die eine Verhaltensweise zu sehen, sondern seine Haltung in den Blick zu nehmen und dafür
zu sorgen, dass diese Haltung auf ganz unterschiedliche Art und Weise sichtbar

wird. Wenn die Wertschätzung im normalen Alltag nicht spürbar ist und besondere Aktionen nicht zum alltäglichen Umgang passen, wird Ihr Gegenüber Ihre Wertschätzung wahrscheinlich nicht bemerken bzw. als nicht authentisch erleben.

Wertschätzender Umgang im Miteinander oder durch die Gestaltung der Rahmenbedingungen

Die Gestaltung des Miteinanders spielt eine zentrale Rolle für die Wertschätzung. Wertschätzung kann zusätzlich aber auch durch die Gestaltung der Rahmenbedingungen (Umwelt, Gegebenheiten, Strukturen, Unternehmenskultur, Arbeitsbedingungen etc.) gezeigt werden. Kap. 8 konzentriert sich auf die Anwendung des gesamten WVBSW-Modells in diesen beiden Bereichen. Sie finden hier bereits eine Ideensammlung zum Thema Wertschätzung, die auch in diesem Sinne unterteilt ist. Die Ideen stammen zum Großteil aus unserer Arbeit in der Beratung und Workshopleitung, finden sich in der Literatur aber ebenso wieder (vgl. u. a. Semmer et al., 2006; Semmer, 2008; Semmer & Jacobshagen, 2010; Matyssek, 2011; Stocker et al., 2014; Weidner & Weidner, 2016; Häfner et al., 2019; Semmer et al., 2019).

> **Übersicht**
> **Umgang miteinander:**
>
> - Unterstützung/Hilfe anbieten, selbstverständlich helfen; unterstützen, ohne Dank einzufordern und ohne dem anderen alles abzunehmen; dabei helfen, selbst eine Lösung zu finden
> - Konstruktives Feedback geben
> - Zeitnahe Rückmeldung geben, zeitnah auf Anliegen/Fragen reagieren (z. B. Mails zeitnah beantworten)
> - Interesse (beruflich/privat) zeigen (für Ideen, Anliegen, Sorgen, Nöte), nachfragen, aktiv zuhören, Interesse für Freizeitaktivitäten zeigen
> - Berücksichtigen der Interessen, Anliegen ernst nehmen, nach Meinung fragen, Meinung ernst nehmen
> - Erkennen, wenn es jemandem nicht gut geht; regelmäßig fragen, wie es jemandem geht; wissen, in welchen Zeiträumen hohe Belastungen anstehen; über familiäre Situation Bescheid wissen
> - Bedürfnisse der Mitarbeitenden kennen und darauf eingehen; wissen, was Mitarbeitenden wichtig ist
> - Wissen, welche Aufgaben/Projekte Mitarbeitende haben, woran sie aktuell arbeiten; Informationen über wichtige Projekte/Projektabschlüsse haben
> - Raum für Ideen geben, Ideen offen und frei von Bewertung anhören, eigene Ideen zurückstellen
> - Termine einhalten, pünktlich sein, verbindlich/zuverlässig verhalten, Zusagen/Verabredungen einhalten
> - Erreichbar sein

- Andere ausreden lassen, respektvoller Umgang, Tür aufhalten, höflich sein, Kaffee/Wasser einschenken
- Namen kennen, Namen merken, mit Namen ansprechen
- (be-)grüßen, verabschieden, willkommen heißen, Blickkontakt
- Geburtstag kennen, zum Geburtstag gratulieren, Genesungswünsche bei Krankheit, wichtige Ereignisse im Leben (Hochzeiten, Geburten, Jubiläen) kennen und darauf eingehen (Worte, Karte, Geschenke)
- Anerkennung (konkret, individuell, zeitnah), öffentliche Ehrungen für Engagement/Leistung, Urkunden, Preise, Medaillen, anerkennende Worte im Rahmen von Teambesprechungen, Leistungen anerkennen
- Sich bedanken (vgl. Abschn. 3.3.3)
- Zeit (für Gespräche) nehmen
- Gute Atmosphäre für Gespräche schaffen, gut vorbereiten
- Unvoreingenommen sein, Offenheit
- Wertschätzender Umgang mit Misserfolgen: konstruktiv analysieren, Vorwürfe vermeiden, positive Teilleistungen/Strategien wahrnehmen
- Ehrlich sein, klar kommunizieren
- Eigene Schwächen, Fehler, Grenzen eingestehen, sich entschuldigen
- Um Rat fragen
- Kommunikation auf Augenhöhe
- Konflikte angehen, Kritik aussprechen (Gegenüber ist mir nicht egal, daher ist mir eine Klärung wichtig)
- Frühzeitige Informationsweitergabe, Transparenz
- Kleine Geschenke, Materielles (Achtung: Geld kann Unzufriedenheit verhindern, aber nicht Zufriedenheit auslösen; Zwei-Faktoren-Theorie, Herzberg et al., 1959), Komplimente, Aufmerksamkeit
- Vertrauen ausdrücken
- Verständnis zeigen
- Positiver Sprachgebrauch: statt „nicht schlecht" gut, Verneinung wird schwerer verarbeitet (Nieuwland & Kuperberg, 2008), schlecht bleibt hängen

Gestaltung der Rahmenbedingungen

- Gute Arbeitsgestaltung z. B.: interessante und herausfordernde Aufgaben übertragen, die Erfolgserlebnisse ermöglichen
- Illegitime Aufgaben möglichst vermeiden oder sonst begründen (legitimieren) (Semmer et al., 2013)
- Entscheidungsspielräume, einbeziehen in Entscheidungsprozesse, Partizipation ermöglichen

- Gestaltungsspielräume, Spielraum für Aufgabenausführung, keine kleinliche Kontrolle
- Verantwortung übertragen (signalisiert Vertrauen in Kompetenz und Verlässlichkeit), aber auch Verantwortung übernehmen
- Gut funktionierende Arbeitsmittel, schöne Arbeitsplätze, Umgebungsgestaltung, sich kümmern z. B. um saubere Räume
- Entwicklungsmöglichkeiten fördern, Aufstiegschancen bieten, Beförderungen
- Pausen in der Arbeitszeit ermöglichen und fördern, Überlastungen vermeiden
- Möglichkeit, besondere Leistungen zu ehren, in Unternehmenskultur verankern
- Regelmäßige Rituale der Wertschätzung in den Strukturen etablieren
- Wertschätzung zum zentralen Thema der Unternehmenskultur machen

Die unterschiedlichen Arten, Wertschätzung auszudrücken, haben eins gemeinsam: Sie zeigen Ihrem Gegenüber, dass Sie ihn oder sie sehen und das mit allem, was zu ihm oder ihr gehört (Bedürfnisse, Werte, Eigenschaften, Einsatz …). Es können dabei auch Leistungen und Einsatz wertgeschätzt werden, wichtig ist allerdings, dass Wertschätzung darüber hinausgeht und deutlich wird, dass Sie eine positive Haltung der Person gegenüber haben. Diese positive Haltung bedeutet nicht, dass Sie allem zustimmen, was eine Person tut, sondern dass Sie die Person unabhängig von ihren Handlungen akzeptieren und ihr positiv und offen begegnen (vgl. Abschn. 3.1, „Hart in der Sache, weich zur Person").

▶ **Tipp** Manchmal gibt es Menschen, bei denen es einem nicht so leichtfällt, ihnen mit einer wertschätzenden Haltung zu begegnen. In solchen Fällen kann folgende Tatsache helfen: „Ähnlichkeit schafft Sympathie" (Matyssek, 2011, S. 79). Suchen Sie gezielt nach Gemeinsamkeiten, die Sie mit dieser Person haben – auch wenn Ihnen auf den ersten Blick keine einfallen. Vielleicht wird es Ihnen schon dadurch leichter fallen, dieser Person mit einer wertschätzenden Haltung zu begegnen. Auch ein Coaching kann hier Erkenntnisse bringen.

Dieses Kapitel hat Ihnen viele Anregungen geliefert, um Wertschätzung zu mehren. Es liegt an Ihnen, auszuwählen, was am besten zu Ihnen, Ihrer Situation und Ihren Mitarbeitenden passt. Nur so kann der Ausdruck einer wertschätzenden Haltung authentisch gelingen. Bei der Auswahl können Ihnen die Fragen des folgenden Abschnitts helfen.

3.4   Fragenauswahl Dimension Wertschätzung

Es ist wichtig, dass Sie als Führungskraft sich selbst reflektieren (vgl. Abschn. 3.6): Sind Sie wertschätzend Ihren Mitarbeitenden gegenüber? Haben Sie Wertschätzung gesendet? Ob Ihre gesendete Wertschätzung jedoch auch bei Ihren Mitarbeitenden ankommt, können Sie nur vermuten. Daher ist es entscheidend zur Herstellung von Kooperation, dass Sie als Führungskraft mit Ihren Mitarbeitenden ins Gespräch gehen. Hierbei gilt es, mit geeigneten Fragen herauszubekommen, ob Ihre Mitarbeitenden sich wertgeschätzt fühlen oder ob – und wenn ja **wie** – Sie als Führungskraft in diesem Bereich nachsteuern müssen, um dadurch Kooperation zu ermöglichen und Widerstände abzubauen. Besonders da Menschen sich darin unterscheiden, auf welche Art sie Wertschätzung empfangen, ist es wichtig, sich zu diesem Thema auszutauschen. Sie können nicht nur herausfinden, ob Ihre Mitarbeitenden sich wertgeschätzt fühlen, sondern auch erfragen, was Sie tun können, damit Ihre Wertschätzung auch bei Ihren Mitarbeitenden ankommt. Die folgende Beispielauflistung möglicher Fragen kann Ihnen dabei als Hilfestellung dienen. Mithilfe dieser Beispiele können Sie auch eigene Fragen entwickeln, die zu Ihrer Situation und Ihren Mitarbeitenden passen. Bedenken Sie dabei folgenden Tipp:

▶   Offene Fragen, die nicht einfach mit Ja/Nein beantwortet werden können, eignen sich oft besser. Es gibt sonst oft das Problem, dass das Gegenüber vorschnell „Ja" sagt, weil dies einfacher ist, als wenn man sagen muss „Nein, ich fühle mich nicht gesehen" oder „Nein, das verstehe ich nicht/kann ich nicht" (vgl. Kap. 4 und 5). Eine offene Frage erlaubt dann meist zuverlässiger eine Einschätzung, ob etwas wirklich wertschätzend für den anderen ist bzw. ob etwas wirklich verstanden wurde, bewältigbar und sinnhaft ist und ob sich jemand wirklich wohlfühlt (s. auch Kap. 4–7).

Bedenken Sie dabei auch, dass es wichtig ist, ein Gespräch gut vorzubereiten (vgl. Kap. 8). Nicht nur die richtigen Fragen, sondern auch der Rahmen des Gesprächs entscheiden darüber, welche Antworten Sie erhalten.

Fragenkatalog Wertschätzung

- **Allgemein:**
  - Wie erfährst du hier im Team Wertschätzung?
  - Wie zufrieden bist du mit … (der Wertschätzung deiner Arbeit)?
  - Was beinhaltet/bedeutet für dich Wertschätzung? Erlebst du das hier?
  - Auf einer Skala von 0–10 (0 = geringe Wertschätzung, 10 = hohe Wertschätzung): Wie fühlst du dich (im Team, durch mich …)?
  - Was können wir tun, damit Sie sich von uns wertgeschätzt fühlen?
  - Wodurch fühlen Sie sich wertgeschätzt?

– Wie ist der Umgang in eurem Team?
– Wie zeigt Ihnen Ihre Vorgesetzten/Ihr Team, dass sie Sie schätzen/ wahrnehmen/beachten?
– Wie würdest du das Klima in unserem Team/im Unternehmen beschreiben?
– Wie haben Sie die Reaktion Ihrer Kolleg*innen auf XXX empfunden?
– Wie gehen Sie mit Problemen, Konflikten, Fehlern, Kritik in Ihrem Team um?
- **Anwesenheit wahrnehmen:**
  – Fühlen Sie sich (in Ihrem Arbeitsumfeld) wahrgenommen/beachtet/ gesehen?
  – Was würde (noch) dazu beitragen, dass Sie sich gesehen fühlen?
  – Haben Sie den Eindruck, ich/andere/wir bemerke(n), dass Sie da sind? Wodurch bzw. wodurch nicht?
  – Hast du das Gefühl, wir freuen uns, dass du da bist? Wodurch bzw. wodurch nicht?
  – Werden Sie (täglich) gegrüßt?
  – Wie werden Sie begrüßt, wenn Sie zur Arbeit kommen?
  – Haben wir genug Kontakt?
  – Werden Sie mit Ihrem Namen angesprochen?
  – Fühlen Sie sich übergangen? Wodurch?
  – Kommst du gern zur Arbeit?
- **Funktion/Rolle ernst nehmen:**
  – Gebe ich Ihnen genug Feedback? Erhalten Sie genug (positive) Rück- meldung?
  – Wie stellst du dir eine Rückmeldung zu deiner Arbeit vor?
  – Wie würdest du deine Stellung im Team beschreiben? Wie geht es dir damit?
  – Was brauchst du, um deine Funktion gut erfüllen zu können?
  – Wie fühlst du dich in deiner Position?
  – Was macht es mit dir, dass ich dir diese Aufgabe übertrage?
  – Werden Ihre Bedürfnisse als … (Mitarbeitende, Eltern etc.) ausreichend berücksichtigt?
  – Fühlen Sie sich in Ihrer Rolle/Funktion ernst genommen?
  – Wie reagieren wir/andere auf Ihre Ideen?
  – Haben Sie das Gefühl, dass Ihr*r Vorgesetzte*r/Ihre Kolleg*innen sich für Ihre Ideen/Vorschläge interessieren?
  – Haben Sie den Eindruck, dass wir Ihre Sorgen/Ideen/Anliegen wahr- nehmen/ernst nehmen/umsetzen? Können Sie das an einem Beispiel deutlich machen?
  – Haben Sie das Gefühl, ich habe Sie mit Ihrem Anliegen im Blick? Wodurch bzw. wodurch nicht?
  – Verwende ich genug Zeit für Ihre Anliegen?

- Welche Anliegen haben Sie, die wir bisher nicht genügend berücksichtigen?
- Habe ich mich schon für XXX bedankt?
- **Person annehmen:**
  - Fühlst du dich wohl mit …?
  - Fühlen Sie sich wohl in Ihrem Team?
  - Wie geht es dir mit …?
  - Was würde (noch) dazu beitragen, dass Sie sich angenommen fühlen?
  - Werden deine persönlichen Bedürfnisse berücksichtigt?
  - Welches deiner Bedürfnisse sollten wir noch mehr berücksichtigen?
  - Werden deine Werte und Ansichten berücksichtigt?
  - Was machen Sie in Ihrem Team, wenn jemand Geburtstag hat?
  - Was wünschst du dir für unser Miteinander? Was erwarten Sie für unser Miteinander?
  - Welche Wünsche haben Sie bzgl. unserer Kommunikation?
  - Fühlst du dich verstanden?
  - Was denkst du, was dein Team/wir an dir mögen/schätzen?
  - Haben Sie das Gefühl, dass ich mich/Ihre Kolleg*innen sich für Ihre Meinung interessieren?
  - Woran merkst du, dass deine Meinung zählt?
  - Welche Möglichkeiten haben Sie, Ihre Meinung zu äußern?
  - Wie könnte ich Sie unterstützen?

Der Wechsel zwischen „du" und „Sie" in der Fragenformulierung ist bewusst gewählt, um verschiedene Kontexte abzubilden. Die Formulierung kann jeweils für Ihren Kontext angepasst werden.

Diese Fragensammlung ist sehr umfangreich und auch in den Kapiteln 4–7 werden Sie weitere Fragen zu der jeweiligen Dimension finden. Natürlich geht es nicht darum, dass Sie alle diese Fragen stellen. Es geht darum, passende Fragen für Ihren Kontext auszuwählen, mit denen Sie herausfinden können, weshalb ihr*e Mitarbeitende*r nicht (in vollem Maße) kooperiert. Dazu ist es hilfreich, wenn Sie in Vorbereitung auf das jeweilige Gespräch eigene Hypothesen aufstellen, in welchem Bereich (W, V, B, S oder W) die Gründe für fehlende Kooperation am ehesten liegen und dann eine dazu passende Auswahl an Fragen wählen, um Ihre Hypothesen gezielt zu prüfen (vgl. auch Abschn. 8.1.1). Eine zu große Zahl an Fragen kann schnell überfordern, daher ist ein gezieltes Vorgehen nötig.

Diese Fragen eignen sich auch im Umgang mit Kund*innen, die sich beschweren, denn manches Mal (z. B. bei Gästen im Hotel) ist auch die fehlende Wertschätzung ein Thema der Beschwerde.

Sobald Sie herausgefunden haben, in welchem Bereich (oder in welchen Bereichen) die Gründe für fehlende Kooperation liegen, können Sie gezielt etwas daran ändern. Ein*e Mitarbeitende*r, der oder die sich nicht wertgeschätzt fühlt, braucht z. B. etwas ganz anderes von der Führungskraft als jemand, der eine

Aufgabe nicht versteht (vgl. Kap. 4). Gezieltes Nachsteuern ermöglicht einen effizienten Einsatz von Ressourcen (u. a. Zeit) und macht auch dadurch Ihr Unternehmen erfolgreicher!

Bei den Fragen in diesem Abschnitt liegt der Fokus auf dem Empfangenden und der Passung. Es geht also darum, ob (und wodurch) Ihr Gegenüber sich von Ihnen wertgeschätzt fühlt. Fragen, die Ihnen dabei helfen, für sich selbst zu prüfen, inwieweit Sie Wertschätzung senden, finden Sie in Abschn. 3.6.

3.5   Rückschlüsse ziehen – fühlen sich meine Mitarbeitenden wirklich wertgeschätzt?

▶   Die sprachlichen Antworten und das **Verhalten** Ihrer Mitarbeitenden geben Ihnen Rückmeldung darüber, wie wahrscheinlich es ist, dass sie sich wirklich (von Ihnen) im Unternehmen wertgeschätzt fühlen.

Mögliche **sprachliche Antworten,** die darauf hinweisen, dass Ihre Mitarbeitenden sich wertgeschätzt fühlen, sind z. B.:

- Ich werde gesehen/wahrgenommen/ernst genommen.
- Mein Team/mein*e Chef*in/meine Kolleg*innen interessieren sich für mich.
- Meine Ideen/Anregungen werden gehört.
- Meine Meinung zählt (und nicht nur meine Leistung).
- Ich darf hier sein, wie ich bin.
- Ich bin wichtig für dieses Team/dieses Unternehmen.
- Ich arbeite gern in diesem Team.
- Es wird sich Zeit genommen für mich/meine Anliegen.

Auch das **Verhalten Ihrer Mitarbeitenden** gibt Rückschlüsse auf die erlebte Wertschätzung. Wenn Sie es schaffen, Ihre Fragen wertschätzend und selbstwertfördernd zu stellen, dann wird Ihr Mitarbeitender eher offen und kooperativ im Gespräch mit Ihnen sein. Wenn Sie Verschlossenheit, Rückzug oder „Genervtheit" bemerken, sprechen Sie es an.

Menschen, die sich nicht wertgeschätzt fühlen, neigen oft auch selbst eher dazu, andere Menschen abzuwerten. Angriffe Ihrer Mitarbeitenden können also ein Zeichen für mangelnde Wertschätzung (und mangelnde Selbstwertschätzung) sein (Matyssek, 2011; Rosenberg, 2016; Weidner & Weidner, 2016).

▶   **WICHTIG**
  Es geht nicht (nur) darum, dass Sie selbst glauben, dass Sie wertschätzendes Verhalten senden, sondern dass dieses auch beim Mitarbeitenden ankommt und so verstanden wird.

3.6   Selbstreflexion der Führungskraft im Bereich Wertschätzung

Es ist von großer Bedeutung, die eigene Professionalität als Führungskraft zu erhöhen, indem Sie sich regelmäßig selbst reflektieren und auch Ihre Kontakte und Ihre Kommunikation in diese Reflexion miteinbeziehen.

Folgende Fragen eignen sich für eine Reflexion zum Thema **Wertschätzung.** Sie können genutzt werden im Rückblick (auf ein Gespräch, einen Kontakt, eine Situation, einen Tag, eine Woche …) oder aber auch zur Vorbereitung auf ein konkretes Gespräch. Die Fragen können Ihnen dabei helfen, Ihre eigene Haltung Ihren Mitarbeitenden gegenüber zu reflektieren und zu prüfen, ob bzw. wie Sie diese Haltung auch verständlich für andere ausdrücken. Gehen Sie die folgenden Fragen einmal durch und kreuzen Sie an, zu welchen Fragen Sie sich Gedanken machen möchten.

Selbstreflexionsfragen Wertschätzung

☐ Welche Haltung habe ich meinen Mitarbeitenden gegenüber?

☐ Wie drücke ich diese Haltung aus?

☐ Wie verhalte ich mich meinen Mitarbeitenden gegenüber? Wie verhalte ich mich ihnen gegenüber bei Zeitdruck/wenn es stressig wird/wenn ich selbst unter Druck stehe?

☐ Wie begegne ich meinen Mitarbeitenden? (aufmerksam, offen, gestresst, hektisch, kurz angebunden …)

☐ Wie spreche ich mit meinen Mitarbeitenden?

☐ Fühlt sich mein Gegenüber (von mir) gesehen?

☐ Zeige ich meinen Mitarbeitenden, dass ich

- ihre Anwesenheit wahrnehme?
- ihre Funktion/Rolle ernst nehme?
- ihre Person annehme?

☐ Nehme ich Bedürfnisse und Gefühle (meine und die der anderen) wahr? Und gehe ich auf sie ein?

☐ Habe ich meine Mitarbeitenden gegrüßt?

☐ Hatte ich Kontakt zu meinen Mitarbeitenden?

☐ Haben meine Mitarbeitenden die Möglichkeit, ihre Anliegen/Ideen/Bedürfnisse zu äußern?

☐ Nehme ich mir Zeit für meine Mitarbeitenden?

☐ Bin ich informiert, woran meine Mitarbeitenden derzeit arbeiten?

☐ Kenne ich die Namen meiner Mitarbeitenden?

☐ Höre ich meinen Mitarbeitenden zu?

☐ Wie reagiere ich auf meine Mitarbeitenden und das, was sie mir sagen?

☐ Frage ich nach?

□ Verhalten sich meine Mitarbeitenden mir gegenüber abwertend/ angreifend? (Dies kann manchmal ein Zeichen für empfundenen Mangel an Wertschätzung sein.)

□ Was sollte ich verändern, um für mehr Wertschätzung zu sorgen? (vgl. auch Kap. 8).

Übernehmen Sie wichtige Erkenntnisse aus dieser Selbstreflexion in die Gestaltung des Miteinanders mit Ihren Mitarbeitenden.

Sind Sie unsicher, ob Ihre gesendete Wertschätzung bei Ihren Mitarbeitenden ankommt und von ihnen verstanden wird? Eine Möglichkeit ist ein direkter Austausch darüber, ob und wodurch Ihre Mitarbeitenden sich (von Ihnen) wertgeschätzt fühlen. Alternativ könnten Sie auch auf die Option einer (anonymen) Befragung mittels Fragebogen zurückgreifen, um herauszufinden, ob sich Ihre Mitarbeitenden von Ihnen wertgeschätzt fühlen. Sowohl im Gespräch als auch bei einer Befragung ist es von Interesse, nicht nur zu fragen, **ob** sich Ihre Mitarbeitenden wertgeschätzt fühlen, sondern vor allem auch **wodurch** sie sich wertgeschätzt (oder eben nicht wertgeschätzt/geringgeschätzt/übergangen/ignoriert/...) fühlen. Dadurch erhalten Sie konkrete Ansatzpunkte für Veränderungen. „Ich fühle mich nicht ausreichend wertgeschätzt" ist leicht gesagt, um die Verantwortung abzugeben. Konkret zu formulieren, was das genau für mich bedeutet und was ich mir wünsche bzw. was ich brauche, ist jedoch schon deutlich schwieriger. Damit Sie nicht interpretieren müssen, **wie** Sie Ihren Mitarbeitenden gegenüber am besten Wertschätzung ausdrücken können, nehmen Sie Ihre Mitarbeitenden in die Verantwortung für sich selbst und regen Sie sie dazu an, sich konkret zu äußern. Wenn Ihre Mitarbeitenden konkrete Wünsche äußern, können Sie prüfen, ob Sie diesen nachgehen können bzw. wollen.

Fazit

Kooperation kann nur dann erfolgreich gelingen, wenn ein wertschätzendes Miteinander herrscht. Antrainierte Wertschätzung wirkt nicht authentisch und wird bei Mitarbeitenden deswegen eher Widerstand hervorrufen. Wertschätzend zu sein heißt nicht, bestimmte Verhaltensweisen zu zeigen, sondern eine bestimmte Haltung zu haben (und geeignetes Verhalten zum Ausdruck dieser Haltung zu finden). Damit echte Wertschätzung erfahrbar wird, braucht es eine entsprechende Haltung der Führungskraft. Diese Haltung entscheidet darüber, ob wertschätzendes Verhalten als authentisch wahrgenommen wird. Um Wertschätzung auszudrücken, gibt es viele Möglichkeiten. Welche zu Ihnen *und* Ihrem Gegenüber passen erfahren Sie durch Selbstreflexion und Austausch. Durch entsprechende Fragen erhalten Sie Antworten auf die Hauptfrage des Kapitels: *„Fühlt mein Gegenüber sich wertgeschätzt?"* Ist gegenseitige

Wertschätzung vorhanden, können Sie sich mit den weiteren Aspekten – Verstehbarkeit, Bewältigbarkeit, Sinnhaftigkeit und Wohlbefinden – für gelingende Kooperation auseinandersetzen.

Literatur

Antonovsky, A. (1997). Salutogenese: Zur Entmystifizierung der Gesundheit. In A. Franke (Hrsg.), *Forum für Verhaltenstherapie und psychosoziale Praxis.* (Bd. 36). Dgvt-Verlag.
Bauer, J. (2006). *Prinzip Menschlichkeit: Warum wir von Natur aus kooperieren.* Hoffmann und Campe.
Brüggemeier, B. (2010). *Wertschätzende Kommunikation im Business: Wer sich öffnet, kommt weiter. Wie Sie die GFK im Berufsalltag nutzen.* Junfermann.
Edmondson, A. C. (2004). Psychological safety, trust, and learning in organizations: A group-level lens. In R. M. Kramer & K. S. Cook (Hrsg.), *Trust and distrust in organizations: Dilemmas and approaches* (S. 239–272). Russell Sage Foundation.
Festinger, L. (1957). *A theory of cognitive dissonance.* Stanford University Press.
Fisher, R., Ury, W., & Patton, B. (2013). *Das Harvard-Konzept: Der Klassiker der Verhandlungstechnik.* Campus.
Franke, F., & Felfe, J. (2011). Diagnose gesundheitsförderlicher Führung – Das Instrument Healthoriented Leadership. In B. Badura, H. Schröder, J. Klose, & K. Macco (Hrsg.), *Fehlzeiten-Report 2009: Arbeit und Psyche: Belastungen reduzieren – Wohlbefinden fördern* (S. 3–13). Springer.
Häfner, A., Pinneker, L., & Hartmann-Pinneker, J. (2019). *Gesunde Führung: Gesundheit, Motivation und Leistung fördern.* Springer.
Herzberg, F., Mausner, B., & Snyderman, B. (1959). *The motivation to work.* Wiley.
Kast, V. (2005). Vorwort. In C. Neuen (Hrsg.), *Einander anerkennen. Eine neue Beziehungskultur* (S. 7–10). Patmos.
Leary, M. R. (2007). Motivational and emotional aspects of the self. *Annual Review of Psychology, 58,* 317–344.
Matyssek, A. K. (2011). *Wertschätzung im Betrieb. Impulse für eine gesündere Unternehmenskultur.* Books on Demand.
Nieuwland, M. S., & Kuperberg, G. R. (2008). When the truth is not too hard to handle: An event-related potential study on the pragmatics of negation. *Psychological Science, 19*(12), 1213–1218.
Prümper, J., & Becker, M. (2011). Freundliches und respektvolles Führungsverhalten und die Arbeitsfähigkeit von Beschäftigten. In B. Badura, A. Ducki, H. Schröder, J. Klose, & K. Macco (Hrsg.), *Fehlzeiten-Report 2011: Führung und Gesundheit* (S. 37–47). Springer.
Rosenberg, M. B. (2016). *Gewaltfreie Kommunikation: Eine Sprache des Lebens.* Junfermann.
Schaufeli, W. B. (2006). The balance of give and take: Toward a social exchange model of burnout. *International Review of Social Psychology, 19,* 87–131.
Schulz von Thun, F. (2014). *Miteinander reden 1: Störungen und Klärungen. Allgemeine Psychologie der Kommunikation* (51. Aufl.). Rowohlt Taschenbuch.
Seligman, M. E. P. (2012). *Flourish. Wie Menschen aufblühen. Die positive Psychologie des gelingenden Lebens.* Kösel.
Semmer, N. K. (2008). *Stress und Ressourcen am Arbeitsplatz: Die „Stress-as-Offense-to-Self-Perspektive".* Vortrag beim Wissenschafts- und Praxiskolloquium der Universität Giessen, Frankfurt a. M., Mainz. Giessen, 10.06.2008.

Semmer, N. K., & Jacobshagen, N. (2003). Selbstwert und Wertschätzung als Themen der arbeitspsychologischen Stressforschung. In K.-C. Hamborg & H. Holling (Hrsg.), *Innovative Personal- und Organisationsentwicklung* (S. 131–155). Hogrefe.

Semmer, N. K., & Jacobshagen, N. (2010). Feedback im Arbeitsleben – Eine Selbstwertperspektive. *Gruppendynamik und Organisationsberatung, 41*, 39–55.

Semmer, N. K., Jacobshagen, N., & Meier, L. L. (2006). Arbeit und (mangelnde) Wertschätzung. *Wirtschaftspsychologie, 8*(2–3), 87–95.

Semmer, N. K., Jacobshagen, N., Meier, L. L., Elfering, A., Kälin, W., & Tschan, F. (2013). Psychische Beanspruchung durch illegitime Aufgaben. In Bundesanstalt für Arbeitsschutz und Arbeitsmedizin et al. (Hrsg.), *Immer schneller, immer mehr* (S. 97–112). Springer Fachmedien.

Semmer, N. K., Tschan, F., Jacobshagen, N., Beehr, T. A., Elfering, A., Kälin, W., & Meier, L. L. (2019). Stress as offense to self: A promising approach comes of age. *Occupational Health Science, 3*, 205–238.

Siegrist, J. (1996). *Soziale Krisen und Gesundheit*. Hogrefe.

Siegrist, J. (2002). Effort-reward imbalance at work and health. In P. L. Perrewé & D. C. Ganster (Hrsg.), *Historical and current perspectives on stress and health*. JAI.

Siegrist, J., & Dragano, N. (2008). Psychosoziale Belastungen und Erkrankungsrisiken im Erwerbsleben. *Bundesgesundheitsblatt – Gesundheitsforschung – Gesundheitsschutz, 51*(3), 305–312.

Stocker, D., Jacobshagen, N., Krings, R., Pfister, I. B., & Semmer, N. K. (2014). Appreciative leadership and employee well-being in every working life. *Zeitschrift für Personalforschung, 28*(1–2), 73–95.

Tesser, A. (1988). Toward a self-evaluation maintenance model of social behavior. In L. Berkowitz (Hrsg.), *Advances in experimental social psychology* (Bd. 21, S. 181–227). San Diego: Academic.

Weidner, H., & Weidner, M. F. (2016). *Anerkennung und Wertschätzung: Futter für die Seele und Treibstoff für Erfolg*. GABAL.

Wirtz, M. (2021). Selbsterfüllende Prophezeiung. In M. A. Wirtz (Hrsg.), *Dorsch Lexikon der Psychologie*. Hogrefe. https://dorsch.hogrefe.com/stichwort/selbsterfuellende-prophezeiung. zugegriffen: 11. Nov. 2022

Zwack, M., Muraitis, A., & Schweitzer-Rothers, J. (2011). Wozu keine Wertschätzung? Zur Funktion des Wertschätzungsdefizits in Organisationen. *Organisationsberatung, Supervision, Coaching, 18*, 429–443.

Zwack, M., Muraitis, A., & Schweitzer, J. (2012). Der Kontext der (Nicht-) Wertschätzung: Zu einer praktischen Theorie der Wertschätzung in Organisationen. *Kontext, 43*(2), 115–131.

Dimension Verstehbarkeit

4

Versteht mein Gegenüber wirklich, was es wie,
wann und wo tun soll?

Zusammenfassung

Wer nicht versteht, was er eigentlich tun soll, der resigniert oder sucht sich
eigene Wege, Aufgaben umzusetzen. In jedem Fall sind die Ergebnisse nicht
so zufriedenstellend wie erwartet. Mitarbeitende sagen dabei oft vorschnell,
dass sie die Dinge verstehen. Wer mag schon zugeben, dass er etwas nicht
verstanden hat, dass man es ihm oder ihr bitte noch einmal erklären möge.
In diesem Kapitel wird aufgezeigt, wie vielschichtig die Wechselwirkungen
zwischen Verstehen und Ergebnis sein können, und Lesende sind eingeladen,
die verschiedenen Fragen hinter der Frage „Verstehen Sie, wie Sie das tun
sollen?" kennenzulernen und somit gute Techniken zu entwickeln, Verstehbarkeit im eigenen Unternehmen auf jeder Ebene sicherzustellen.

4.1 Die Dimension Verstehbarkeit

Das Modell der **Salutogenese** nach Aaron Antonovsky (1997) beinhaltet als
zentralen Ankerpunkt das **Kohärenzgefühl** (Sense of Coherence, SOC). Es
beschreibt einen Bewertungsvorgang, Dinge in sich logisch, zusammenhängend
und nachvollziehbar zu erleben (vgl. Kap. 1).

In diesem Kapitel sowie in den zwei Folgekapiteln dieses Buches gehen wir
auf die drei Dimensionen des Kohärenzgefühls – Verstehbarkeit (Kap. 4, dieses
Kapitel), Bewältigbarkeit (Kap. 5) und Sinnhaftigkeit (Kap. 6) – genau ein und
erläutern Ihnen, wie Sie die zentralen Annahmen weitergedacht für Ihr Unternehmen nutzen können. In Kap. 8 zeigen wir praxisnahe Hilfen auf und erläutern,
wie man die einzelnen Dimensionen in Bezug auf die Veränderung von Strukturen
anwenden kann.

Zunächst soll es um die Dimension der **Verstehbarkeit** gehen. **Verstehbarkeit** *(comprehensibility)* ist die erste der drei Dimensionen des Kohärenzgefühls innerhalb des Modells der **Salutogenese** nach Aaron Antonovsky (1997).

▶   **Verstehbarkeit** ist beschrieben als die Fähigkeit, die wichtigen Zusammenhänge des Lebens zu verstehen und auch einordnen zu können. Ereignisse (der inneren und äußeren Welt) werden als eingängig, geordnet, strukturiert, nachvollziehbar, vorhersehbar und erklärbar erlebt. Sie werden nicht als willkürlich, zufällig oder sogar chaotisch oder widersprüchlich erlebt.

Bereits hier zeigen sich die vielfältigen Möglichkeiten, die sich für Sie sowohl in der Personalführung als auch in der Gestaltung von Strukturen und Organisationsmaßnahmen ergeben. Im Film „Asterix erobert Rom" (1976) bekommen die Gallier zwölf Aufgaben gestellt, die sie lösen müssen. Aufgabe 8 führt sie zum „Haus, das Verrückte macht". Die Aufgabe ist es, den Passierschein A38 zu erhalten. Die Szene, auf z. B. Youtube abrufbar, zeigt wunderbar überspitzt, was passiert, wenn Verstehbarkeit nicht gegeben ist.

Als Führungskraft gehen wir oft davon aus, dass unsere Mitarbeitenden das, was wir ihnen mitteilen bzw. erklären, verstehen. Manchmal vergewissern wir uns, indem wir nachfragen: „Haben Sie den Arbeitsauftrag verstanden?" Viele Mitarbeitende antworten dann „Ja". Später wundern wir uns, dass der Auftrag nicht entsprechend unserer Erwartung ausgeführt wurde. Manch eine Führungskraft unterstellt dann Mutwilligkeit bei den Mitarbeitenden. Es ist deshalb lohnend, das „Verstehen" genauer unter die Lupe zu nehmen.

Verstehen die Mitarbeitenden in jedem Detail, wie ein Arbeitsauftrag auszuführen ist? In der Regel erhalten Führungskräfte ein „Ja, mache ich!", weil das Eingeständnis, nicht zu wissen, wie genau etwas aufzuführen ist, damit es zur Bestleistung kommt, für Mitarbeitende oft unangenehm ist. Aus dem schnell geäußerten „Ja, mache ich!" ergeben sich allerdings in der Praxis häufig Fehler, wenn nämlich der Arbeitsauftrag doch nicht in der Gänze verstanden und damit nicht korrekt ausgeführt wurde oder wenn die Führungskraft ihre exakten Erwartungen nicht mitgeteilt hat. In beiden Fällen war die Kooperation also nicht optimal. Dies führt im Unternehmen zu nicht unerheblichem Mehraufwand. Fehler müssen korrigiert werden, es müssen weitere Gespräche geführt werden, das Ergebnis entspricht nicht dem, was möglich gewesen wäre, eine unzufriedene Führungskraft führt nicht selten zu Unzufriedenheit bei den Mitarbeitenden, die meinen, sich doch angestrengt zu haben, und in der Folge aus der Kooperation aussteigen, nach dem Motto: Soll er oder sie es doch selbst besser machen!

Dieses Kapitel zeigt Führungskräften auf, wie sie die Verstehbarkeit von Arbeitsaufträgen erhöhen und gleichzeitig durch Fragetechniken abprüfen können, um sich sicher zu sein, dass ein Arbeitsauftrag im Detail verstanden wurde. Nur dann kann der Arbeitsauftrag auch entsprechend umgesetzt werden.

Weiterhin ist es wichtig, sich als Führungskraft zu reflektieren: Weise ich Arbeitsaufträge so an, dass ich für vollumfängliche Verstehbarkeit sorge?

Wenn Mitarbeitende die Aufgaben nicht vollumfänglich verstehen, haben sie im Grunde drei innerpsychische Möglichkeiten, darauf zu reagieren. Sie können an ihren eigenen kognitiven Fähigkeiten zweifeln und sich dann in der Regel schlecht fühlen („Ich bin zu doof dafür", „Ich kapiere es einfach nicht"), sie können andere um Unterstützung bitten (je nach Fehlerkultur im Unternehmen führt auch dies zu einer Schwächung des Selbstwertgefühls, denn nun könnten sogar andere denken: „Sie oder er ist zu doof dafür") und es können abwertende Gruppendynamiken entstehen, oder sie können in Widerstand zur Aufgabe gehen und damit ihren Selbstwert erhalten („Die Aufgabe ist doof, das kann man gar nicht verstehen, das mache ich nicht – oder auf meine Weise").

Mitarbeitende, die ihre Welt, hier bezogen auf ihre Aufgaben, als verständlich, eingängig, strukturiert und nachvollziehbar erleben, sind eher in der Lage, diese entsprechend der Vorgaben zu erledigen. Hergestellte Verstehbarkeit trägt dazu bei, dass Individuen mit hohem Kohärenzgefühl auch unvorhergesehene Ereignisse einordnen können (Höfer, 2000; Mertens, 2008) und entsprechend flexibel reagieren können. Sie sind also sozusagen krisensicherer. Durch das Erleben von Konsistenz, d. h. Widerspruchsfreiheit, werden Aufgaben nicht willkürlich, unvorhersehbar oder widersprüchlich empfunden. Sie können eingeordnet, zugeordnet und strukturiert werden (Bengel et al., 1998).

▶ **Verstehbarkeit in der Arbeitswelt** bedeutet für Mitarbeitende, dass sie darauf vertrauen können, dass die Probleme und Anforderungen geordnete, strukturierte und einschätzbare Phänomene sind, dass sie in gewissem Maße klar, vorhersehbar sind oder zumindest nach ihrem Auftreten erklärt werden können. Damit wird das Bedürfnis der Mitarbeitenden nach Struktur, Orientierung, Sicherheit und Aufgabenklarheit erhöht. Mitarbeitende wissen, was von ihnen in welchen Teilschritten erreicht werden soll, sie verstehen das Ziel, sie kennen die zeitlichen Vorgaben und können den Arbeitsauftrag vollumfänglich einschätzen oder können die noch unklaren Parameter als Teil des Auftrags erklärbar machen.

Verstehbarkeit herzustellen, erlaubt Mitarbeitenden, eine bestimmte Zuschreibung („Ich blicke durch") und entsprechende Attributionen zu entwickeln, was ihnen wiederum erlaubt, sich und ihre Arbeitswelt positiver zu bewerten und eher in einen engagierten Zustand zu kommen, in dem Flow (vgl. Csíkszentmihályi, 1975) entstehen kann (falls auch genügend Ressourcen für die Bewältigung der Anforderungen gegeben sind, vgl. Kap. 5). Anforderungen und Verstehen passen zusammen. Dies ist wichtig, da ohne Verstehbarkeit gar keine Bewältigbarkeit (vgl. Kap. 5) der Aufgabe entstehen kann.

Die Mitarbeitenden wissen durch die Herstellung der Verstehbarkeit und damit Aufgaben- und Zielklarheit, was von ihnen erwartet wird. So wird ihr Kohärenzgefühl bestärkt, was wiederum nicht nur zu besseren Arbeitsergebnissen, sondern auch zu einem Mehr an Gesundheit und damit Leistungsfähigkeit der Mitarbeitenden beiträgt.

Antonovsky hat sich der Stressmodelle seiner Zeit bedient, die auch heute noch ihre Gültigkeit haben (vgl. Kap. 5). Durch die Erhöhung der Verstehbarkeit senkt sich die Aufgabenunklarheit und damit ein potenzieller Stressauslöser.

Wenn Menschen hingegen nicht genau wissen, was sie tun können, um ein Ergebnis so abzuliefern, dass es den Erwartungen der Führungskraft entspricht, ist dies ein Faktor für Demotivation, Desinteresse, Unzufriedenheit und letztlich Konflikte (Häfner et al., 2019). Je nach Einsatzgebiet, Aufgabenstellung, Ressourcen und Kompetenzen des Mitarbeitenden (vgl. Kap. 5) ist es unterschiedlich leicht bzw. schwer, Verstehbarkeit zu erzeugen. Entsprechend dynamisch kann das Führungsverhalten gestaltet werden. Wichtig bleibt jedoch festzuhalten, dass die fehlende Herstellung von Verstehbarkeit mit größerer Wahrscheinlichkeit zu Überforderung bei Mitarbeitenden führt und der oder die Mitarbeitende sich in einer gefühlten Lose-win-Situation erlebt, siehe Kap. 1. Zwar werden die Bedürfnisse des Gegenübers (z. B. der Führungskraft) vermeintlich erfüllt, aber die eigenen Bedürfnisse (z. B. nach Klarheit, Strukturiertheit und Vorhersehbarkeit) werden nicht erfüllt, was je nach Persönlichkeit und persönlichen Ressourcen belastend bis schädlich überfordernd wirkt. Mitarbeitende, die überfordert sind (vgl. Kap. 5), sind nicht nur häufiger krank, sondern auch unproduktiver und unkooperativer, sprich, sie tragen weniger zu gelingenden Prozessen und Dynamiken im Unternehmen bei. Sie können dem Unternehmen sogar auf unterschiedliche Weise schaden, zum Beispiel, indem sie das Betriebsklima stören oder sich antisozial verhalten.

Fazit

Je klarer die gemeinsamen Absprachen sind, desto eher können sie erfüllt werden, d. h. Kooperation eingegangen werden. Außerdem entstehen durch klar verständliche Absprachen weniger Unsicherheiten und Orientierungslosigkeit beim Mitarbeitenden, und es ist auch dadurch unwahrscheinlicher, dass Mitarbeitende in den Konflikt oder Widerstand gehen (d. h. fehlende Kooperationsbereitschaft zeigen).

4.2   Verstehbarkeit im WVBSW-Modell

Im folgenden Abschnitt stellen wir Ihnen einige Praxisbeispiele vor, die Ihnen passend oder auch unpassend vorkommen können. Das jeweils dritte Beispiel kommt aus dem Haushaltsbereich, in dem es um die Auftragserteilung bei einer Haushaltshilfe geht. Wir haben dieses Beispiel aus dem Haushalt gewählt, weil wir glauben, dass viele von Ihnen sich in dieses Beispiel hineinversetzen können oder Ähnliches vielleicht bereits erlebt haben.

Wichtig ist es, dass Sie überlegen, wo in Ihrem Bereich in dem Themenfeld bereits einmal Störungen ähnlicher oder vergleichbarer Art aufgekommen sind. Sie erhalten dann Hinweise, wie im Idealfall aufseiten des oder der Mitarbeitenden und aufseiten der Führungskraft Verstehbarkeit entsteht. In unserem Praxishinweis haben wir einige Probleme aufgeführt, zu denen es kommen kann und die Sie vielleicht noch einmal gesondert auch für Ihr Führungsverhalten prüfen sollten.

Die Verstehbarkeit eines Arbeitsauftrages setzt voraus, dass der oder die Mitarbeitende folgendes Wissen hat:

4.2.1   Sprachliche Voraussetzungen

Beispiel

Beispiel 1:
Ein türkischstämmiger Fahrer soll eine neue Route fahren, um Filialen zu beliefern. Dem Vorgesetzten ist es wichtig, dass eine exakte Route durch mehrere Stadtteile eingehalten wird, da diese den Kund*innenstrom in den Filialen berücksichtigt. Da der Mitarbeiter nur einen Plan mit den Filialadressen bekommt und Schwierigkeiten hat, den Stadtteilnamen im Gespräch zu folgen, nickt er, beliefert auch alle Filialen, aber nicht in der vorgegebenen Route.

Beispiel 2:
Eine Führungskraft bittet einen Verkäufer, „im Fall von Reklamationen ohne Ressentiment auf den Kund*innen zu reagieren". In einer späteren Beobachtungsphase stellt sich heraus, dass der Verkäufer nicht wusste, was damit in Bezug auf sein konkretes Verhalten gemeint sein könnte.

Beispiel 3:
Eine schwedischstämmige Haushaltshilfe bekommt von Ihnen einen Plan, in welcher Reihenfolge und mit welchen Reinigungsmitteln Sie sich die Reinigung Ihres Hauses vorstellen. Später stellen Sie fest, dass die Hilfe den Plan nicht oder kaum beachtet und es ihr schwerfällt, die Wörter zu lesen. Sie spricht zwar ausreichend Deutsch, ist aber im Lesen der deutschen Sprache weniger geübt. ◀

Dafür ist Sorge zu tragen
Die Mitarbeitenden verstehen die Anweisungen der Führungskraft, zum einen sprachlich, zum anderen aber auch intellektuell.

Die Führungskraft wählt eine den Mitarbeitenden angepasste Sprache und versichert sich, dass die Worte so verstanden wurden, wie die Führungskraft es auch gemeint hat.

Praxishinweis Nicht nur Sprachbarrieren, sondern auch unterschiedliche Sprachgebräuche können bereits an dieser Stelle dazu führen, dass Mitarbeitende nicht genau verstehen, was die Führungskraft ihnen eigentlich sagen wollte. Bereits hier können also die ersten Fehler in der gelingenden Kooperation entdeckt werden, wenn wir die Verstehbarkeit in den Fokus nehmen. Führungskräfte sollten durch gezielte Fragetechniken (siehe Abschn. 4.3) überprüfen, ob sie sprachlich verstanden wurden. Sie sollten überprüfen, ob sie z. B. Fachworte benutzen, die

Mitarbeitende nicht kennen, wodurch ein Teil der weitergegebenen Informationen verloren geht. Weiterhin sollten sie prüfen, ob der Informationsfluss unbeeinträchtigt ist. Das gilt vor allem dann, wenn Anweisungen in Schriftform erfolgen. Hier gilt es also, Sprachverständnis, aber auch Aufgaben- und Zielverständnis aus sprachlicher Sicht zu überprüfen. Ob alle Kompetenzen und Ressourcen vorliegen, um einen Arbeitsauftrag ausführen zu können, wird Gegenstand von Kap. 5 sein.

4.2.2 Erwartungsabgleich

Beispiel

Beispiel 1:
Eine Vorgesetzte bittet eine Kollegin, Mitarbeitende zu einer Inhouse-Fortbildung einzuladen. Später bemerkt die Vorgesetzte, dass die Mitarbeitenden zwar den Ort und die Uhrzeit genannt bekommen haben, aber nicht, wie bei ihr sonst üblich, eine Anfahrtskarte und eine Tagungsübersicht, wann mit Pausen zu rechnen ist.

Beispiel 2:
Eine Führungskraft verteilt an zwei Kreative einen Marketingauftrag, einen humorigen Radiowerbespot für ein neues Auto zu entwickeln. Die Führungskraft ist später unzufrieden, dass die wesentlichen Aspekte, die dieses Modell vom Vorgänger unterscheiden, im Spot nicht genannt wurden.

Beispiel 3:
Ihre Haushaltshilfe hat während Ihrer Abwesenheit, wie besprochen, gereinigt und zum Schluss die Böden gewischt. Dann ist sie nach Hause gefahren. Als Sie nach Hause kommen, stehen die meisten Fenster allerdings seit Stunden auf Kipp, die Heizung läuft. ◄

Dafür ist Sorge zu tragen
Die Mitarbeitenden wissen genau, was von ihnen vonseiten der Führung oder des Auftraggebers erwartet wird. Dies schließt alle Teilerwartungen mit ein, die zur Erledigung der Aufgabe wichtig sind. Die Mitarbeitenden verstehen also die Wünsche, die vonseiten der Führungskraft oder des Auftraggebers bestehen.
Für **die Führungskraft** bedeutet dies, dass sie selbst ein klares Bild ihrer Erwartungen hat. Wir können nichts klar und strukturiert an andere Menschen weitergeben, was in uns selbst eher unklar und unsortiert ist. Es ist also wichtig, dass die Führungskraft zunächst abprüft, ob sie selbst klare Erwartungen für sich benennen kann.

Praxishinweis In unseren Trainings, die wir zu diesem Themenbereich in Form von Führungskräfteworkshops abhalten, stellt sich häufig heraus, dass hier das erste Problem liegt.

1. Die Führungskraft hat keine ganz klaren Erwartungen, die sie konkret benennen kann, war aber in der Vergangenheit häufiger unzufrieden mit der Ausführung der Aufgaben durch Mitarbeitende. Die Mitarbeitenden waren mit den Rückmeldungen der Führungskraft unzufrieden, die sie als unkooperativ erlebten, und gingen in den Widerstand. An dieser Stelle kommt der Selbstreflexion (was soll im Detail wie, wann, wo und von wem erreicht werden?) und dem folgenden Erwartungsabgleich zwischen Führungskraft und Mitarbeitendem ein besonderes Gewicht zu. Denken Sie vielleicht an die Ws beim Absetzen eines Notrufs (Wo, Wer, Was, Wie), um sich an die verschiedenen Ws auch hier zu erinnern.

2. Die Führungskraft hat klare Vorstellungen und eine klare Erwartung, denkt aber, z. B. durch jahrelange Routine in dem Bereich, dass alle anderen Mitarbeitenden doch die gleichen Haltungen, Werte und Vorstellungen und damit eine Antizipation der Ausführung eines Arbeitsauftrags haben müssen (vgl. Kap. 8). Auch dieses Denken erweist sich häufig als unrealistischer Fehlschluss. Nur weil die Führungskraft eine genaue Vorstellung und Erwartung hat (z. B. von der Einhaltung bestimmter Hygieneschritte innerhalb der Arbeitsschritte) muss dieses Verständnis bei den Mitarbeitenden nicht gegeben sein. Führungskräfte, die denken, dass die Mitarbeitenden ja wissen müssen, wie es zu laufen hat, vermeiden ein Gespräch über diesen Aspekt häufig aus Zeitgründen oder weil sie ihn für banal halten. Auch dieses Führungsverhalten ist eine wichtige Quelle für fehlerhafte Arbeitsausführung seitens der Mitarbeitenden und spätere Konflikte und Widerstände. Hier ist es wichtig, dass die Führungskraft ihren Glaubenssatz „Der weiß schon, wie es zu tun ist und was ich von ihm erwarte" umformuliert und sich sagt: „Ich prüfe, ob der Mitarbeitende weiß, was zu tun ist und ob unsere Erwartungen übereinstimmen", vgl. Abschn. 8.1.1.

4.2.3 Zielabgleich

Beispiel

Beispiel 1:
Eine Führungskraft erhält Unterstützung durch einen neuen Büroangestellten, der Anrufe entgegennehmen und priorisieren soll und nur die inhaltlich wichtigen, nicht die zeitlich dringlichen Anrufe, direkt durchstellen soll. Zunehmend entnervt stellt die Führungskraft fest, dass sie lauter Anrufe durchgestellt bekommt, für die sie nicht zuständig ist.

Beispiel 2:
Ein Mitarbeiter soll Qualitätsanrufe bei Kund*innen tätigen, um nach der Zufriedenheit zu fragen. Wenn Kund*innen nicht zufrieden sind, entschuldigt sich der Mitarbeiter und schlägt vor, dass der Kunde oder die Kundin in Zukunft auch bei einem anderen Händler einkaufen könne, damit solche Unannehmlichkeiten für die Kund*innen nicht mehr auftreten.

Beispiel 3:
Ihre Haushaltshilfe hat die Küche gereinigt. Später stellen Sie fest, dass im Besteckkasten noch viele Krümel liegen und dieser offensichtlich nicht gereinigt wurde. Auch in der Kaffeemaschine ist noch der Kaffeefilter vom Morgen zu finden. ◄

Dafür ist Sorge zu tragen
Die Mitarbeitenden wissen, was das gewünschte Ziel ist und wie sie es erreichen können.

Sie sind in der Lage, sich das Ziel vorzustellen und es auch zu verbalisieren. Sie teilen den Zielzustand durch gemeinsame, zugrunde liegende Werte. Sie können diese Werte in konkretes situationsabhängiges Verhalten übertragen. Sie sind dadurch selbst in der Lage, zu prüfen, ob sie noch auf dem Weg zur Zielerreichung sind oder sich an Nebenschauplätzen aufhalten, die zwar Zeit und Ressourcen kosten, aber nicht unbedingt hilfreich sind, das gewünschte Ziel zu erreichen.

Die Führungskraft ist in der Lage, das Ziel klar zu beschreiben. Sie weiß, wann der Zustand erreicht ist, der als Zielzustand definiert ist und kann dies den Mitarbeitenden klar benennen.

Die Führungskraft kann den Zielzustand so bildlich, so detailliert und so motivierend (vgl. Kap. 5) beschreiben, dass dadurch bei den Mitarbeitenden ein inneres Bild dieses Zielzustandes entsteht. Dieses Bild wird dann mit dem Bild der Führungskraft abgeglichen. Das Bild der Führungskraft zeigt überdies die Werte des Unternehmens auf, sodass den Mitarbeitenden diese Werte bewusst werden in Bezug auf die Zielerreichung. Die Werte dienen als Orientierung und erhöhen dadurch die Verstehbarkeit.

Praxishinweis Nach unserer Erfahrung wird auch hier von Führungskräften manchmal vorschnell angenommen, dass der Zielabgleich durch eine kurze Zieldefinition ihrerseits bereits erfolgt ist. Oft ist dies nicht der Fall. Wenn das Ziel nicht auf beiden Seiten klar und vor allem möglichst identisch verstanden ist, dann wächst die Wahrscheinlichkeit, dass die Führungskraft mit dem erreichten Ziel des oder der Mitarbeitenden nicht einverstanden ist. Auch hier ist zu bedenken, dass in diesem Fall vonseiten des oder der Mitarbeitenden bereits viel Zeit in die (falsche) Zielerreichung investiert wurde. Es wurden also Ressourcen des Unternehmens (mindestens Arbeitszeit des oder der Mitarbeitenden, oft auch Materialien etc.) verbraucht, ohne dass eine Zielerreichung erfolgt ist, die den Vorgaben entspricht, und es besteht die Gefahr, dass der oder die Mitarbeitende Motivationsverluste erlebt, die wiederum die Kooperationsbereitschaft schmälern. Es lohnt sich für die Führungskraft deshalb umso mehr, zu prüfen, ob die Zielvorstellungen aufseiten der Führungskraft und des oder der Mitarbeitenden identisch sind.

4.2.4 Wissen um Teilschritte

> **Beispiel**
>
> **Beispiel 1:**
> Die Verkäufer in einer Bäckereifiliale sollen am Ende der Arbeitszeit die Brot-
> schneidemaschine reinigen. Sie stellen am nächsten Tag fest, dass die Maschine
> zwar in vielen Bereichen gereinigt wurde, anscheinend wurden allerdings
> die Schneidemesser, auf die es besonders ankommt, nicht ausgebaut und in
> Seifenlauge gereinigt, sondern nur mit einem Lappen im eingebauten Zustand
> abgewischt.
>
> **Beispiel 2:**
> Die Bedienung in Ihrem Restaurant nimmt die Bestellung der Gäste auf, bringt
> die Getränke, später das Essen und dann die Rechnung. Einige Tage nach
> dem Besuch der Gäste schreiben sie im Internet eine schlechte Bewertung,
> da nur sie augenscheinlich keinen Aperitif zum Essen erhalten haben, obwohl
> sie an anderen Tischen beobachtet haben, wie dies üblich war und von den
> Bedienungen als „Ein Gruß auf Kosten des Hauses" eingeführt wurde. Sie
> ärgern sich über die Ungleichbehandlung.
>
> **Beispiel 3:**
> Ihre Haushaltshilfe reinigt die Flächen und Böden. Sie sind begeistert, wie
> schnell sie schon zum Wischen übergeht. Später, als Sie wieder einen Blick
> in das Wohnzimmer werfen, entfernt die Haushaltshilfe Spinnweben an den
> Decken und wischt Staub auf den Schränken. Der Staub und Schmutz fallen auf
> den Boden. ◀

Dafür ist Sorge zu tragen
Die Mitarbeitenden sind sich darüber klar, welche Teilschnitte in welcher
Reihenfolge nötig sind, um das ideale Ergebnis zu erreichen. Sie kennen jeden der
Teilschritte und verstehen, welche Teilschritte erfolgen müssen, um das Ziel zu
erreichen.

Die Führungskraft vertraut nicht nur darauf, dass den Mitarbeitenden die Teilschritte klar sind, weil der Zielabgleich erfolgt ist, sondern sie überprüft durch
Fragen, ob die Schritte zur Zielerreichung tatsächlich durch die Mitarbeitenden
verstanden wurden.

Praxishinweis Auch an dieser Stelle lauern viele Gefahren, was die Qualität und
Funktionalität der Zielerreichung betrifft. Mitarbeitende haben nicht immer alle
Teilschritte im Kopf, sind nicht immer tief im Thema und können alle nötigen
Teilschritte überblicken oder sie kommen aus einem anderen Unternehmen, in
dem die Zielerreichung auf anderen Wegen erfolgte. Es ist also durchaus sinnvoll,
auch das Verstehen der Teilschritte zu überprüfen, um späterer Frustration vorzubeugen.

4.2.5   Kenntnis der Prozesse und Hilfsmittel

Beispiel 1:
Die Verkäuferin in Ihrer Bäckereifiliale zerteilt die nicht vorgeschnittene Torte mit einem Brotmesser, mit dem sie sonst die Brote teilt. Dies führt zu nicht ganz geraden Stücken. Sie wusste nicht, dass im Schrank ein Tortenmesser verfügbar ist.

Beispiel 2:
Ihre Kollegin soll Muster der neuen Kollektion, die sie entworfen hat, der Tochterorganisation nach Spanien schicken. Da sie kein Spanisch beherrscht, sitzt sie über Stunden mit einem Übersetzungsprogramm an einer Mail. Sie nutzt nicht die Expertise eines Teammitglieds, welches Spanisch vertragssicher spricht und schreibt.

Beispiel 3:
Ihre Reinigungskraft versucht über längere Zeit, das Waschbecken mit einem Neutralreiniger zu entkalken. Sie hat keine Kenntnis darüber, dass Zitronensäure Kalk schneller und einfacher entfernt. ◄

Dafür ist Sorge zu tragen
Die Mitarbeitenden wissen, welche Prozesse und Hilfsmittel sie zur Erledigung der Aufgabe brauchen oder nutzen sollen.

Die Führungskraft hat mit den Mitarbeitenden geklärt, welche Hilfsmittel für die Erledigung der Aufgabe zur Verfügung stehen, welche genutzt und welche nicht genutzt werden sollen.

Dabei fällt unter Hilfsmittel alles, was eine Hilfe zur Zielerreichung darstellt, z. B. Materialien, Werkzeuge, aber auch personales Wissen, welches bei der Zielerreichung miteinbezogen werden soll. Die Führungskraft hat transparent gemacht, auf welche Hilfsmittel und Ressourcen in welcher Weise zurückgegriffen werden soll.

Praxishinweis Es geht in diesem Buchkapitel noch nicht darum, ob Hilfsmittel in geeigneter Weise zur Verfügung stehen (vgl. Kap. 5), sondern zunächst einmal um die Frage, ob die Mitarbeitenden überhaupt wissen, welche Prozesse und Hilfsmittel zur Verfügung stehen sollten und in welcher Weise (z. B. Mengenangabe oder zeitliche Ressource von Kolleg*innen) sie nutzen dürfen oder sollen.

4.2.6   Kenntnis über zeitliche Vorgaben

> **Beispiel**
>
> **Beispiel 1:**
> Die Bankberaterin hat bis zum Feierabend noch zwei Gespräche. Zunächst möchte eine Familie einen kleinen Kredit über etwa 50.000 € für ihr neues Haus bekommen. Etwa 60 % der Finanzierung stehen aus Eigenmitteln. Trotzdem wirkt das Paar unsicher und hat viele Fragen, für die sich die Beraterin sehr viel Zeit nimmt. Dies führt dazu, dass ein zweites Paar, welches einen Kredit über 380.000 € als Vollfinanzierung abschließen möchte, fast eine Stunde warten muss. Die Beraterin hat dann nur noch eingeschränkt Zeit, auf Fragen einzugehen.
>
> **Beispiel 2:**
> Ein Mitarbeiter des Forschungsbereichs arbeitet an einem tiefgehenden Datenerhebungsprojekt. Sie sollen die ersten Daten dafür in Kürze vorstellen. Ihr Termin stand auch in seinem Kalender. Er steckt noch in der Vorbereitung, es war ihm nicht bewusst, dass er schon hätte fertig sein sollen.
>
> **Beispiel 3:**
> Ihre Reinigungskraft will nun ihr Bestes zeigen. Darum hat sie eine alte Zahnbürste mitgebracht, mit der sie in den eingeplanten drei Stunden etwa zwei Stunden die Fensterrahmen von innen reinigt. Später gerät sie in Stress, weil sie merkt, dass sie es kaum schaffen wird, zumindest die Böden zu saugen.
>

Dafür ist Sorge zu tragen
Die Mitarbeitenden wissen, welcher zeitliche Rahmen von der Führungskraft gesteckt wurde. Sie verstehen, dass es zum Beispiel zu Störungen in Prozessen kommt, wenn sie die zeitlichen Vorgaben nicht einhalten. Genauso haben sie Kenntnis darüber, dass sie ihr Gesamtziel oder ihre Teilziele nur erreichen können, wenn sie bestimmte Zeitrahmen im Blick behalten. Die Mitarbeitenden erhalten Rückmeldung dazu, wie gut sie ihre Zeitvorgaben einhalten, z. B. durch das Vorhandensein einer Uhr oder konkreter Vorgaben und Anweisungen.
Die Führungskraft kennt die zeitlichen Vorgaben und transportiert sie an die Mitarbeitenden. Sie selbst kann, z. B. durch Erfahrungswerte, einschätzen, wie viel Zeit eine Aufgabe in Anspruch nehmen sollte und kann dadurch eine Orientierung oder konkrete Vorgabe weitergeben.

Praxishinweis Auch wenn der Zeitaspekt in vielen Branchen gut verinnerlicht ist, so gibt es einige Bereiche, z. B. in beratenden Akquisegesprächen, wo Mitarbeitende effizienter sein können, wenn sie konkrete Vorgaben bezüglich der Zeit- und damit auch der Prioritätensetzung erhalten. Auch in freien Arbeitsfeldern, die durch wenige Vorgaben definiert sind, kommt dem Zeitaspekt: „was bis wann" eine erhebliche Rolle zu.

Auch hier geht es noch nicht darum, ob auch genügend Zeit zur Ausführung vorhanden ist (vgl. Kap. 5), sondern zunächst um die Frage, ob die zeitlichen Vorgaben bekannt sind und verstanden werden.

Die hier erfolgte Auflistung zur Herstellung von Verstehbarkeit im Bereich der Sprache, der Erwartungen, der Ziele, der Teilschritte, der Hilfsmittel sowie der zeitlichen Vorgaben fasst sicherlich nicht alle Bereiche zusammen, über die man reflektieren könnte. Sie erfasst aber die zunächst wichtigsten Bereiche, um das Konzept zu verstehen und einen Praxisbezug für die eigene Führung herstellen zu können.

Fazit

Um die **Verstehbarkeit sicherzustellen**, ist es unabdingbar, nicht nur Aufgaben anzuweisen und dann zu erwarten, dass es läuft, sondern sich zu vergewissern, dass diese Aufgaben wirklich verstanden wurden – und zwar in einer Art, die auch den Vorstellungen der Führungskraft entspricht.

Um diesem Aspekt Rechnung zu tragen, ist es sinnvoll, bestimmte Kategorien von Verstehbarkeit, mindestens Sprache, Erwartungen, Zielzustand, nötige Teilschritte, Kenntnis von Prozessen und Hilfsmitteln sowie Kenntnis der Zeitvorgaben (Priorisierung), in den Blick zu nehmen.

Daraufhin lassen sich detaillierte **Fragen zur Verstehbarkeit** entwickeln. Die Antworten auf diese Fragen erlauben es der Führungskraft, einzuschätzen, ob der oder die Mitarbeitende auf Kurs ist und ob ihm oder ihr Kooperation in diesem Bereich überhaupt möglich ist.

Verstehbarkeit zu reflektieren, bedeutet: Verstehen meine Mitarbeitenden was sie wie und wann tun (oder auch lassen) sollen?

4.3   Fragenauswahl Dimension Verstehbarkeit

Versteht mein Gegenüber was es wie, wann und wo tun (oder auch lassen) soll? Um dies in der Praxis zu überprüfen, ist es innerhalb der Führung von besonderer Bedeutung, ins Gespräch zu gehen. Dieses Gespräch muss nicht zwangsläufig Face-to-Face erfolgen. Auch Mails oder schriftliche Anweisungen können auf Verstehbarkeit geprüft werden und sie kann in der Folge abgefragt werden.

▶   Menschen sind unterschiedlich und genauso unterschiedlich sind kognitive Voraussetzungen, Erfahrungen und Kenntnisse. Wenn bei einem Mitarbeitenden Verstehbarkeit vorliegt, heißt dies noch lange nicht, dass auch bei einem anderen Mitarbeitenden Verstehbarkeit vorliegt. Führungskräfte sollten nie davon ausgehen, dass Dinge, die für sie selbst verstehbar sind, auch für andere verstehbar sind.

Um verlässliche Antworten zu bekommen, ist es wichtig, verschiedene Fragen zu den betreffenden Teilbereichen zu stellen. In der Folge erhalten Sie eine Beispielauflistung, welche Fragen in welchem Subbereich zur Anwendung kommen könnten. Die Antworten auf die Fragen sollen vor allem der Erweiterung des Wissens der Führungskraft dienen. Sie können Störungen in der Kooperation früh aufzeigen und eventuelle Widerstände erkennen, um dann gezielt Maßnahmen zu aktiveren, die entgegensteuern. Führungskräfte wissen durch die Antworten ihrer Mitarbeitenden auch, wo sie selbst nachsteuern müssen, indem sie zum Beispiel bestimmte Teilschritte besser erklären, für Fortbildung sorgen oder Prozesse oder Strukturen anders gestalten.

Denken Sie daran, das Gespräch im Vorfeld gut vorzubereiten (siehe Kap. 8) und die unterschiedlichen Hypothesen, ob Verstehbarkeit eventuell nicht gegeben sein könnte und wenn ja, aus welchen Gründen, gedanklich vorzubereiten.

Fragenkatalog Verstehbarkeit

- **Sprachliche Verstehbarkeit:**
  - Wie würden Sie meine Sprache beschreiben: einfach, mittel oder schwer zu verstehen?
  - Wiederholen Sie bitte einmal das, was ich gesagt habe, in Ihren Worten.
  - Was heißt denn „XY" in Ihrer Muttersprache?
  - Was bedeutet das Wort (z. B. Ressentiment) für Sie? Beschreiben Sie mal, was Sie darunter verstehen.
  - Würde Ihnen eine Bebilderung der Arbeitsschritte helfen? Welche Teilschritte sollte sie abbilden?
  - Was fehlt, damit die Anweisung im Handbuch klar und verständlich ist und man gut damit umgehen kann?
  - Haben Sie eine Idee, wie man die Aufgabe noch besser erklären könnte?
- **Verstehbarkeit der Erwartungen:**
  - Versuchen Sie einmal, meine Erwartungen an Sie wiederzugeben.
  - Verstehen Sie, wie ich es mir vorstelle? (Ist das für Sie machbar? wäre der nächste Aspekt siehe Kap. 5 Dimension Bewältigbarkeit).
  - Fassen Sie bitte unsere getroffenen Absprachen zusammen, alternativ kooperativer: Lassen Sie uns gemeinsam unsere getroffenen Absprachen zusammenfassen.
  - Wie stellen Sie sicher, dass ich/der Kunde oder die Kundin mit dem Ergebnis einverstanden bin/ist?
- **Verstehbarkeit des Zielzustandes:**
  - Wiederholen Sie bitte noch mal den Arbeitsauftrag.
  - Was erscheint Ihnen am Auftrag als das Wichtigste?
  - Beschreiben Sie bitte das angestrebte Ziel in Ihren Worten.
  - Welche Informationen müssten wir einer neuen Arbeitskraft (dafür) zur Verfügung stellen?

- Wie würden Sie diese Aufgabe jemandem erklären, damit es möglichst verständlich ist?
- Wie würden Sie das Ziel mit möglichst wenig Worten, aber dennoch präzise, beschreiben?
- **Verstehbarkeit der nötigen Teilschritte:**
  - Wie werden Sie vorgehen? Erklären Sie einmal Ihren Weg.
  - Sagen Sie mir nacheinander die Teilschritte, die Ihnen wichtig erscheinen.
  - Was machen Sie zuerst? Was folgt dann?
  - Wie würden Sie das, was jetzt zu tun ist, einem Neuling bei uns erklären?
  - Zeigen Sie mir einmal konkret (z. B. an der Produktionsmaschine), wie Sie jetzt vorgehen.
  - Zeigen Sie mir die Abläufe. Zeigen Sie mir, worauf zu achten ist.
  - Wie funktioniert …?
  - Wo setzen Sie nach einer Unterbrechung wieder an?
  - Kann man eigentlich einen Schritt auslassen oder überspringen, wenn man z. B. im Zeitdruck ist? Welcher wäre das?
  - Kann man die Reihenfolge ändern oder spielt sie eine Rolle?
- **Kenntnis der Prozesse und Hilfsmittel:**
  - Wo findet man Informationen zu/die Vorlage für …?
  - Wer arbeitet noch an diesem Bereich?
  - Welche Hilfsmittel braucht man für Aufgabe XY?
  - Wo finden Sie die Hilfsmittel zu der Aufgabe?
  - Ganz konkret z. B.: Wie häufig müssen Sie nachfüllen? Für wie viele Quadratmeter reicht die Flüssigkeit?
- **Verstehen der Zeitvorgaben:**
  - Wissen Sie, wie viel Zeit für die Aufgabe vorgesehen ist?
  - Wie viel Zeit nutzen Sie für Teilschritt 1, für Teilschritt 2 usw.?
  - Wann wird XY fertig sein?
  - Wann kann das Ergebnis in Ihren Augen vorliegen?
  - Welcher Aufgabe geben Sie die höchste Priorität?
  - In welcher Reihenfolge werden Sie sich den Aufgaben zuwenden?
  - Bis wann muss die Aufgabe erledigt sein?
  - Wer braucht die Ergebnisse zu welchem Zeitpunkt?

Die Formulierung kann jeweils für Ihren Kontext angepasst und auch in „du"-Form gewählt werden.

Diese Auflistung an Fragen ist umfangreich. Es geht natürlich nicht darum, dass Sie Ihrem Mitarbeitenden alle Fragen stellen. Es geht darum, dass Sie durch eine geeignete Auswahl an Fragen prüfen können, ob das von Ihnen angestrebte Ziel von Ihrem Mitarbeitenden so antizipiert worden ist, dass Sie mit einer hohen Wahrscheinlichkeit damit rechnen können, dass der Auftrag in all seinen Details verstanden wurde, Sie also Verstehbarkeit hergestellt haben.

Damit erzeugen Sie bei Ihren Mitarbeitenden Klarheit, Struktur und Orientierung. So erhöhen Sie automatisch auch gleich die gefühlte Bewältigbarkeit Ihrer Mitarbeitenden (vgl. Kap. 5), das heißt, ihre Mitarbeitenden werden eher glauben, dass sie einer Aufgabe gewachsen sind. Die Aufgabe ist greifbarer geworden. Eine Aufgabe, die nicht richtig verstanden wurde (dieses Kapitel), kann auch nicht bewältigt werden (Kap. 5).

4.4   Rückschlüsse ziehen – haben meine Mitarbeitenden es wirklich verstanden?

▶   Die **sprachlichen Antworten** und das **Verhalten Ihrer Mitarbeitenden** geben Ihnen Rückmeldung darüber, wie wahrscheinlich es ist, dass sie wirklich verstanden haben, was und wie etwas gemacht werden soll.

Mögliche **sprachliche Antworten**, die darauf hinweisen, dass Ihre Mitarbeitenden verstanden haben, sind z. B.:

- Jetzt verstehe ich, wie Sie es meinen.
- Jetzt wird es mir (erst richtig) klar.
- Ich weiß jetzt, wie ich es tun soll.
- Ich weiß jetzt, wann Sie mit dem Ergebnis rechnen.
- Ich weiß, was der nächste Schritt für mich ist.
- Jetzt erkenne ich, dass ich an Stelle X bisher einen Fehler gemacht habe.
- Ich weiß, was das Ziel ist, welches Sie erwarten, nämlich …
- Jetzt habe ich eine Idee, wie wir es noch weiterdenken können.

Auch das **Verhalten Ihrer Mitarbeitenden** gibt Rückschlüsse auf die Herstellung der Verstehbarkeit und die Kooperationsbereitschaft.

Mitarbeitende, die Aufgaben nicht verstehen, entwickeln häufig Widerstand gegen die Aufgabe, um den eigenen Selbstwert stabil zu erhalten, oder sie entwickeln Scham und damit das Gefühl, sich eine Blöße gegeben und versagt zu haben. Damit es nicht zu diesen negativen Gefühlen kommt, neigen viele Mitarbeitende dazu, vorschnell anzugeben, dass sie etwas verstanden hätten. Sie wollen die Unterhaltung dann schnell abbrechen, fühlen sich überprüft und damit negativ bewertet. Umso wichtiger ist es, als Führungskraft genau zu erklären, warum es einem selbst so wichtig ist, die Schritte noch einmal durchzugehen, mehr Verstehbarkeit zu erfragen. So kann die Führungskraft beispielsweise die eigene Scham anführen, wenn sie dem Vorgesetzen gegenüberstehen würde und die Aufgabe nicht richtig ausgeführt wurde in der eigenen Abteilung. Auf diese Weise kann ein Gefühl von Zusammenhalt entstehen. Beide, Führungskraft und Mitarbeitende, prüfen, ob alles so verstanden wurde, dass die oder der Mitarbeitende die Aufgabe richtig ausführen kann und die Führungskraft vor dem Vorgesetzen nicht in eine „Schamsituation" kommt. An dieser Stelle wird deutlich, wie wichtig eine authentische Führung für Kooperation ist – denn die obige Situation wird nur zu einem gelingenden Miteinander beitragen, wenn die Führungskraft selbst Gefühle wie Scham nachvollziehen und erleben kann. Über Scham und Fehler zu sprechen und eine offene Kommunikation und vor allem auch eine gelungene Fehlerkultur zu haben, hilft, fehlende Verstehbarkeit als etwas völlig Normales anzusehen. Wenn Nachfragen und nochmal Nachfragen gewöhn- lich und sogar gewünscht sind, wird sich die Scham deutlich reduzieren und es wird zu weniger Fehlern kommen, weil Verstehbarkeit nicht hergestellt war und die Mitarbeitenden aber dazu keine Rückmeldung geben.

4.5 Selbstreflexion der Führungskraft im Bereich Verstehbarkeit

Folgende Fragen eignen sich grundsätzlich zur Reflexion eines Fragen-Gesprächs über **Verstehbarkeit** und insbesondere auch zur Vorbereitung auf das nächste, anstehende Gespräch in diesem Bereich. Gehen Sie die folgenden Fragen einmal durch und kreuzen Sie an, wo Sie sich sicher sind, diese Frage mit Ja beantworten zu können.

Selbstreflexionsfragen Verstehbarkeit

☐ Habe ich mich verständlich ausgedrückt?

☐ Habe ich eine angemessene (einfache) Sprache verwendet?

☐ Spricht mein Gegenüber genug Deutsch (oder unsere Arbeitssprache), um mich wirklich zu verstehen?

☐ Habe ich den Arbeitsauftrag (inkl. z. B. Fristen) und die einzelnen Schritte verständlich erklärt?

☐ Habe ich alle nötigen Informationen weitergegeben?

☐ Sind Erklärungen ggf. durch Bilder, übersichtliche Checklisten o. ä. ver- ständlich genug gemacht?

☐ Haben meine Mitarbeitenden genügend Fortbildung/Einführung (z. B. bei der Anwendung neuer Maschinen, Techniken, Software), um optimale Verstehbarkeit zu haben?

☐ Sind Ablauffolgen eingeübt und abgesprochen?

☐ Ist ein*e neue*r Mitarbeitende*r mit den (spezifischen) Abläufen vertraut?

Welche Bereiche sollten wir optimieren, um an dieser Stelle für mehr Ver- stehbarkeit zu sorgen? (vgl. auch Kap. 8).

Übernehmen Sie wichtige Erkenntnisse aus dieser Selbstreflexion in Ihre Aufgabenplanung.

Sie sind sich unsicher? Dann trauen Sie sich und suchen Sie das nächste Gespräch mit Ihrem oder Ihrer Mitarbeitenden, um genau die Fragen zu klären, die jetzt aufgetreten sind. Ihnen kommt ein solches Verhalten vielleicht zu Anfang schwach vor, da Sie nun erneut Ihre*n Mitarbeitenden aufsuchen, um ihn oder sie zu fragen, ob Sie ihn oder sie richtig verstanden haben. Tatsächlich werden Sie solche Gespräche enorm schulen und Ihre Professionalität steigern. Gleichzeitig machen diese Gespräche Sie nahbar und unterstreichen Ihren Kooperationswillen. Sie werden als authentisch erlebt (vgl. Kap. 8) und Sie sind ein Vorbild für offene, selbstkritische Kommunikation und etablieren einen funktionalen Umgang mit Fragen, Problemen und Fehlern in Ihrem Umfeld und tragen damit zu einer offenen Fehlerkultur bei.

Wichtige Faustregel: Lassen Sie dieses zweite Gespräch nicht ausufern. Ihre Mitarbeitenden sind nicht in der Rolle, Ihren Selbstwert als Führungskraft zu stärken und sich um Sie zu kümmern. Fragen Sie konkret und offen auf der Sachebene nach. Zum Beispiel: „Gestern nach unserem Gespräch habe ich mich gefragt, ob ich die Fristen und die Hintergründe zu den Fristen verständlich erklärt habe. Habe ich? Sie dürfen mir ein ehrliches Feedback geben. Ich will, wie wir alle, lernen und mich verbessern."

Fazit

Für gelungene Prozesse ist es unabdingbar, die Verstehbarkeit eines Arbeitsauftrags bei den Mitarbeitenden optimal herzustellen. Dazu ist vor allem das Gespräch mit den Mitarbeitenden erkenntnisbringend. Durch gezielte Fragen, die Sie zu unterschiedlichen Facetten der Verstehbarkeit stellen, gelangen Sie an Antworten, die Ihnen Ihre Hauptfrage *„Versteht mein Gegenüber wirklich, was es wie, wann und wo tun soll?"* konkret und verlässlich beantwortet.

Verstehbarkeit können Sie in Ihrem gesamten Führungshandeln mitdenken, genauso wie die anderen vier Dimensionen des WVBSW-Modells. Sie können Ihre Mails genauso auf Verstehbarkeit prüfen, wie andere Schriftstücke oder Anweisungen, die Sie geben.

Sobald Sie sichergestellt haben, dass die Verstehbarkeit gegeben ist, können Sie sich dem nächsten Punkt zuwenden, um ihn abzuprüfen. Dadurch erlangen Sie Schritt für Schritt ein tiefes Verständnis für dysfunktionale Prozesse und erkennen die Ursachen von Störungen in Ihrem Unternehmen. Durch die Beseitigung dieser Störungen werden sie die Kooperationsbereitschaft Ihrer Mitarbeitenden fördern und somit von den vielfältigen Vorteilen verbesserter menschlicher Kooperation profitieren.

Literatur

Antonovsky, A. (1997). Salutogenese: Zur Entmystifizierung der Gesundheit. In A. Franke (Hrsg.), *Forum für Verhaltenstherapie und psychosoziale Praxis.* (Bd. 36). Dgvt-Verlag.

Bengel, J., Strittmacher, R., & Willmann, H. (1998). *Was erhält Menschen gesund? Antonovskys Modell der Salutogenese – Diskussionsstand und Stellenwert.* Bundeszentrale für gesundheitliche Aufklärung.

Csikszentmihalyi, M. (1987). *Das flow-Erlebnis: Jenseits von Angst und Langeweile: Im Tun aufgehen.* Klett-Cotta. Englische Ausgabe: Csikszentmihalyi, M. (1975). *Beyond boredom and anxiety. The experience of play in work and games* (Übers. Aeschbacher, U.). Jossey-Bass.

Häfner, A., Pinneker, L., & Hartmann-Pinneker, J. (2019). Gesunde Führung: Warum ist das wichtig? In A. Häfner, L. Pinneker, & J. Hartmann-Pinneker (Hrsg.), *Gesunde Führung* (S. 1–4). Springer.

Höfer, R. (2000). *Jugend, Gesundheit und Identität. Studien zum Kohärenzgefühl.* Leske & Budrich.

Mertens, G. (2008). *Balancen. Pädagogik und das Streben nach Glück.* Ferdinand Schöningh.

Dimension Bewältigbarkeit

5

Hat mein Gegenüber genügend Ressourcen,
um zu tun, was es tun sollen?

Zusammenfassung

Arbeitsprozesse bewältigbar für die Mitarbeitenden zu gestalten, liegt auf der Hand. Denn was nicht bewältigbar ist, kann nicht erledigt werden. Aber wie finden Führungskräfte verlässlich heraus, ob ihre Mitarbeitenden genügend Ressourcen haben, um die Aufgaben zu bewältigen? Wie können sie prüfen, ob die Mitarbeitenden selbst das Gefühl haben, dass die Anforderungen schaffbar sind? Dieses Kapitel stellt gezielte Fragen vor, die geprüft werden können seitens der Führung, um eine verlässliche Aussage zu treffen, ob Ressourcen vorhanden sind und ob die Mitarbeitenden selbst Zutrauen in die Aufgabenbewältigung haben. Denn nur wenn die Passung zwischen Anforderungen und Leistung der Mitarbeitenden stimmt, stellt sich Erfolg ein. Nur wenn Ressourcen vorhanden sind, kann Kooperation gelingen.

5.1 Die Dimension Bewältigbarkeit

In diesem Kapitel wird die Dimension **Bewältigbarkeit** *(manageability)*, zum Teil auch mit Handhabbarkeit oder Machbarkeit übersetzt, als die zweite der drei Dimensionen des Kohärenzgefühls innerhalb des Modells der Salutogenese nach Aaron Antonovsky (1997) im Kontext von Führung und Arbeit vorgestellt.

▶ **Bewältigbarkeit** ist zu verstehen als die individuelle, situationsabhängige Überzeugung einer Person, dass Probleme und Schwierigkeiten durch den Einsatz geeigneter, zur Verfügung stehender Ressourcen lösbar sind.

Vorhandene Ressourcen können negative Auswirkungen von Arbeitsanforderungen auf die Gesundheit moderieren und ermöglichen einen besseren Umgang mit Stresssituationen (Bakker & Demerouti, 2007; Ducki, 2000).

▶ **Bewältigbarkeit in der Arbeitswelt** bedeutet, dass es zu einer ausgewogenen Anforderung des oder der Mitarbeitenden kommt, in der er oder sie weder Überforderung noch Unterforderung ausgesetzt ist (vgl. Bengel et al., 1998).

Sowohl Unter- als auch Überforderung können Stress auslösen, wobei chronischer Stress zu einem der wichtigsten Einflussfaktoren auf die Gesundheit und das Wohlbefinden von Individuen zählt. Auch im Modell der Salutogenese kommt Stress daher eine zentrale Bedeutung zu (Antonovsky, 1997).

Antonovsky berücksichtigt dabei die Stresstheorie des amerikanischen Psychologen Lazarus. Das **Transaktionale Stressmodell von Lazarus** (vgl. Lazarus, 1991) besagt, dass Stress aus komplexen Wechselwirkungsprozessen zwischen den Anforderungen der Situation und der handelnden Person und ihren zur Verfügung stehenden Ressourcen entsteht. Diese Prozesse sind in der Psychologie weitgehend anerkannt und verbreitet und dienen der Vorhersage menschlichen Verhaltens. Es ist hilfreich, sie auch im Unternehmenskontext und in der Führung einzusetzen, da sie aufzeigen, wo Handlungschancen bestehen. Abb. 5.1 verdeutlicht diese Zusammenhänge.

Bei der Frage, ob Mitarbeitende genügend Ressourcen haben, um zu tun, was sie tun sollen, hilft die Betrachtung des Transaktionalen Stressmodells von Lazarus (1991). Potenzielle Stressoren entstehen aus **Situationen,** die in der

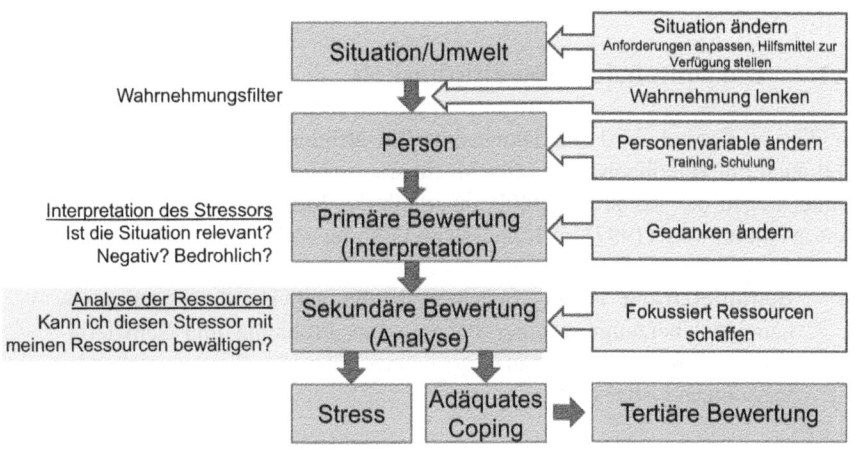

Abb. 5.1 Das Transaktionale Stressmodell. (Mod. nach Lazarus, 1991; mit freundlicher Genehmigung von Oxford University Press)

Umwelt der Mitarbeitenden, in ihren sozialen Beziehungen oder auch in ihnen selbst liegen können.

Eine (neue) Situation, z. B. die Beschwerde eines Kunden oder einer Kundin (siehe Tab. 5.1 und 5.2), wird vom Mitarbeitenden dann folgendermaßen erlebt: Zunächst wird die Situation wahrgenommen. Wahrnehmung bezieht sich hier auf den Prozess der ersten Verarbeitung eines Reizes. Dazu nutzen wir Menschen unsere Wahrnehmungssinne. Wir sehen, hören, riechen, schmecken oder tasten etwas. Im ersten Schritt sieht unser*e Mitarbeitende*r also lediglich, dass ein

Tab. 5.1 Zwei Beispiele für **Stress und fehlende Bewältigbarkeit**

	Illustration des Ablaufs am Beispiel Spinne	Illustration des Ablaufs am Beispiel Kundenbeschwerde
Situation	Mitarbeitende*r säubert das Büro. Eine Spinne sitzt an der Wand	Kunde oder Kundin betritt den Verkaufsraum
Wahrnehmungsfilter	Mitarbeitende*r sieht die Spinne	Mitarbeitende*r hört die kräftige Stimme des Kunden bzw. der Kundin
Personenvariable	Mitarbeitende*r hat seit Kindheitstagen mittlere Angst vor Spinnen	Mitarbeitende*r hatte schon einmal negative Erfahrung mit jemandem, der laut sprach. Das heißt, es liegt eine negative Vorerfahrung vor, die gar nicht mit dem Beruf oder der aktuellen Situation zusammenhängen muss, sie aber dennoch beeinflussen wird Dennoch will er oder sie aber seine bzw. ihre Arbeit gut machen und deswegen ist ihm oder ihr an zufriedenen Kund*innen gelegen
Primäre Bewertung	Mitarbeitende*r erlebt die Situation als negativ	Mitarbeitende*r erlebt die Situation als bedrohlich
Sekundäre Bewertung	Mitarbeitende*r erkennt keine Ressourcen unter deren Zuhilfenahme er oder sie die Situation bewältigen kann	Mitarbeitende*r erkennt keine Ressourcen unter deren Zuhilfenahme er oder sie die Situation bewältigen kann
Verhalten	Mitarbeitende*r erlebt Stress und reagiert mit Fluchtverhalten (= Raum verlassen)	Mitarbeitende*r erlebt Stress und reagiert mit Angriffsverhalten (= verbaler Beleidigung) auf die Kundenbeschwerde
Ergebnis	Mitarbeitende*r ist unzufrieden Vorgesetzte*r ist unzufrieden	Kunde bzw. Kundin ist unzufrieden Mitarbeitende*r ist unzufrieden Vorgesetzte*r ist unzufrieden
Tertiäre Bewertung	Es hat keine positive Bewältigung stattgefunden. Die nächste Situation wird wieder als negativ oder bedrohlich erlebt werden	Es hat keine positive Bewältigung stattgefunden. Die nächste Situation wird wieder als bedrohlich erlebt werden, wenn weiterhin keine Ressourcen zur Verfügung stehen

Tab. 5.2 Zwei Beispiele für **adäquates Coping = Erfolg**

	Illustration des Ablaufs am Beispiel Spinne	Illustration des Ablaufs am Beispiel Kundenbeschwerde
Situation	Mitarbeitende*r säubert das Büro. Eine Spinne sitzt an der Wand	Kunde oder Kundin betritt den Verkaufsraum
Wahrnehmungsfilter	Mitarbeitende*r sieht die Spinne nur im Augenwinkel und fokussiert auf den Kaffeefleck auf dem Tisch	Mitarbeitende*r hört die kräftige Stimme des Kunden oder der Kundin
Personenvariable	Mitarbeitende*r hat bisher keine negativen Erfahrungen mit Spinnen gemacht	Mitarbeitende*r hat keine negativen Vorerfahrungen mit Menschen, die kräftig sprechen, will aber seine bzw. ihre Arbeit gut machen und deswegen ist ihm bzw. ihr an zufriedenen Kund*innen gelegen
Primäre Bewertung	Mitarbeitende*r erlebt die Situation als irrelevant	Mitarbeitende*r erlebt die Situation als negativ, da der Kunde oder die Kundin offensichtlich nicht zufrieden ist
Sekundäre Bewertung	Mitarbeitende*r braucht auf keine Ressourcen zurückgreifen	Mitarbeitender erkennt seine Ressourcen: Er oder sie hat gute kommunikative Fertigkeiten, kann ruhig sprechen, auch wenn andere sich aufregen, atmet weiter entspannt, hat ein Training zum Umgang mit unzufriedenen Kunden absolviert und weiß, dass es wichtig ist, auf der Sachebene zu reagieren. Er oder sie kann sich emotional gut abgrenzen und fühlt sich nicht persönlich angegriffen durch den Kunden. Er besitzt Empathie und fühlt sich in den Kunden bzw. die Kundin hinein. Er oder sie den festen Willen, dass jeder Kunde und jede Kundin zufrieden den Verkaufsraum verlässt
Verhalten	Mitarbeitende*r säubert den Kaffeefleck	Mitarbeitende*r atmet zunächst ruhig und spricht dann mit ruhiger Stimme. Er oder sie fragt sachlich nach dem Problem, bleibt auf der Sachebene und lässt sich den Sachverhalt genau erklären. Er oder sie spiegelt, dass er bzw. sie in diesem Falle selbst auch unzufrieden wäre und dass es aber sicherlich eine Lösung gäbe. Er oder sie sondiert die verschiedenen Lösungen für die Situation und schlägt eine Auswahl vor, aus der der Kunde bzw. die Kundin wählen kann. Diese*r ist entlastet und fühlt sich ernst genommen und verstanden Der oder die Mitarbeitende ist ruhig und entspannt, weil er oder sie weiß, dass er oder sie bei unberechtigten Forderungen auch wertschätzend Grenzen setzen kann. Es wird eine Lösung gefunden

(Fortsetzung)

Tab. 5.2   (Fortsetzung)

	Illustration des Ablaufs am Beispiel Spinne	Illustration des Ablaufs am Beispiel Kundenbeschwerde
Ergebnis	Mitarbeitende*r ist zufrieden Vorgesetzte*r ist zufrieden	Kunde oder Kundin ist zufrieden Mitarbeitende*r ist zufrieden Vorgesetzte*r ist zufrieden
Tertiäre Bewertung	Die nächste Situation wird höchstwahrscheinlich ähnlich erlebt	Es hat eine positive Bewältigung stattgefunden. Der oder die Mitarbeitende wird aus dieser Situation gestärkt herausgehen und die nächste Kundenbeschwerde voraussichtlich genauso gut oder noch souveräner lösen

Kunde oder eine Kundin den Verkaufsraum betritt und mit kräftiger Stimme spricht. Dabei haben alle Menschen einen **Wahrnehmungsfilter,** der sie auf bestimmte Reize fokussieren lässt, während sie andere vorhandene Reize nicht wahrnehmen. Nachdem die Situation durch Sehen und Hören der Reize in das Gehirn gelangt ist, erfolgt nach dem Modell von Lazarus (1991) eine erste Bewertung der Situation, der gegebene Stimulus wird im Gehirn **persönlichkeitsspezifisch** verarbeitet. Unser*e Mitarbeitende*r fragt sich in diesem ersten Bewertungsschritt, der **primären Bewertung,** zunächst, ob die Situation für ihn oder sie persönlich relevant, negativ oder sogar bedrohlich ist. Irrelevante Situationen geraten schnell wieder aus dem Aufmerksamkeitsfokus, während es bei einer negativen oder sogar bedrohlich bewerteten Situation umgehend zu einer Analyse der zur Verfügung stehenden Ressourcen, der **sekundären Bewertung,** kommt. Hier fragt sich unsere*r Mitarbeitende*r, und das ist der zentrale Punkt, ob ihm oder ihr genügend Ressourcen zur Verfügung stehen, um die Situation zu bewältigen. An dieser Stelle ist der Zusammenhang zwischen dem Transaktionalen Stressmodell von Lazarus (1991) und dem Kohärenzgefühl von Antonovsky (1997) deutlich zu erkennen. Erlebt der oder die Mitarbeitende die Situation durch Zuhilfenahme von Ressourcen als bewältigbar, dann entsteht adäquates Coping, das heißt funktionale Stressbewältigung. Es werden funktionierende Lösungen gefunden, der Stress wird abgebaut. Das Stresssystem reguliert sich. Wenn der oder die Mitarbeitende zu der Überzeugung gelangt, dass nicht genügend Ressourcen zur Verfügung stehen, um die Situation gut oder den Ansprüchen entsprechend zu meistern, entsteht Stress.

Die Analyse und Schaffung von Ressourcen kann also Stress vorbeugen und darüber hinaus zu deutlich besseren Leistungsoutcomes führen und damit die Qualität der Arbeit der einzelnen Mitarbeitenden oder auch Teams deutlich verbessern. Interessant ist, dass den meisten Mitarbeitenden und Führungskräften diese Zusammenhänge zwischen Situation, eigener Wahrnehmung, Persönlichkeitsvariablen, primärer und sekundärer Bewertung und Ressourcen nicht bewusst sind. Die Beispiele in Tab. 5.1 und 5.2 sollen die Zusammenhänge zwischen Ressourcen und Leistung einmal illustrieren.

Zugegebenermaßen sind die Beispiele etwas einfach gehalten. Es ging uns bei der Illustration darum, Ihnen ein Gefühl für die Unterschiedlichkeit der Bewältigbarkeit zu geben, denn hier kann ein Unternehmen oder auch eine Institution, wie eine Schule, ansetzen. Es geht nämlich bei der Bewältigbarkeit im weitesten Sinne immer um positive Lernerfahrungen und damit die Steigerung von Leistung und Qualität. Ein Anspruch, der Unternehmen und Schulen vereint.

Antonovsky (1997) beschreibt, dass Stressoren im Leben allgegenwärtig sind und es entsprechend nicht um die Vermeidung von Stressoren, sondern um die zielführende Bewältigung dieser gehen muss. Er stellt fest, dass es daher entscheidend darauf ankomme, wie Stressoren bewältigt werden und welche **Ressourcen** und Bewältigungspotenziale Menschen haben. Er postuliert, dass Menschen, bei denen Verstehbarkeit, Bewältigbarkeit und Sinnhaftigkeit gegeben sind (er nennt dies starker SOC = Sense of Coherence), sich besser an die Anforderungen der Umwelt anpassen können und damit keinen oder weniger Stress erleben (vgl. Antonovsky, 1997).

Wie lassen sich diese Erkenntnisse nun auf die Arbeit von Führungskräften übertragen? Da ist es sicherlich zunächst wichtig zu verstehen, dass es bei der Einschätzung der Bewältigbarkeit um eine **subjektive Bewertung** eines oder einer Mitarbeitenden geht. Diese Bewertung muss nicht bewusst ablaufen und es handelt sich immer um eine individuelle Bewertung genau dieser Person und kein objektiv zu messenden Wert in der Außenwelt. So schreibt Nestmann (1996, S. 362): *„Letztlich alles, was von einer bestimmten Person in einer bestimmten Situation wertgeschätzt und/oder als hilfreich erlebt wird, kann als eine Ressource betrachtet werden."*

Es geht also darum, die gefühlte Bewältigbarkeit jedes einzelnen und jeder einzelnen Mitarbeitenden zu erhöhen. Nur weil eine Führungskraft oder andere Mitarbeitende eine Situation als bewältigbar bewerten, muss der oder die Mitarbeitende, den oder die wir uns ansehen, die Situation nicht als bewältigbar erleben. Sie wird dann bewältigbar, wenn bei dem oder die Mitarbeitenden selbst die subjektive Einschätzung erfolgt, dass er oder sie genügend Ressourcen hat, die er oder sie zur Bewältigung nutzen kann. Deswegen kommt dem Begriff der Ressourcen und der Ressourcensteigerung eine besondere Bedeutung in diesem Kapitel zu.

▶   Als Ressource werden allgemein Mittel verstanden, die benötigt werden, um eine bestimmte Handlung vornehmen zu können.

Ökonomische Ressourcen, wie Rohstoffe, Boden, Arbeit oder auch Kapital, sollen hier nicht vorrangig Thema der Betrachtung sein. Im Ansatz des Resource-Based View (RBV), weiterentwickelt von Barney (1991) zu den VRIN-Kriterien (Value, Rarity, Inimitability, Non-Substitutability), kommt Ressourcen als Wettbewerbsvorteil große Bedeutung zu.

Den Unternehmenserfolg auf Basis der Ressourcenausstattung, also die Innenperspektive des Unternehmens, zu diagnostizieren, stellt dabei eine wichtige Alternative zur Analyse des Absatzmarktes dar.

Im Ansatz des Resource-Based View (RBV) liegt der Blick auf übergeordneten Ressourcen, wie finanziellen Ressourcen (z. B. Cashflow), humanen Ressourcen (z. B. Arbeitskräfte), organisatorischen Ressourcen (z. B. Informationssysteme), physischen Ressourcen (Boden, Immobilien oder auch Anlagen) und technologischen Ressourcen (z. B. Stand der Digitalisierung). Diese übergeordneten Ressourcen sind wichtig in den Blick zu nehmen, um die Funktionalität und Gesundheit eines Unternehmens beurteilen zu können.

Die VRIN-Kriterien (Value, Rarity, Inimitability, Non-Substitutability) ermöglichen, einzelne Aspekte genauer zu untersuchen. So ermöglichen sie es, die Ressourcen, die für das Unternehmen spezifisch sind, zu analysieren und sie in Bezug auf ihren Wert bzw. ihre Fähigkeit und mögliche Wettbewerbsvorteile zu untersuchen. Zur Identifikation dieser Werte kann die SWOT-Analyse (Chermack et al., 2007) dienen. Die VRIN-Kriterien stellen zusammenfassend wertvolle, seltene, nicht imitierbare und nicht austauschbare Fähigkeiten dar. Es ist naheliegend, dass ein Unternehmen, welches diese vier Fähigkeiten gegenüber den Kund*innen vereint, einen klaren Wettbewerbsvorteil hat. In der Weiterentwicklung durch die VRIO-Kriterien (Reisinger et al., 2013) wurde der Faktor Non-Substitutability durch den Faktor Organisation ersetzt. Hier geht es um die Analyse, ob das Unternehmen seine Ressourcen gut in das Unternehmen integriert und sie in der Aufbau- und Ablauforganisation einsetzt.

Einen kleinen und sehr wichtigen Ausschnitt aus dieser großen Betrachtung bietet das hier vorgestellte WVBSW-Modell, welches im Bereich Bewältigbarkeit Aufschluss über das Vorhandensein oder eben auch Nichtvorhandensein von Ressourcen in Bezug auf die Mitarbeitenden gibt.

▶   In der Psychologie wird als Ressource eine Gegebenheit wie auch Merkmal bzw. Eigenschaft verstanden, um Ziele zu verfolgen, Anforderungen zu bewältigen, spezifische Handlungen zu tätigen oder einen Vorgang zielgerecht ablaufen zu lassen.

Der Blick auf die ökonomischen Ressourcen lässt sich wie durch eine Art Lupe intensivieren, wenn eine Führungskraft eine genaue Analyse der Bewältigbarkeit der Aufgaben in Bezug auf die Passung zwischen Anforderung und Ressourcen vornimmt.

Wenn wir noch einmal zurück zum Transaktionalen Stressmodell von Lazarus gehen (vgl. Abb. 5.1), dann ergibt sich, dass eine Führungskraft an vielen Stellen des Modells verändernd eingreifen kann, um mehr Bewältigbarkeit zu ermöglichen.

Die Führungskraft kann **Situationen verändern,** sodass es wahrscheinlicher ist, dass Mitarbeitende diese Situationen als bewältigbar erleben. Sie kann zum Beispiel Ziele anpassen oder überhaupt erst konkret vorgeben und damit strukturierend wirken. Dies ist ein klassisches Mittel der Führung, wenn Anforderungen Ressourcen gegenübergestellt werden. Die Führungskraft kann darüber hinaus allerdings auch die äußere Umgebung der Mitarbeitenden so gestalten, dass die **Wahrnehmung** wahrscheinlicher auf positive Reize gelenkt wird. Die Wahrnehmungspsychologie stellt hier viele Wege und Möglichkeiten bereit. An dieser Stelle sollen in Kürze nur drei Beispiele für den Bereich der Büroarbeit genannt werden.

Beispiel 1:
Die Führungskraft kann auf den Fluren entspannende Musik abspielen lassen. Musik verändert unsere Wahrnehmung und kann helfen, Stress zu regulieren.

Beispiel 2:
Die Führungskraft kann die Büros in angenehmen, freundlichen Farben streichen lassen. Dies spart nicht nur Heizkosten, sondern wirkt sich auch auf die Stimmung der Mitarbeitenden und damit wieder auf ihr Stressempfinden aus.

Beispiel 3:
Die Führungskraft kann Obstkörbe oder Wasserspender aufstellen oder einen Ruheraum installieren und damit den Mitarbeitenden das Gefühl geben, dass insgesamt genügend Ressourcen vorhanden sind, da diese Ressourcen direkt wahrnehmbar sind. ◄

Durch Training, Schulung, Fortbildung, gezielte Führungsansprache (zum Beispiel im Stil der transformationalen Führung), durch Reflexion oder auch durch ein persönliches Coaching können **Personenvariablen** von Mitarbeitenden beeinflusst werden. So können Mitarbeitende, die sich schnell angegriffen fühlen, lernen, Situationen auf der Sachebene zu bewerten und entsprechend professionell zu agieren. Mitarbeitende, die einen geringen Selbstwert haben, können durch Training mehr Selbstwert und damit ein souveränes Auftreten, z. B. gegenüber Geschäftspartner*innen, entwickeln. Mitarbeitende, die durch eine fachliche Schulung neue Skills erlernen, z. B. den Umgang mit sozialen Medien, werden die damit verbundenen Anforderungen als weniger negativ oder bedrohlich erleben, wenn sie selbst mehr Kenntnisse haben.

Auch wenn es in der Unternehmenswelt in Deutschland noch nicht so verbreitet ist, so kann eine Führungskraft auch das Denken, die **Gedanken** und damit die Einschätzung, sprich Interpretation von Stressoren, eines oder einer Mitarbeitenden durch Führungstechniken beeinflussen.

Mitarbeitende, die schnell – aus gewohnter Denkweise – pessimistisch interpretiert („Das wird sowieso nichts") können lernen, optimistischere Annahmen über sich und ihr Leben zu erlangen (Peterson & Bossio, 2001; Scheier & Carver, 2003; Seligman, 2006).

Mitarbeitende, die sich schnell abgewertet fühlen und dann zurückziehen und intern Glaubenssätze wie „Alle sind gegen mich" pflegen, können durch kontrollierte Konfrontation und Strategien des kognitiven Trainings lernen, ihre eigenen Glaubenssätze zu erkennen, zu hinterfragen und durch Übung abzulegen.

Selbstverständlich muss eine Führungskraft geschult darin sein, solche Gedankenmuster zu erkennen, zu thematisieren und dann Mitarbeitende zu motivieren, sich selbst zu verändern. Kurse für Führungskräfte, um diese Skills zu lernen, sind aber vorhanden. Genauso lassen sich Mitarbeitende auch extern in diesen Bereichen schulen.

Durch die Schaffung von verschiedenen **Ressourcen,** die den Mitarbeitenden bei ihrer Arbeit dienen können, wird im großen Maße die Einschätzung der Bewältigbarkeit verändert. Diese Ressourcen können auf ganz verschiedenen Ebenen geschaffen werden, wie Tab. 5.3 zeigen wird. An all diesen Stellen kann eine Führungskraft bzw. ein gesamtes Unternehmen ansetzen, um Ressourcen gezielt zu fördern.

Wenn einzelne oder im idealen Fall mehrere Änderungen durch Führung und Unternehmenskultur erfolgen, dann wird dies nicht nur die primäre und die sekundäre Bewertung der Mitarbeitenden beeinflussen, sondern auch die tertiäre Bewertung. Mitarbeitende werden eher das Gefühl haben, mit ihren Ressourcen einen Stressor bewältigen zu können, also gut ausgerüstet für neue Herausforderungen zu sein und etwas gelernt zu haben. Wenn durch veränderte Umwelt dann auch die Wahrnehmung beeinflusst wird, Personenvariablen entwickelt werden, Gedanken Einzelner und dann der Spirit des Unternehmens optimistischer werden und Ressourcen zur Verfügung stehen, dann sind extrem wichtige Faktoren für Erfolg gelegt, die manch ein anderes Unternehmen so noch nicht für sich erkannt hat, da es sie zwar erhofft, aber nicht explizit und mit Methodik daran arbeitet, sie herzustellen.

An welchen Ressourcen können Sie als Unternehmen, als Institution oder als einzelne Führungskraft bei Ihren Mitarbeitenden ansetzen?

Tab. 5.3, die nicht vollständig sein kann, soll Ihnen erste Ideen geben. Sie erfasst nicht die übergeordneten Ressourcen wie Gesellschaftsformen, politische Entscheidungen usw., denen mit Lobbyismus begegnet werden kann, sondern sie bezieht sich auf die konkrete Schaffung und Steigerung von Ressourcen innerhalb eines Unternehmens.

Ressourcen wirken nur, wenn sie von der Person als dienlich eingeschätzt werden. Diese Einschätzung variiert je nach Situation (Kontext), Wahrnehmung (Fokus), Personenvariablen (Alter, Geschlecht, Lernerfahrungen, Denkmuster, Stimmungslage etc.) und dem persönlichen Wertesystem und den persönlichen Zielen. Deswegen ist es wichtig, im Kap. 6 die Sinnhaftigkeit in den Blick zu nehmen und gemeinsame Haltungen, gemeinsam geteilte Werte und konkrete Verhaltensweisen zu etablieren, die diese Werte abbilden (vgl. Kap. 8).

Fazit

Je mehr Ressourcen, sowohl interne als auch externe, Mitarbeitenden zur Bewältigung ihrer Anforderungen zur Verfügung stehen, desto weniger Zweifel und Stress erleben sie und desto eher können sie in Kooperation bleiben und sich mit Zuversicht einer Aufgabe annehmen.

Tab. 5.3 Ressourcenkategorien, Unterbereiche und Beispiele für fehlende Ressourcen in dem Bereich

Ressourcenkategorie	Einige Unterbereiche	Beispiele für fehlende Ressourcen in dem Bereich
Umweltbezogene Ressourcen	Werkzeuge/Hilfsmittel Zeitfaktor Informationsfluss Räumlichkeiten (Rückzug/Austausch) Strukturen und Organisationsmechanismen Durchlässigkeit der Hierarchieebenen	Eine Verkäuferin verkauft wenig von einer bestimmten Sorte Kuchen, da es ihr nicht gelingt, mit dem vorhandenen Kuchenmesser saubere, ansehnliche Kuchenstücke für die Kund*innen zu erzeugen
Fähigkeiten und Fertigkeiten	*Fähigkeiten:* Zugrunde liegende Eigenschaften einer Person *Fertigkeiten:* Wissen, Können, Kompetenzen bei einer bestimmten Aufgabenstellung	Ein Mitarbeitender wurde in eine andere Abteilung versetzt. Dort nutzt er die dort übliche Software nicht
Weitere interne physische Ressourcen	Körperliche Gesundheit Kraft (körperlich), Fitness Stabiles Immunsystem Freiheit von Schmerzen Ernährungszustand Leistungsfähigkeit Konzentration Fehlen von Risikofaktoren (Rauchen, Alkohol, Stress) Gestillte Grundbedürfnisse (Durst, Hunger, Ruhe, Schlaf)	Eine Kitakraft arbeitet nicht auf Augenhöhe mit den Kindern und verbleibt oft auf ihrem Stuhl hinter dem Schreibtisch
Weitere interne psychische Ressourcen	Volition/Wille, Motivation, Stärken wie: Kreativität, Optimismus, Mut, Zutrauen, Neugier, Heiterkeit (Selbst-) Achtsamkeit, Selbstakzeptanz, Selbstwirksamkeit Soziale Kompetenz Liebesfähigkeit Selbstregulationsfähigkeit, Selbstdisziplin, Selbstwertschätzung, Selbsteinschätzung, Selbstorganisation Beziehungsfähigkeit, Konflikt- oder Kritikfähigkeit	Ein Vertreter soll mit 30 Kund*innen am Tag Kontakt aufnehmen. Er erreicht diese Zahl wiederholt nicht und gibt dafür verschiedene äußere Faktoren als Ursache an

(Fortsetzung)

Tab. 5.3 (Fortsetzung)

Ressourcenkategorie	Einige Unterbereiche	Beispiele für fehlende Ressourcen in dem Bereich
Soziale Ressourcen	Soziales Klima Enge Freundschaften Familie Soziale Netzwerke Soziale Unterstützung Kollegiale Unterstützung Teamgefüge/Teampassung Beziehungsstrukturen Kommunikationsstrukturen Konfliktlösestrukturen Wertschätzung für den Beruf durch die Gesellschaft	Eine Bürokraft reagiert oft zynisch und erledigt nur die nötigsten Aufgaben, gerade so, dass es entsprechend der formalen Anforderungen reicht

5.2 Bewältigbarkeit im WVBSW-Modell

Im diesem Abschnitt stellen wir Ihnen einige Praxisbeispiele zur Verdeutlichung der Dimension Bewältigbarkeit vor. Diese Beispiele sollen Ihnen Impulse für Ihr tägliches Führungshandeln in Hinblick auf eine Balance zwischen Anforderungen und Ressourcen bieten und Ihnen verdeutlichen, worauf in den verschiedenen oben genannten Kategorien von Ressourcen zu achten ist.

5.2.1 Umweltbezogene Ressourcen

Beispiel

Beispiel 1:
Eine Verkäuferin verkauft wenig von einer bestimmten Sorte Kuchen, da es ihr nicht gelingt, mit dem vorhandenen Kuchenmesser saubere, ansehnliche Kuchenstücke für die Kund*innen zu erzeugen.

Beispiel 2:
Ein Mitarbeitender im Verkaufsgeschäft bedient über den gesamten Tag Kundschaft und schafft es deswegen nicht, neue Bestellungen von Ware vorzunehmen.

Beispiel 3:
Ein Kitateam verzichtet weitgehend auf Absprachen und Austausch, da die Regel gilt, dies nicht vor Kindern oder Eltern zu tun, und weil es keinen Sozialraum gibt. ◄

Dafür ist Sorge zu tragen
Die Mitarbeitenden haben alle Ressourcen von Unternehmensseite in optimaler
Qualität vorliegen, um ihre Arbeit entsprechend der gesetzten Ansprüche auszuführen. Dazu zählen Werkzeuge, Hilfsmittel, passende Zeitvorgaben genauso wie
Informationen und das Vorhandensein von Rohstoffen und/oder Räumlichkeiten.
   Die Führungskraft evaluiert in regelmäßigen Abständen, ob alle umweltbezogenen Ressourcen in ausreichendem Maß zur Verfügung stehen und bessert
bei Bedarf nach, entweder in der Beschaffung von Ressourcen oder der Senkung
von Anforderungen.

Praxishinweis Es empfiehlt sich für Führungskräfte, die Arbeitsabläufe der Mitarbeitenden nachzuvollziehen oder sogar selbst für einen begrenzten Zeitraum mit-
zuarbeiten.
   Im TV-Format „Undercover Boss" des Senders RTL, das erstmals 2011 in
Deutschland im Fernsehen zu sehen war, sind die Führungskräfte großer deutscher
Unternehmen zu sehen, die mit verändertem Aussehen und einer Scheinidentität
für einige Tage Hilfsarbeiterstellen im Unternehmen annehmen und sich von Mitarbeitenden des Unternehmens anlernen lassen. In vielen dieser Folgen stellen
Vorgesetzte durch diese Sichtweise fest, wie sehr die Qualität der Arbeitsergebnisse dadurch gemindert oder mindestens sehr erschwert wird, dass bestimmte
umweltbezogene Ressourcen fehlen.
   Führungskräfte brauchen dabei unserer Meinung nach nicht als „Undercover
Boss" zu agieren. Es ist ausreichend und erfüllt den gleichen Zweck, ein ehrliches, offenes Gespräch zu führen und offen für Veränderungswünsche der Mitarbeitenden zu sein, um dann im nächsten Schritt abzuwägen, wo die Schaffung
weiterer Ressourcen zweckdienlich ist.

5.2.2 Fähigkeiten und Fertigkeiten

Beispiel

Beispiel 1:
Ein Mitarbeitender wurde in eine andere Abteilung versetzt. Dort nutzt er die
dort übliche Software nicht.

Beispiel 2:
Eine Mitarbeitende beantwortet englischsprachige Anfragen am Telefon kurz
und ablehnend, indem sie angibt, dass im Moment kein Interesse bestehe.

Beispiel 3:
Ein Mitarbeitender im handwerklichen Bereich wählt nicht das passende
Material aus. ◄

Dafür ist Sorge zu tragen
Die Mitarbeitenden haben die passenden Fähigkeiten und zeigen die gewünschten Fertigkeiten für eine Aufgabe. Die Passung zwischen Aufgabenstellung und Personeneigenschaften sowie Erfahrungsbereich ist stimmig. Die Mitarbeitenden sind kognitiv sowie handwerklich in der Anwendung ihrer Fertigkeiten weder unter- noch überfordert.

Die Führungskraft überprüft die Passung zwischen Aufgabenstellung und ausgewählter Person. Sie analysiert, in welchem Bereich Schulung, Training oder andere Fortbildung nötig wäre, um die Passung zu erhöhen und stellt entsprechende Schulungsangebote bereit oder sie ändert die Aufgabenstellung oder tauscht den oder die Mitarbeitende*n durch eine Person aus, die über die benötigten Fähigkeiten und Fertigkeiten verfügt.

Praxishinweis Im Bereich Fähigkeiten und Fertigkeiten müssen Führungskräfte selbstkritisch mit ihrer Personalauswahl und gleichsam kritisch mit gewachsenen Strukturen im Unternehmen umgehen. Vielfach werden in Bezug auf Fähigkeiten und Fertigkeiten in Unternehmen nicht die geeignetsten Mitarbeitenden eingestellt, sondern die, die der Führungskraft bekannt sind.

5.2.3 Physische Ressourcen

Beispiel

Beispiel 1:
Eine Kitakraft arbeitet nicht auf Augenhöhe mit den Kindern und verbleibt oft auf ihrem Stuhl hinter dem Schreibtisch.

Beispiel 2:
Ein junger Kollege im Landschaftsbau befüllt seine Schubkarre nur zu etwa einem Drittel mit Steinen, um sie zur Baustelle zu transportieren. Dadurch entstehen viele Wegzeiten.

Beispiel 3:
Ein Schichtleiter der Nachtschicht wirkt in der gemeinsamen Besprechung am Mittag wiederholt unkonzentriert. Später setzt er die gemeinsam getroffenen Beschlüsse nicht um. ◄

Dafür ist Sorge zu tragen
Die Mitarbeitenden sind körperlich in der Lage, den Arbeitsanforderungen gerecht zu werden. Dazu gehören gestillte Grundbedürfnisse, wie gestillter Durst, gestillter Hunger und genügend Schlaf sowie bei einigen Personen gestillte Nikotin- oder Koffeinsucht, um sich konzentrieren zu können. Weiterhin ist körperliche Kraft und auch die weitgehende Freiheit von Schmerzen wichtig, um hohe Effizienz zu erreichen.

Die Führungskraft achtet auf die Einhaltung von Pausen und Erholungszeiten und ist sich ihrer Vorbildfunktion bewusst. Sie installiert oder fördert gesundheitsförderliche Maßnahmen im Unternehmen und achtet auf die Passung zwischen körperlichen Erfordernissen der Aufgabe und dem körperlichen Zustand der Mitarbeitenden. Eventuell organisiert sie um, um optimal effiziente Prozesse zu gestalten oder stellt weitere Hilfsmittel zur Verfügung (s. o.).

Praxishinweis Neben den naheliegenden Hinweisen ist es sinnvoll z. B. in längeren Besprechungen nicht nur Übermüdung, sondern auch Unterzuckerung und körperliche Beschwerden durch lange Zwangshaltung im Blick zu haben. Ebenso führt zu geringe Flüssigkeitszufuhr zu Leistungseinbußen. Obwohl diese Maßnahmen auf der Hand liegen, werden sie selbst in hohen Führungskreisen nicht berücksichtigt und verfehlen damit zum einen die Vorbildfunktion, und zum anderen die Erwartungen an qualitativ hochwertige Arbeitsergebnisse (vgl. Deutschland am 23.03.2021, Zurücknahme der Beschlüsse zur Osterruhe durch Bundeskanzlerin Merkel als Strategie der Pandemiebekämpfung aus der Ministerpräsidentenkonferenz der Nacht zuvor nach zwölfstündiger Verhandlung).

Siehe z. B. hier: https://www.sueddeutsche.de/politik/corona-gipfel-merkel-lockdown-1.5243760?reduced=truehttps://www.augsburger-allgemeine.de/politik/Marathon-Konferenz-und-Kehrtwende-Chaostage-in-der-Corona-Politik-id59377286.html. Zugriffen: 11.11.2022

5.2.4 Psychische Ressourcen

Beispiel

Beispiel 1:
Ein Vertreter soll mit 30 Kund*innen am Tag Kontakt aufnehmen. Er erreicht diese Zahl wiederholt nicht und gibt dafür verschiedene äußere Faktoren als Ursache an.

Beispiel 2:
Ein Mitarbeitender erledigt die ihm aufgetragenen Aufgaben nicht termingerecht und kann dafür auch keine erklärbaren Gründe aufführen.

Beispiel 3:
Eine Mitarbeitende unterscheidet in ihrem Verantwortungsbereich nicht zwischen wichtigen und dringlichen Aufgaben bzw. Aufgaben, denen sie keine Aufmerksamkeit schenken sollte, und setzt ihre Prioritäten nicht entsprechend der Erfordernisse und erlangt damit kaum Effizienz in der Aufgabenerfüllung. ◄

Dafür ist Sorge zu tragen
Die Mitarbeitenden sind in ihrer psychischen Verfasstheit optimistisch, motiviert und wenden sich neuen Aufgaben mit Neugier und Disziplin zu. Sie können sich

selbst regulieren, um die optimalen Arbeitsergebnisse zu erzielen und sie erledigen ihre Aufgaben zügig, zuverlässig, genau und mit hoher Qualität der Arbeitsergebnisse. Sie sind offen für Kritik, daran interessiert, sich zu verbessern, und gleichsam zeichnet sie ein hoher Selbstwert aus, der sie schützt, Dinge persönlich zu nehmen und dadurch emotionale Konflikte aufkommen zu lassen.

Die Führungskraft akzeptiert, dass psychische Ressourcen für erfolgreiche Arbeitsergebnisse unabdingbar sind und dass sie sich beeinflussen lassen. Es ist nicht die Aufgabe von Führungskräften und es fehlt in den allermeisten Fällen die fachliche Befugnis, psychotherapeutisch tätig zu werden. Dennoch hat das Führungshandeln einen großen Einfluss auf die Gesundheit und das Wohlbefinden von Mitarbeitenden. Darüber hinaus gibt es Führungsverhalten, welches sich nachweislich dazu eignet, mentale Ressourcen bei den Mitarbeitenden zu stärken. Ein optimistischer Denkstil lässt sich beispielsweise erlernen (vgl. Kap. 7).

Praxishinweis Kurse oder auch Führungskräfteberatung im Einzelgespräch kann eine Führungskraft buchen, um dann in ihrem Unternehmen als Multiplikator*in zu dienen. Sie selbst erlernt die Skills, die die Stärkung psychischer Ressourcen erlauben. Sie wird dadurch Vorbild für ihre Mitarbeitenden, zeigt sich selbst bereit, neue Denkweisen anzunehmen und gewinnt dadurch an Professionalität in der Menschenführung.

Sie kann ebenso Schulungen und Trainings für ihre Mitarbeitenden installieren oder fördern. Hier sind nicht die Kurse im klassischen Präventionsbereich, wie Rückenschule oder Entspannungstechniken, gemeint, sondern Kurse im Bereich der Positiven Psychologie, in denen Kreativität der Mitarbeitenden oder ein funktional förderlicher Denkstil trainiert wird oder in denen Stärken der Mitarbeitenden in den Fokus genommen werden und der Selbstwert gefördert wird. Zu allen in der Tab. 5.3 aufgeführten Bereichen gibt es Trainings, die diese in der Person liegenden Ressourcen trainieren.

5.2.5 Soziale Ressourcen

Beispiel

Beispiel 1:
Eine Bürokraft reagiert im Kontakt oft zynisch und erledigt nur die nötigsten Aufgaben, gerade so, dass es entsprechend der formalen Anforderungen reicht. Kaum einer aus der Abteilung mag ihr noch Aufgaben auftragen, auch wenn diese Teil ihres Aufgabenbereichs sind.

Beispiel 2:
Ein Abteilungsleiter hält einer Abteilungsleiterin einer anderen Abteilung wichtige Informationen vor, die für die gemeinsame Arbeit an einem Projekt notwendig sind.

Beispiel 3:
Es gibt in einem Team zwei Gruppen. Die eine Gruppe unterstützt die Vorgesetzte, die andere Gruppe arbeitet subtil gegen die Vorgesetzte. ◄

Dafür ist Sorge zu tragen
Das Unternehmen lebt Werte, z. B. festgeschrieben in den Leitlinien, die allen Personen bekannt sind und die durch tägliche Praxis Gewohnheit sind. Es gibt klare Verfahren und Meldewege für soziale Konflikte, die nicht im direkten Miteinander geklärt werden können. Die Opfer von geringschätzendem sozialem Verhalten werden geschützt und die Täter konsequent zur Rechenschaft gezogen.

Die Mitarbeitenden kennen die Haltung des Unternehmens gespiegelt durch vielfältige Kommunikation. Sie wissen sowohl, was sie zu tun haben, wenn sie sich herabwürdigend behandelt fühlen, als auch, was die Konsequenzen sind, wenn sie andere herabwürdigen. Es herrscht ein Klima der offenen Kommunikation, das so gestaltet ist, dass Konflikte sachlich, klar und schnell aufgearbeitet werden und auch die emotionale Ebene eines Konflikts angesprochen werden darf.

Die Führungskraft sorgt für soziale Ressourcen und Unterstützung im Team. Sie selbst agiert sozial kompetent und spiegelt ihr eigenes Verhalten in regelmäßiger Führungskräfteberatung. Sie unterstützt bei Konflikten und verhindert so, dass Konflikte ins Subtile, Latente abrutschen und nicht mehr greifbar und damit auch nicht direkt zu lösen sind. Die Führungskraft schafft ein positives soziales Klima, zeigt Interesse an den einzelnen Personen und schafft Räume und Zeiten, in denen die Mitarbeitenden auch gegenseitig sozialen Austausch und soziale Unterstützung erfahren können.

Praxishinweis In Bezug auf die Schaffung sozialer Ressourcen ist es für Führungskräfte wichtig, sich zwar Zeit für die Anliegen der Mitarbeitenden zu nehmen, diese Zeit aber effizient einzusetzen. Mitarbeitende kurz zusammenfassen zu lassen, worum es geht, um dann mit den direkten Fragen: „Was brauchen Sie?" und darauffolgend „Was ist mein Anteil an der Situation?" sowie „Was wünschen Sie sich jetzt von mir?" anzuschließen, führt zu einer effizienten Klärung sozialer Situationen, ohne viel Zeit für eine ausladende unstrukturierte Gesprächssituation zu schaffen und gleichsam wertschätzend bei dem Gegenüber zu sein. Durch die Fragen zeigen Führungskräfte Interesse und nehmen gleichzeitig Mitarbeitende in die Pflicht, die Lösung mitzugestalten.

Die hier erfolgte Auflistung zur Herstellung von Bewältigbarkeit durch Schaffung oder Verweis auf verschiedene Ressourcen ist mit Sicherheit nicht vollständig und lässt sich je nach Mitarbeitenden und Aufgabentyp erweitern. Durch den Fokus auf die Analyse bestehender oder fehlender Ressourcen bilden Sie die Grundlage für Ihr Führungsverhalten im Bereich Bewältigbarkeit. Wichtig ist immer zu akzeptieren, dass eine Situation für Ihre Mitarbeitenden nicht bewältigbar erscheinen muss, nur weil sie für Sie bewältigbar ist.

Stellen Sie sich dies am Beispiel einer Bergwanderung vor.

Beispiel: Unterschiedliche Bewältigbarkeit

Zwei Personen A und B gebe ich einen Rucksack mit 25 kg Ausrüstung für eine Forschungsstation am Gipfel. Person A, 90 Kilo, ist körperlich trainiert und mit Bergwanderungen, den Wetterumschwüngen und den weiteren Erfordernissen vertraut. Person A wird, auch mit wenig Motivation, den Anforderungen gerecht werden. Person B, 52 Kilo, ist hochmotiviert, da sie die Werte der Forschung vertritt, und will es unbedingt schaffen, den Rucksack an den Gipfel zu bringen. Sie ist allerdings weder mit Bergwanderungen vertraut, noch ist sie körperlich trainiert. Sie ahnen, dass die Ressourcen den entschiedenen Unterschied ausmachen. Person A und B sind in ihrer Ressourcenausstattung nicht vergleichbar und deswegen kann man nicht davon ausgehen, dass wenn die Aufgabe für Person A zu bewältigen ist, sie auch für Person B bewältigbar ist. ◄

Dieses sehr einfache Beispiel können Sie auf all Ihre Mitarbeitenden transferieren und Sie werden schnell feststellen, dass die Ressourcen ein wesentlicher Erfolgsfaktor für die Bewältigung der meisten Aufgaben darstellen. Insofern ist es wichtig, nicht nur die bisher üblichen Ressourcen aus Unternehmenssicht zu betrachten, z. B. Beschaffenheit des Rucksacks, Güte des Kartenmaterials, Ausrüstung mit Kleidung, sondern auch internale Ressourcen der Mitarbeitenden geordnet und kategorisierend in den Blick zu nehmen.

Fazit

Um sicherzustellen, dass Anforderungen für Mitarbeitende bewältigbar sind, ist es wichtig, die Verfügbarkeit von internen Ressourcen der Mitarbeitenden und externen Ressourcen auf Unternehmensseite festzustellen. Um als Führungskraft systematisch vorzugehen, kann es sich anbieten, verschiedene Felder von Ressourcen zu untersuchen (mittels Befragung oder direktem Gespräch). Im direkten Gespräch erweist sich eine Vorbereitung von detaillierten Fragen als sinnvoll, die abgestimmt auf die Person und den Arbeitsbereich sein müssen.

Hier wählt die Führungskraft eine offene, nicht bewertende Kommunikation, um die Kooperationsbereitschaft im Gespräch zu erhalten. Anonyme Befragungen können unterstützend Aufschluss über die Existenz von Ressourcen liefern.

Die Antworten auf diese Fragen erlauben der Führungskraft eine Einschätzung der den Mitarbeitenden zur Verfügung stehenden Ressourcen, um dann gezielt Ressourcen zu schaffen, verfügbare Ressourcen in den Fokus der Mitarbeitenden zu rücken oder die Stellenbesetzung zu überdenken.

5.3   Fragenauswahl Dimension Bewältigbarkeit

Der nun folgende Abschnitt stellt einige Praxisbeispiele vor, damit Sie Fragen aus dem Bereich der Bewältigbarkeit für Ihr tägliches Führungshandeln reflektieren können. Da eine Führungskraft unmöglich alle in einer Person liegenden Zustände erfassen und richtig beurteilen kann, ist ein offener Fragestil notwendig, um zuverlässige Ergebnisse von den Mitarbeitenden selbst zu erhalten. Geschlossene und suggestiv gestellte Fragen wie „Dir geht es doch heute sicher gut?" erlauben keine sichere Einschätzung der Stimmungslage und können vielmehr sogar eine vorhandene Stimmungslage verschlechtern und die Wahrscheinlichkeit für Kooperation verringern, da das Gegenüber sich nicht ernst genommen fühlt oder das Gefühl hat, in einer bestimmten Weise antworten zu müssen, was Autonomie einschränkt und ein Gefühl von Zwang erzeugen kann.

Beispiel für eine Suggestivfrage, die Widerstand auslösen kann

Das Kernelement einer Suggestivfrage ist die Unterstellung. Hierbei handelt es sich meist um die Meinung des oder der Fragenstellende, hier also der oder die Führungskraft, welcher der oder die entsprechende Gesprächspartner*in zustimmen soll.

So kann die einfache Frage: „Du würdest dich doch sicher auch freuen, wenn ich für uns alle jetzt Kuchen besorge?" Abwehr und Widerstand auslösen, denn der oder die Mitarbeitende sieht sich nun durch die Art der Frage genötigt zuzustimmen. Die Frage bereitet das „Ja!" bereits vor. Für den Fall, dass der oder die Mitarbeitende sich aber zum Beispiel wegen des Versuchs einer Diät gar nicht über Kuchen freuen würde, käme er oder sie in eine schwierige Lage. Sie würde entweder mit dem „Ja!" eine Notlüge kommunizieren und damit bereits aus der ehrlichen Kooperation aussteigen oder sie müsste sagen: „Nein! Ich würde mich nicht über Kuchen freuen!" Diese Grenzsetzung gerade in hierarchischen Verhältnissen fällt allerdings schwer. So bliebe der oder dem Mitarbeitenden nur, sich unschön aus der Situation herauszuwinden und so etwas zu sagen wie: „Das ist ganz lieb (eventuell auch bereits eine Notlüge), aber ich möchte heute keinen Kuchen essen!" In jedem Fall erfolgt eine Zurückweisung, die die Gefahr bringt, dass beide Beteiligte sich weniger kooperativ verbunden und in der Stimmung getrübt fühlen. ◄

Zugegebenermaßen ist dieses Beispiel möglicherweise etwas lapidar, aber es zeigt an einer wunderbar einfachen Alltagssituation, wie schnell Kooperation verfliegen kann.

Die einfache Frage im Sinne von offener Kommunikation: „Was hältst Du davon, wenn ich Kuchen besorge?" oder sogar „Ich besorge Kuchen. Möchtest Du auch ein Stück?" vereinfacht die Situation für beide Seiten sehr, was die Wahrung der Kooperation angeht.

Unsichere Führungskräfte greifen allerdings gerne zu Suggestivfragen, weil sie unbewusst versuchen, über diese Bestätigung zu erhalten.

▶   Ein offener, nicht bewertender Fragestil erleichtert es dem Gegenüber, in der Kooperation zu bleiben und nicht das Gefühl zu erhalten, in eine Art Zwangszustimmung gehen zu müssen. Gerade wenn es um die eigenen Ressourcen geht, ist dies von Bedeutung. Zu bedenken gilt darüber hinaus, dass die Ressourcen und damit die Bewältigbarkeit zweier Menschen in der Regel nicht identisch sind. Nur weil eine Führungskraft etwas für bewältigbar hält, muss es für Mitarbeitende nicht bewältigbar sein.

Valide Daten zu den verfügbaren Ressourcen der Mitarbeitenden erhalten Führungskräfte in der Regel nur, wenn sie offen für alle Antworten sind. Wer nur eine Bestätigung seiner inneren Annahme haben will: „Dir geht es doch heute sicher gut" – „Ja!", der zeigt kein Interesse an seinem Gegenüber (vgl. Dimension Wertschätzung Kap. 3) und verpasst es, Probleme oder Schwierigkeiten frühzeitig zu erkennen, um dann auch gezielt und erfolgreich gegenzusteuern und damit funktional zu führen.

Hat mein Mitarbeitender Gegenüber genügend Ressourcen, um zu tun, was es tun soll? Mit dieser Eingangsfrage begann dieses Buchkapitel. Anhand der Tab. 5.3 haben Sie nun einen ersten Eindruck davon, welche Ressourcen Sie als Führungskraft in Ihr Blick- und Handlungsfeld nehmen können.

▶ Um eine verlässliche Antwort auf die einleitende Frage zur Verfügbarkeit von Ressourcen zu erhalten, ist es unerlässlich, mit Mitarbeitenden in den Austausch zu kommen, oder wahlweise die Vorgesetzen, Abteilungs- oder Sachgebietsleitenden zu befragen und sie um Einschätzung zu bitten und/oder Fragebögen einzusetzen.

Die folgende Beispielauflistung gibt Ihnen Hilfestellung, in welchem Unterbereich Sie mit welcher Frage weiterkommen können. Die Antworten auf die Fragen werden Ihr Wissen erweitern und Ihnen Handlungsmöglichkeiten geben, für fehlende Ressourcen zu sorgen oder auch Personalentscheidungen fundiert treffen zu können. So können Sie Störungen in den Arbeitsabläufen vermeiden und Ihr Unternehmen oder Ihre Institution erfolgreicher machen. Wenn Sie sich die Frage stellen, wie sehr bei Mitarbeitenden in Bezug auf eine Aufgabenstellung Bewältigbarkeit gegeben ist, dann werden Sie Burn-out (Ausbrennen durch chronischen Stress durch Überforderung) genauso wie Bore-out (Unterforderung im Arbeitsleben) genauso wie die Passung zwischen Mitarbeitenden und Aufgabe, also die richtige oder auch falsche Besetzung der Stelle, schneller erkennen. Schnelles Erkennen von Abweichungen der gewählten Zielsetzungen ermöglicht Ihnen ein effizientes Gegensteuern, bevor für Ihr Unternehmen oder Ihre Institution größerer Schaden, unter anderem durch die vielen Effekte dysfunktionalen Arbeitsverhaltens, entsteht. Die folgenden Fragen werden Ihnen dabei in Ihrem täglichen Tun eine Unterstützung sein können und die Mitarbeitenden einladen, die eigenen Ressourcen und Bedürfnisse zu reflektieren und so besser in Kooperation bleiben zu können. Zugegebenermaßen handelt es sich bei diesen Fragen nur um Beispielfragen. Da es unzählige Berufe mit unzähligen Aufgabenstellungen und sehr unterschiedliche Persönlichkeiten bei Mitarbeitenden gibt, sollen die Beispielfragen nur einen Einblick in Fragenkategorien geben und selbstverständlich nicht als vollständig oder ideal passend für Ihren Bereich verstanden werden.

Denken Sie daran, das Gespräch im Vorfeld gut vorzubereiten (siehe Kap. 8) und die unterschiedlichen Hypothesen, ob Bewältigbarkeit eventuell nicht gegeben sein könnte und wenn ja, aus welchen Gründen, gedanklich vorzubereiten.

Fragenkatalog Bewältigbarkeit

- **Umweltbezogene Ressourcen:**
  - Hast du die nötigen Hilfsmittel/Werkzeuge für XY?
  - Was brauchst du von uns an anderem Werkzeug, um deine Arbeit besser zu machen?
  - Reicht die technische Ausstattung für diese Arbeit aus?
  - Ist das Softwareprogramm nützlich oder braucht es Verbesserungen? Würden Sie dieses Programm auch einer anderen Abteilung empfehlen? Was würden Sie verändern, damit es noch besser wäre?
  - Es soll neues Material bestellt werden. Würden Sie wieder dieses Material bestellen oder glauben Sie, dass wir mit Material einer anderen Firma bessere Ergebnisse erzielen könnten?
  - Wann verrichtest du diese Arbeit? (Zum Beispiel schon im Feierabend/nebenbei unkonzentriert etc.)
  - Wie schätzt du die Zeitvorgaben für Arbeit XY ein? (Kommst du persönlich damit zurecht?)
  - Wie viel Zeit steht dir dafür zur Verfügung?
  - Reicht die Zeit, damit Sie die Aufgabe zu Ihrer eigenen Zufriedenheit erledigen können?
  - Wie viel Zeit würden Sie bei dieser Aufgabe kalkulieren, wenn Sie die Zeitpläne erstellen würden?
  - Finden Sie alle Informationen im Handbuch, die Sie für Ihre Arbeit brauchen?
  - Sind die Kolleg*innen gut erreichbar, mit denen Sie an der Schnittstelle arbeiten?
  - Wissen Sie, an wen Sie sich mit Ihrer Frage wenden können?
  - Erhalten Sie die neuen Informationen zügig?
  - Wie verlaufen in Ihrer Abteilung die Kommunikationswege zum Thema X?
  - Was würden Sie im Bereich Informationsfluss verändern, wenn Sie in meiner Position wären?
  - Hatten Sie bereits Situationen, in denen Sie nicht weiterkamen, quasi in der Luft hingen, weil Ihnen Informationen aus einem anderen Bereich fehlten?
  - Welche Räume nutzen Sie am Arbeitstag neben Ihrem Büro?
  - Wohin gehen Sie für ein ruhiges Telefonat mit Kund*innen?
  - Haben Sie während der Arbeitszeit einen Ort, um einmal für einen Moment zu entspannen/sich zu erholen?

- Gibt es bei uns Ihrer Meinung nach genügend Räumlichkeiten, in denen Sie in Austausch kommen? Würden Sie sich einen Sozialraum wünschen?
- Können Sie Ihre Arbeit in den zur Verfügung gestellten Räumen gut ausführen? Was würden Sie verändern, wenn wir neue Räume planen würden?
- Ist Ihr Büro sinnvoll gegliedert, eingerichtet und liegt es an der richtigen Stelle im Haus?
- **Fähigkeiten und Fertigkeiten:**
  - Welche Vorkenntnisse hast du schon?
  - Wo liegen deine speziellen Interessengebiete?
  - Was liegt dir an XY besonders? Wo würdest du gerne mehr Unterstützung bekommen?
  - Hast du das schon mal gemacht? / Hast du schon Erfahrungen damit?
  - Weshalb glauben Sie, dass Sie der Aufgabe gewachsen sind?
  - Welche der Aufgaben würden Sie am liebsten abgeben, wenn Sie könnten?
  - Wenn ich Ihnen diese Aufgabe geben würde, würde Sie das überfordern?
  - Welche Kompetenzen (was) brauchen Sie, um diese Aufgabe erledigen zu können?
  - Gibt es eine Schulung, die Sie gerne besuchen würden?
  - Bei welchem der Teilschritte fehlt Ihnen im Moment am ehesten das Wissen?
  - Wie häufig haben Sie XY schon gemacht? Fühlen Sie sich mit dieser Arbeit routiniert?
  - Wo fehlt Ihnen noch Erfahrung?
  - Wie gut passt dieser neue Aufgabenbereich zu Ihren Fähigkeiten?
- **Weitere internale physische Ressourcen:**
  - Wie viel Kraft braucht man für XY? Hast du die Kraft dafür? Hast du körperliche Schmerzen (bei XY)?
  - Was könnte dir helfen, um XY besser/leichter hinzubekommen?
  - Kommen Sie trotz der großen Arbeitsbelastung im Moment dazu, Sport zu treiben oder sich zu bewegen?
  - Wann hatten Sie Ihre letzte Pause?
  - Sind Sie gut mit Essen und Trinken versorgt?
  - Passt es, wenn wir jetzt über XY reden oder brauchst du erst einmal eine Pause?
  - Wie häufig schaffst du es, deine Pausen einzuhalten?
  - Sind deine Pausen erholsam? Was machst du in der Pause?
  - Schaffst du es, während der Arbeitsphase genug zu trinken und zu essen?

- Wie verkraftest du XXX (z. B. Schichtdienst/Mehrarbeit) im Moment? Wie schläfst du? Bist du ausgeruht?
- **Weitere internale psychische Ressourcen:**
  - Wollen Sie sich diesem neuen Aufgabenbereich zuwenden?
  - Was ist Ihre Leidenschaft in Bezug auf die Arbeit?
  - Haben Sie Lust zur Übernahme dieser Aufgabe?
  - Welche Ideen zur Umsetzung hast du?
  - Haben Sie Ansätze, wie Sie sich dieser ungewöhnlichen Fragestellung zuwenden wollen?
  - Was würden Sie ganz anders machen als bisher, wenn Sie einmal ganz neu denken dürfen?
  - Glauben Sie, dass Sie XY schaffen können?
  - Trauen Sie sich die Übernahme dieser Aufgabe zu?
  - Welche Stärken siehst du bei dir?
  - Passt die Aufgabe zu dem, was dir besonders liegt?
  - Kannst du in deinem jetzigen Aufgabenbereich deine Stärken gut einsetzen?
  - Profitieren wir von deinen Stärken oder müssten wir dich an anderer Stelle einsetzen, um noch mehr von deinen Stärken profitieren zu können?
  - Passt dieser Aufgabenbereich zu deiner Persönlichkeit?
  - Macht diese Aufgabe Sie neugierig oder ist das eher nicht der Fall?
  - Glaubst du, dass du dieser Aufgabe gewachsen bist?
  - Glauben Sie, dass Sie an dieser Stelle etwas erreichen können?
  - Glauben Sie, dass Sie etwas an dem Problem ändern können?
  - Meinen Sie, dass Sie es erreichen werden? Wie werden Sie vorgehen, wenn es Misserfolge gibt?
  - Wie werden Sie damit umgehen, wenn der Erfolg sich bei dieser Aufgabe nicht sofort einstellt?
  - Was mögen Sie an sich?
  - Wie schätzt du deine Fähigkeiten und Ressourcen in Bezug auf Thema Z, Aufgabe XY ein?
- **Soziale Ressourcen:**
  - Arbeitest du gern mit XY zusammen? Seid ihr effektiv? Gibt es Störungen oder Reibungsverluste?
  - Fühlen Sie sich gut von Ihrem Team/Ihrer Führungskraft unterstützt?
  - Welche Hilfestellungen sind von meiner Seite noch mehr nötig?
  - Wie können wir dich unterstützen?
  - Was machen Sie, wenn Sie an einer Stelle nicht weiterkommen? Wer steht Ihnen im Team zur Seite?
  - Brauchst du eine*n Teampartner*in? Mit wem arbeitest du gern zusammen?
  - Können Sie Hilfe von den anderen annehmen?

- Wie erleben Sie Ihr Team?
- Haben Sie enge Vertraute in Ihrem Team?
- Treffen Sie sich auch außerhalb der Arbeit?
- Wie gestalten Sie in Ihrem Team Geburtstage?
- Gibt es soziale Aktionen, die Sie nach Feierabend unternehmen?
- Wie oft sehen Sie Ihre Kolleg*innen?
- Wie oft sprechen Sie mit Ihren Kolleg*innen?
- Können Sie in Ihrer Abteilung Probleme offen ansprechen?
- Nimmt Ihre Vorgesetzte Führungskraft Kritik von Ihnen an?
- Würden Sie sich trauen, mich auf einen Fehler hinzuweisen?
- Wenn Sie kritisiert werden, in Ihrem Team … ist das sachbezogen oder werden Sie persönlich angegangen?
- Sehen Sie bei uns Konflikte, die unter den Teppich gekehrt werden?
- Wie wohl fühlen Sie sich mit Ihren Arbeitskolleg*innen von 1 (gar nicht wohl) bis 10 (sehr wohl)?
- Haben Sie bei einem Streit schon einmal daran gedacht, alles hinzuschmeißen?
- Wie erleben Sie unser Teamgefüge? Stehen Ihnen zuverlässig unterstützende Kolleg*innen zur Seite?
- Können Sie über Schwierigkeiten bei der Aufgabenerfüllung mit Ihrer Führungskraft sprechen?

Der Wechsel zwischen „du" und „Sie" in der Fragenformulierung ist bewusst gewählt, um verschiedene Kontexte abzubilden. Die Formulierung kann jeweils für Ihren Kontext angepasst werden.

Sofern Führung bei fehlender Passung zwischen Anforderungen und Ressourcen mehr Ressourcen zur Verfügung stellt, für Nachschulung oder Weiterentwicklung der Mitarbeitenden sorgt, können bessere Ergebnisse vorgewiesen werden und die Qualität wird sich steigern. Die Fragen helfen insofern bei der Entscheidung, welche Ressourcen ausgebaut und welche personellen Konsequenzen gezogen werden sollten. Wenn eine Führungskraft entschieden ist, dass ein*e Mitarbeitende*r die optimale Besetzung ist, dann erlaubt die Schaffung zusätzlicher Ressourcen voraussichtlich eine Qualitätssteigerung. Der oder die Mitarbeitende wird besser erkennen, wo er oder sie noch Entwicklungs- und Wachstumsbedarf hat, wird besser ausgestattet sein und damit wird es wahrscheinlicher, dass ein Arbeitsauftrag tatsächlich bewältigbar ist und dann auch in der nötigen Qualität umgesetzt wird. Auf diese Weise entsteht bei Mitarbeitenden durch die Schaffung oder auch nur den Verweis auf Ressourcen ein größeres Gefühl von „Machbarkeit", Optimismus bzw. Selbstwirksamkeit und damit wird sich, wie Studien eindrücklich belegen (u. a. Bandura, 1977), mehr Leistungsbereitschaft und zugleich auch mehr positiver Affekt bei den Mitarbeitenden zeigen. Sie werden gewinnbringender kooperieren.

5.4 Rückschlüsse ziehen – verfügen meine Mitarbeitenden wirklich über die nötigen Ressourcen?

▶ Die **sprachlichen Antworten** und das **Verhalten Ihrer Mitarbeitenden** geben Ihnen Rückmeldung darüber, wie wahrscheinlich es ist, dass sie eine Aufgabe für bewältigbar halten und ob sie meinen, genügend Ressourcen zu haben.

Mögliche **sprachliche Antworten,** die darauf hinweisen, dass Ihre Mitarbeitenden Anforderungen bewältigen können/genügend Ressourcen haben, sind z. B.

- Ich kann das schaffen!
- Das schaffe ich!
- Das kriege ich hin!
- Es ist machbar für mich.
- Ich habe alles, was ich dazu brauche.
- Ich habe richtig Lust, jetzt an die Arbeit zu gehen.
- Ich fühle mich der Aufgabe gewachsen.
- Ich habe genügend (Wissen/Ressourcen/Hilfe etc.), um es anzugehen.
- Ich will jetzt geradezu anfangen.

Auch das **Verhalten Ihrer Mitarbeitenden** gibt Rückschlüsse auf die Bewältigbarkeit. Wenn Sie es schaffen, die Fragen wertschätzend und selbstwertfördernd zu stellen, dann werden sich ihre Mitarbeitenden öffnen und einen Einblick in ihre Bewältigbarkeit geben. Sie werden motiviert, voller Kraft und Zuversicht wirken, wenn sie selbst das Gefühl haben, über genügend Ressourcen zu verfügen. Ihre Aufgabe ist es allerdings auch, einer Selbstüberschätzung vorzubeugen. Konstruktives Feedback strukturell eingesetzt (vgl. Abschn. 8.2.1), wird dabei unterstützend wirken.

Wenn Mitarbeitende glauben, nicht auf genug Ressourcen zurückgreifen zu können, werden sie eher zu Stress neigen, angespannt, ausweichend oder sogar aggressiv wirken (vgl. Transaktionales Stressmodell von Lazarus, 1991, Abschn. 5.1).

Abb. 5.2 soll verdeutlichen, wo eine Form von Stress und Abwehr bei Mitarbeitenden entstehen kann.

In dem Gespräch können sich Ihre Mitarbeitenden durch Ihre Fragen unterfordert (siehe kleiner, innerer Kreis in der Abb. 5.2) fühlen. Ihm oder ihr ist die Aufgabe klar und Sie fragen und fragen weiter. Das kann zu einer „Genervtheit aus Langeweile und Unterforderung" führen.

Genauso können Sie Ihr Gegenüber durch die Fragen überfordern (äußerer Kreis in der Abb. 5.2), weil er oder sie merkt, dass bestimmte Prozesse von ihm oder ihr nicht verstanden wurden. Es entwickelt sich Stress durch Überforderung bei Ihren Mitarbeitenden. Aber Achtung: Auch Unterforderung und Langeweile können zu Stress führen.

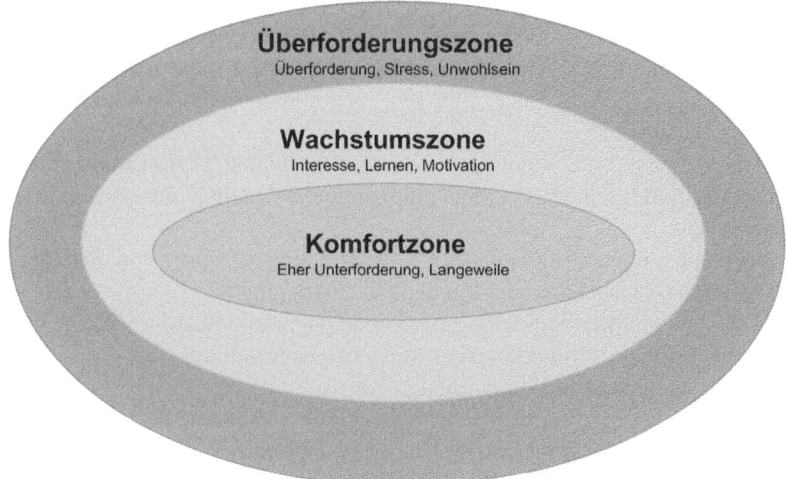

Abb. 5.2 Komfort-, Wachstums- und Überforderungszone. (Mod. nach Kriebs, 2019; mit freundlicher Genehmigung der Jungfermann Verlag GmbH)

Im Idealfall finden Sie im Gespräch die Balance zwischen Unter- und Überforderung und erkennen frühzeitig, wenn Sie in einen der beiden problematischen Bereiche gelangen. Durch gezieltes Nachfragen auch dazu erhalten Sie Antworten, ob Ihre Mitarbeitenden an dieser Stelle eher über- oder unterfordert sind. Das erlaubt Ihnen, Ihr Gesprächstempo und den Detailreichtum anzupassen.

Achten Sie auf Signale von Über- oder Unterforderung bei Ihren Mitarbeitenden und prüfen Sie, ob nicht nur Sie denken, dass genügend Ressourcen zur Bewältigung der Aufgabe vorhanden sind, sondern dass vor allem Ihre Mitarbeitenden der Ansicht sind, dass sie dank genügender Ressourcen die Anforderungen bewältigen können.

5.5   Selbstreflexion der Führungskraft im Bereich Bewältigbarkeit

Sie finden nun einige Fragen für Ihre Selbstreflexion im Bereich **Bewältigbarkeit.** Gehen Sie die folgenden Fragen einmal durch und kreuzen Sie an, wo Sie sich sicher sind, diese Frage mit Ja beantworten zu können.

Selbstreflexionsfragen Bewältigbarkeit

☐ Waren meine Mitarbeitenden von mir über- oder unterfordert oder konnte ich ihr Interesse am Gespräch aufrechterhalten?
☐ Konnten meine Mitarbeitenden mit mir ehrlich und offen über ihre Ressourcen sprechen?

☐ Wirkten meine Mitarbeitenden in dem Gespräch locker und entspannt?

☐ Haben meine Mitarbeitenden genügend umweltbezogene Ressourcen zur Verfügung wie Werkzeuge, Zeit etc. oder müssen wir als Unternehmen dort nachsteuern?

☐ Haben meine Mitarbeitenden die Fähigkeiten und Fertigkeiten, die es braucht, um in ihrer Position eine optimale Qualität der Produkte zu erzeugen?

☐ Brauchen meine Mitarbeitenden Unterstützung in Form von Schulung, Fortbildung, Coaching oder Persönlichkeitstraining?

☐ Haben meine Mitarbeitenden ausreichend physische Ressourcen?

☐ Können meine Mitarbeitenden die Aufgabenstellung z. B. mit ihrer körperlichen Konstitution optimal erledigen?

☐ Gibt es genug Möglichkeiten zur Regeneration, Erholung und zur Pause?

☐ Haben meine Mitarbeitenden (in ihren Pausen/bei Bedarf) sofortigen Zugang/keine weiten Wege zu Speisen und vor allem zu Getränken?

☐ Passen meine Mitarbeitenden mit ihren psychischen Ressourcen zu den Anforderungen, die die Aufgabe mit sich bringt?

☐ Trauen meine Mitarbeitenden sich die Aufgabe zu?

☐ Halten meine Mitarbeitenden die Aufgabe für bewältigbar?

☐ Stimmt das soziale Klima?

☐ Fühlen meine Mitarbeitenden sich in ihrem Team unterstützt in der Sache?

☐ Laufen die Prozesse zwischen den Abteilungen ohne Störung durch dysfunktionale Konflikte?

☐ Hatte ich das Gefühl, dass meine Mitarbeitenden das Gefühl haben, über genügend Ressourcen zu verfügen?

☐ Wo fehlt es an Ressourcen? Wo müssen Ressourcen geschaffen werden?

☐ Besteht ein passendes Verhältnis zwischen Anforderungen und Ressourcen?

Welche Bereiche sollten wir optimieren, um an dieser Stelle für mehr Bewältigbarkeit zu sorgen? (vgl. auch Kap. 8).

Übernehmen Sie wichtige Erkenntnisse aus dieser Selbstreflexion in Ihren Alltag.

Wenn Sie nach dem Gespräch nicht sicher sind, ob Ihre Mitarbeitenden über genügend Ressourcen in einem oder mehreren Teilbereichen verfügen, dann stellen (anonyme) Befragungen mittels Fragebogen eine Option dar, einen Eindruck von der Verfügbarkeit von Ressourcen zu erlangen.

Wichtig ist die Unterscheidung, ob

1. objektiv genügend Ressourcen für die Aufgabenbewältigung zur Verfügung stehen und
2. subjektiv Mitarbeitende das Gefühl/den Glauben haben, dass ihnen genügend Ressourcen zur Verfügung stehen.

Beide Bereiche müssen gegeben sein, damit Sie eine hohe Bewältigbarkeit erzielen.

Es reicht nicht, dass Sie objektiv den Eindruck haben, dass eine Aufgabe bewältigbar ist, z. B. weil Sie sie sich zutrauen oder weil Sie glauben, dass die Zeit reicht, sondern es muss auch in den Mitarbeitenden das Bild vorhanden sein, genügend Ressourcen zu haben, d. h., sie müssen sich die Aufgabe zutrauen (nicht Sie) und sie müssen das Gefühl haben, genügend Zeit zu haben.

Selbstverständlich ist die Haltung der Mitarbeitenden kein Maßstab, an den Sie sich langfristig halten müssen. Ihre Mitarbeitenden können lernen, sich Aufgaben zuzutrauen oder lernen, schneller zu arbeiten, ohne dabei in Überforderung zu geraten. Das Gefühl von Bewältigbarkeit wird sich allerdings erst einstellen, wenn er oder sie vollends überzeugt ist, genügend Ressourcen zur Verfügung zu haben. Bedenken Sie, dass Menschen, die über längere Zeit frustriert sind, zum Beispiel weil Ressourcen fehlen, um eine Aufgabe den Anforderungen entsprechen zu bearbeiten, wahrscheinlicher aus der Kooperation aussteigen. Wenn Mitarbeitende selbst glauben, nicht genügend Ressourcen zur Verfügung zu haben, dann werden Sie nicht um Abhilfe herumkommen. Diese Abhilfe kann durch verschiedene Strategien erfolgen:

Lösungsstrategien

1. Stärkung von Ressourcen z. B. durch:
   a. Schulung der Mitarbeitenden und dadurch Stärkung von Ressourcen
   b. Lenkung der Aufmerksamkeit der Mitarbeitenden auf schon vorhandene Ressourcen und dadurch Stärkung von Ressourcen
   c. Schaffen von Ressourcen in der Umwelt der Mitarbeitenden
2. Veränderung der Arbeitsbedingungen
   a. Optimierung der Passung zw. Aufgabenerfordernissen und Ressourcenverfügbarkeit
   b. Reduktion der Anforderung und dadurch Balance zw. Anforderungen und Ressourcen
3. Veränderung der Personalien
   a. Einsetzung einer Person, die genügend Ressourcen zur Bewältigung der Aufgabenerfordernisse hat

Um die Aufgabenerfüllung langfristig auf hohem Niveau zu sichern, ist eine optimale gefühlte Bewältigbarkeit aufseiten der Mitarbeitenden notwendig.

Fazit

Damit Mitarbeitende langfristig in Kooperation bleiben und keine Widerstände entstehen, ist es wichtig, dass sie ausreichend mit umweltbezogenen

Ressourcen, Fähigkeiten und Fertigkeiten, weiteren internalen physischen und psychischen Ressourcen sowie sozialen Ressourcen versorgt sind. Gemäß dem Motto: Man kann nur geben, was man selbst auch hat, ist die Hauptfrage an dieser Stelle: *Hat mein Gegenüber genügend Ressourcen, um zu tun, was es tun soll?* Wenn nicht genügend Ressourcen vorhanden sind, entweder umweltbezogene oder soziale Ressourcen oder Ressourcen, die Mitarbeitende mitbringen müssten, dann braucht es nicht verwundern, wenn Aufgaben nicht erwartungsgemäß oder auf höchstem erreichbarem Niveau ausgeführt werden. Hier stellt sich die Frage, ob die Ressourcen geschaffen werden können oder ob die Aufgaben-Personen-Passung nicht stimmt und hier nachjustiert werden muss. Dies geschieht durch Schulung, Aufgabenumverteilung oder Abzug der Person von der Aufgabe. Sobald eine Führungskraft sicher weiß, dass alle benötigten Ressourcen für die erfolgreiche Bewältigung einer Aufgabe vorhanden sind, kann sie sich dem nächsten Aspekt, der Sinnhaftigkeit, zuwenden, die im Folgekapitel dargestellt wird.

Literatur

Antonovsky, A. (1997). Salutogenese: Zur Entmystifizierung der Gesundheit. In A. Franke (Hrsg.), *Forum für Verhaltenstherapie und psychosoziale Praxis.* (Bd. 36). Dgvt-Verlag.

Bakker, A. B., & Demerouti, E. (2007). The job demands-resources model: State of the art. *Journal of Managerial Psychology, 22*(3), 309–328.

Bandura, A. (1977). Self-efficacy: Toward a unifying theory of behavioral change. *Psychological Review, 84*, 191–215.

Barney, J. B. (1991). Firm resources and sustained competitive advantage. *Journal of Management, 17*, 99–120.

Bengel, J., Strittmacher, R., & Willmann, H. (1998). *Was erhält Menschen gesund? Antonovskys Modell der Salutogenese – Diskussionsstand und Stellenwert.* Bundeszentrale für gesundheitliche Aufklärung.

Chermack, T. J., & Kasshanna, B. K. (2007). The use and misuse of SWOT analysis and implications for HRD professionals. *Human Resource Development International, 10*(4), 383–399.

Ducki, A. (2000). *Diagnose gesundheitsförderlicher Arbeit: Eine Gesamtstrategie zur betrieblichen Gesundheitsanalyse.* Vdf Hochschulverlag AG.

Kriebs, S. (2019). *Resilienz in der Schule. Wie Kinder stark werden.* Junfermann.

Lazarus, R. S. (1991). *Emotion and adaptation.* Oxford University Press.

Nestmann, F. (1996). Psychosoziale Beratung – ein ressourcentheoretischer Entwurf. *Verhaltenstherapie und psychosoziale Praxis, 28*(3), 359–376.

Peterson, C., & Bossio, L. M. (2001). Optimism and physical well-being. In E. C. Chang (Hrsg.), *Optimism & pessimism: Implications for theory, research, and practice* (S. 127–145). American Psychological Association.

Reisinger, S., Gattringer, R., & Strehl, F. (2013). *Strategisches Management – Grundlagen für Studium und Praxis.* Pearson.

Scheier, M. F., & Carver, C. S. (2003). Self-regulatory processes and responses to health threats: Effects of optimism on well-being. In J. Suls & K. A. Wallston (Hrsg.), *Social psychological foundations of health and illness* (S. 395–428). Blackwell.

Seligman, M. E. P. (2006). *Learned optimism. How to change your mind and your life.* Vintage.

Dimension Sinnhaftigkeit

Erlebt mein Gegenüber Sinn bei dem, was es tut?

Zusammenfassung

Um die Aufgabenerfüllung langfristig auf hohem Niveau zu sichern, ist eine von den Mitarbeitenden erlebbare Sinnhaftigkeit notwendig. Menschen können durch das Gefühl, dass etwas Sinn macht, eine hohe Leidenschaft und Arbeitsmotivation entwickeln. Wenn sie etwas antreibt, werden sie viel tiefere Kooperationen eingehen. Denken Sie beispielsweise an Helfer in Kriegsgebieten. Sie bringen sich selbst in Gefahr, nehmen Sanktionen und Strafen in Kauf, um anderen Menschen das Leben zu retten. Sie erkennen darin einen Sinn, der sie Repressalien oder persönliche Einschränkungen der eigenen Bedürfnisse in Kauf nehmen lässt. Immer dann, wenn Menschen der Sinn ihrer Tätigkeit klar ist und dieser mit den eigenen Werten übereinstimmt, entsteht Leidenschaft und ein besonderes Wachstum. Auch in Schwierigkeiten und Krisen sind solche Mitarbeitenden weiterhin verlässlich, kooperativ und einsatzbereit. Das Kapitel zeigt, wie Sinnhaftigkeit im Unternehmen durch geeignete Führung gesteigert werden kann.

6.1 Die Dimension Sinnhaftigkeit

Im Modell der **Salutogenese** (Antonovsky, 1997) umfasst der zentrale Aspekt, das Kohärenzgefühl (vgl. Kap. 1), nicht nur die Verstehbarkeit und Bewältigbarkeit, sondern auch die Sinnhaftigkeit.

Nachdem wir uns die Verstehbarkeit (Kap. 4) und die Bewältigbarkeit (Kap. 5) im Arbeitsleben und im Erleben für Mitarbeitende genauer angesehen haben, wenden wir uns nun der Sinnhaftigkeit zu. Sie kann in philosophischer Betrachtungsweise als der wichtigste Aspekt dieses Buches angesehen werden, da die Frage nach dem Sinn des Lebens wohl die existenziellste Frage ist, die wir Menschen für uns klären müssen.

Die Frage nach dem Sinn des Lebens umfasst selbstverständlich auch die Arbeitswelt, als Teil des Lebens, mindestens wenn wir quantitativ die Lebensstunden ermitteln und feststellen, dass ein großer Teil unserer Lebenszeit mit Arbeit gefüllt ist.

Viktor Frankl, Neurologe und Psychiater, Überlebender mehrerer Konzentrationslager, begründete die Logotherapie und Existenzanalyse und trug so wesentlich zur Reflexion des Themas Sinnhaftigkeit bei. Die Sinnsuche spiegelt sich für Frankl (1987) in der permanenten Frage nach dem „Warum?".

Frankl (1987) betonte, dass es ein spezifisches Anliegen des menschlichen Geistes ist, nach Sinn zu fragen, den Sinn zu hinterfragen und sich nicht mit vorgefertigten Sinnantworten zu begnügen.

▶   **Sinnhaftigkeit** ist beschrieben als Zustand, in dem Anforderungen Herausforderungen sind, für die sich Anstrengung und Engagement lohnen. Es gibt Ziele im Leben und Aufgaben, für die es sich lohnt, sich zu engagieren und die eigene Energie und Zeit zu investieren. Menschen haben demnach das Verlangen, das Leben zu verstehen und nach eigenen Werten gestalten zu können. Aus diesen Werten heraus ergibt sich die Sinnhaftigkeit.

Frankls (1987) „Sinnlehre gegen die Sinnleere" inspiriert seither, sich mit dem Thema Sinn auseinanderzusetzen und die Ansätze auch in die Unternehmenswelt zu übertragen. So steht nach Frankls (1987) Auffassung innerhalb der Logotherapie die Bewusstmachung und Stärkung des Geistigen im Fokus, welche den Menschen befähigen soll, die individuellen Sinnmöglichkeiten, die in jeder Situation verborgen sind, aufzuspüren und für sich selbst, aber auch die Umwelt zur Geltung zu bringen.

Dieser Ansatz ist auch im Unternehmenskontext vielversprechend, wenn wir uns angelehnt an die sinnorientierte Führung (vgl. Pircher-Friedrich, 2019) von der Typologisierung der Führungslehre und der Reduktion durch die betriebswirtschaftlichen Menschenbilder lösen und uns eine breitere, eine holistische Betrachtung erlauben.

Auch Brohm (2017) beschreibt Sinnerleben als eine grundlegende Sehnsucht des Menschen und sagt, dass Handlung erst entstehe, wenn die Handlung sinnvoll erscheine, also passend zu den eigenen Werten wahrgenommen werde, und fasst in ihrem „essential" über Werte, Sinn und Tugenden dabei treffend zusammen: *„Wissen wir, warum wir etwas tun, tun wir es tendenziell früher und besser, denn Sinnerleben steigert die Leistungsfähigkeit. Und die Lebensfreude."*

Genauso verhält es sich mit dem weitverbreiteten Zitat von Antoine de Saint-Exupéry (1948): *„Wenn Du ein Schiff bauen willst, dann trommle nicht Männer zusammen, um Holz zu beschaffen, Aufgaben zu vergeben und die Arbeit einzuteilen, sondern lehre sie die Sehnsucht nach dem weiten, endlosen Meer."*

Sehnsucht, wie hier benannt, ist dabei ein starkes Verlangen nach etwas, anders ausgedrückt ein ungelebter Wert. Die Sehnsucht ist das Motiv, einen Wert ins aktive Erleben zu bringen. Sie gibt Menschen Antrieb, Motivation und Zuversicht, sich für ein Ziel einzusetzen.

Durch die Zielsetzung, ein Schiff zu bauen, verwandelt sich die bisherige Sehnsucht nach dem Meer in ein erlebbares Ereignis, nämlich, tatsächlich auf das Meer zu fahren. Mitarbeitende, die in ihren Tun einen Sinn sehen, müssen nicht mehr motiviert und deutlich weniger angeleitet werden. Sie streben selbst nach der Erreichung ihrer Ziele.

▶   Im Unternehmenskontext besteht die Aufgabe, den Mitarbeitenden einen Zugang zum Sinnerleben zu ermöglichen und gleichzeitig sicherzustellen, dass Sinnhaftigkeit überhaupt erlebbar ist. Das Streben nach Sinn geht dabei mit einer hohen Selbstverantwortung einher und unterstützt so die aktive, lösungsorientierte Arbeitsweise der Mitarbeitenden und fördert ihre intrinsische Motivation sowie eine hohe Kooperationsbereitschaft.

Dabei ist es wichtig, zu verstehen, dass Führungskräfte ihren Mitarbeitenden keinen Sinn geben können. Die Mitarbeitenden geben ihrer Arbeit, ihrem Leben selbst Sinn. Durch die Führungskräfte können aber Sinnhaftigkeitsangebote gemacht werden, die immer auch ein Angebot zur Übernahme bestimmter Werte sind, da sie bestimmte Handlungen oder Ziele in einer bestimmten Weltsicht mit Sinn verknüpfen. Führungskräfte können Mitarbeitende also einladen, sich mit ihrem eigenen Erleben von Sinn zu befassen („Warum tue ich diese Arbeit auf diese Art und Weise überhaupt?"), und ihnen Möglichkeiten zur Reflexion geben.
  Viele Werte werden in unserer Kultur automatisch geteilt und damit als gemeinsame Werte verstanden, z. B. Hilfsbereitschaft im medizinischen Sektor. Es ist als Führungskraft dennoch wichtig, zu verinnerlichen, dass andere Menschen, die eigenen Mitarbeitenden, möglicherweise Werte nicht teilen, die die Führungskraft als völlig selbstverständliche gemeinsame Werte ansieht. Auch hier empfiehlt sich also der Blick mit der Lupe auf die Mitarbeitenden (vgl. auch Kap. 8). Für Geschäftsführungen und Vorstände von Unternehmen heißt dies konkret, dass sie eine bestimmte Weltsicht innerhalb der Unternehmenskultur definieren, die dem Unternehmensziel Sinn verleiht. Die Mitarbeitenden müssten dann so ausgewählt werden, dass sie diese Weltsicht weitestgehend konform erleben oder in ihrer eigenen Weltsicht und ihren eigenen Werten das Unternehmensziel als sinnvoll erachten und damit eigene Sinnhaftigkeit erfahren können.
  Mittelfristig wird es schwierig bis unmöglich sein, dass Mitarbeitende Sinnhaftigkeit in ihrer Arbeit erleben, wenn sie die Weltsicht und die damit verbundenen Werte des Unternehmens nicht teilen. Dies wird sich nicht nur auf die Motivation der Einzelnen auswirken, sondern auch auf das soziale Gefüge in einem Unternehmen oder einer Abteilung.

Eine Vision gibt Orientierung und verschafft Menschen ein Gefühl von Sinn
Die Unternehmensstrategie (oft auch *Corporate Strategy*) zeigt Mittel und Wege auf, die langfristigen Ziele eines Unternehmens zu erreichen. Eine Vision dient hier als Orientierung und beantwortet den Mitarbeitenden die, philosophisch gesehen existenzielle, Frage nach dem Warum. Warum machen wir das hier? Wozu ist meine Arbeit gut? Weswegen lohnt sich mein Einsatz?

Seliger (2014, S. 79) sagt, die Sinnfrage bedeute in Unternehmen, den Nutzen, Zweck und die Bedeutung des Tuns herauszustellen, um sie den Mitarbeitenden vermitteln zu können und zur Identifizierung mit dem Unternehmen beizutragen.

Alfried Längle (2011) beschreibt in seinem Buch „*Sinnvoll leben*" eine treffende Geschichte zum Thema Vision, die hier wiedergegeben werden soll.

„*In der Zeit, als in Chartres die Kathedrale gebaut wurde, kam ein Wanderer des Weges und sah einen Mann am Straßenrand sitzen und einen Stein behauen. Er blieb stehen, schaute ihm eine Weile zu und fragte ihn dann, was er da mache? – ‚Siehst du es nicht? Ich behaue Steine!' – Verständnislos ging der Mann weiter. Da stieß er nach einer Weile wieder auf einen Mann, der dasselbe tat. Auch ihn fragte er, was er da mache. – ‚Ich mache Ecksteine'.– Verwundert setzte er seinen Weg fort. Als er nach einigen Schritten erneut auf einen Mann traf, der auch im Staube saß und so wie die anderen Steine behaute, fragte er achselzuckend: ‚Machst du vielleicht auch Ecksteine?' – Da blickte der Mann auf, wischte sich den Schweiß von der Stirne und sagte: ‚Ich baue an einer Kathedrale'. (Quelle unbekannt). "*

Diese kurze Geschichte bleibt Ihnen vielleicht für Ihre nächsten Gespräche mit Mitarbeitenden oder auch Kooperationspartner*innen und Geldgebenden im Kopf.

Wie wirkt „Wir bearbeiten in unserem Unternehmen Steine" vs. „Wir bauen die schönsten Kathedralen, die über Jahrtausende Bestand haben werden"?

Es geht aber nicht nur darum, dass Sie als Führungskraft oder als Führungsriege, dass Partner*innen oder Kunden*innen den Sinn im Tun des Unternehmens erkennen. Es geht vor allem auch um die Frage: Erkennen Ihre Mitarbeitenden den größeren Sinn an ihrer eigenen Arbeit? Erleben sie diesen Sinn? Ist er spürbar? Treibt er die Mitarbeitenden an? Haben Sie eine Vision als Unternehmen, die jedem Mitarbeitenden bekannt ist? Ist diese Vision erlebbar durch eine alltagsnahe Mission für die Mitarbeitenden?

Visionen kommunizieren
Ihre Vision sollte möglichst kurz kommunizierbar beschreiben:

- was Sie tun,
- warum Sie es tun,
- für wen Sie es tun.

Dem Warum kommt hier die zentrale Bedeutung zu. Das Warum enthält die Frage nach dem Sinn und nach den übergeordneten Werten.

Diese sich aus der Vision ergebenden Werte sollten dann umgesetzt werden in ein für die Mitarbeitenden erlebbares und von außen beobachtbares Verhalten der verschiedenen Akteure. Die Mitarbeitenden müssen die Vision nicht nur kennen, sondern sie praxisnah umsetzen können, indem klar ist, welche Ziele erreicht werden sollen, wie sie vorgehen sollen (Verstehbarkeit, vgl. Kap. 4) und die Mitarbeitenden brauchen die nötigen Ressourcen dafür (Bewältigbarkeit, vgl. Kap. 5). Im Kap. 8 erläutern wir Ihnen, woran im Sinne eines Kulturwandels zu denken ist, um übergeordnete Werte in alltägliches Handeln zu übertragen.

Beispiel: Vision und Mission eines erfolgreichen Möbelhauses

Als Beispiel für Sinnhaftigkeit soll hier die Unternehmensvision von IKEA dienen. Diese lautet: Unsere Vision ist es, den vielen Menschen einen besseren Alltag zu schaffen. Diese Vision ist das große Ziel, welches aber im Alltag der Mitarbeitenden kaum praxisnah umsetzbar ist. Verstehbarkeit und Bewältigbarkeit der Vision müssen zunächst geprüft und dann vermittelt werden. IKEA präzisiert diese Vision in einer Geschäftsidee (Mission) wie folgt: *„Wir wollen ein breites Sortiment formschöner und funktionsgerechter Einrichtungsgegenstände zu Preisen anbieten, die so günstig sind, dass möglichst viele Menschen sie sich leisten können."* (https://www.ikea.com/de/de/this-is-ikea/about-us/vision-geschaeftsidee-ikea-pub9cd02291. Zugegriffen: 01.08.2021.) ◄

Aus dieser Geschäftsidee lassen sich nun Werte ableiten, die den Mitarbeitenden Orientierung geben können. Wichtig im Zusammenhang mit der Sinnhaftigkeit ist es, dass die Werte der Organisation eine möglichst hohe Übereinstimmung mit den Werten der Mitarbeitenden haben, dass also gemeinsam geteilte Werte entstehen oder bereits vorhanden sind. Dies lässt sich erreichen, indem die Werte alltagsnah und wiederholend vermittelt werden und von den Werten ein Bezug zur realen Lebenswelt der Mitarbeitenden hergestellt wird (vgl. Kap. 8).

Transformationale Führung

> Ein zentrales Führungsinstrument im Zusammenhang mit Sinnhaftigkeit ist das Konzept der transformationalen Führung, welches darauf abzielt, den Mitarbeitenden Sinn zu vermitteln und dadurch ihre Einstellung zur Arbeit zu transformieren (für einen Überblick vgl. Nerdinger, 2019).

Die transformationale Führung setzt somit an den Haltungen, Werten, Zielen, Einstellungen (Nerdinger, 2019) und Bedürfnissen der Mitarbeitenden an und versucht, sie dauerhaft zu wandeln.

Dabei haben Bass und Avolio (1990), die den Begriff der transformationalen Führung prägten, vier Kategorien beschrieben, zu denen sich Verhaltensweisen einer transformationalen Führungskraft zuordnen lassen:

1. Idealized influence (**Vorbildfunktion**): Die Führungskraft wird authentisch mit einer besonderen Ausstrahlungskraft wahrgenommen vgl. Kap. 8 und 10. Sie wirkt integer und vertrauens- sowie glaubwürdig. Durch das Vorleben und Vermitteln von Werten und Idealen strahlt sie Klarheit aus (vgl. Kap. 4, Verstehbarkeit) und ist ein bewundertes Vorbild.

2. Inspirational motivation (**Inspirierende Motivation der Mitarbeitenden**): Die Führungskraft kann die intrinsische Motivation (vgl. Kap. 5, Bewältigbarkeit) der Mitarbeitenden durch die inspirierende Vermittlung von Visionen steigern. Die Mitarbeitenden erkennen, wofür es sich lohnt, Kraft, Zeit und Energie zu verwenden, sie erleben Sinn in der Arbeit.
Die ersten beiden Kategorien setzen Charisma bei der Führungskraft voraus.

3. Intellectual stimulation (**Intellektuelle Anregung**): Die Führungskraft regt die Mitarbeitenden durch neue Ideen und Denkweisen an und schafft es, die kreativen und innovativen Fähigkeiten ihrer Mitarbeitenden zu fördern, sodass diese sich positiv herausgefordert fühlen, Prozesse im Unternehmen zu hinter-fragen und zu optimieren.

4. Individualized consideration (**Individuelle Unterstützung**): Die Führungskraft geht gezielt auf die Bedürfnisse, Fähigkeiten und Stärken der Mitarbeitenden ein (vgl. Kap. 3, Wertschätzung). Sie ist dabei in der Lage, die individuellen Bedürfnisse der Mitarbeitenden zu erkennen, Motive zu entdecken und Ressourcen, wie Selbstvertrauen, zu entwickeln. Bass beschreibt die Führungs-kraft hier als *„consultant, coach, teacher and mother figure"* (Bass, 1985).

Auch wenn es vereinzelt Kritik an der wissenschaftlichen Operationalisierbar-keit des Modells der transformationalen Führung gibt (vgl. z. B. Van Knippenberg & Sitkin, 2013), so dient das Konzept in der Personalführung als wichtige Orientierung. Nerdinger (2019) stellt mehrere positive Untersuchungsergebnisse zur transformationalen Führung dar und kommt zu dem Schluss: *„Wie die Unter-suchungen transformationalen Führungsverhaltens belegen, hat dieses – vermittelt über die emotionalen Wirkungen – wesentlichen Einfluss auf den Führungserfolg* (Nerdinger, 2019, S. 105). "

Nerdinger (2019) begründet den Erfolg in der transformationalen Führung, der beispielsweise bei Kundenkontaktmitarbeitenden besonders große Bedeutung hat, insbesondere durch Führungstechniken, durch die Emotionen der Mitarbeitenden beeinflusst werden können. So werden durch die Techniken Ressourcen aktiviert (vgl. Kap. 5, Bewältigbarkeit) und es stellen sich positive Gedanken und Emotionen ein (vgl. auch Kap. 7, Wohlbefinden). Menschen, die ein Vorbild haben (vgl. dazu die Identitätsstiftende Funktion, Weibler, 2016) erleben während ihrer Arbeit Orientierung und Sinn. Sie erleben überdies Wertschätzung, wenn das Vorbild ihre Bedürfnisse erkennt und darauf eingeht. Transformationale Führung scheint in der Lage, positive Spiralen in Gang zu setzen (vgl. Kap. 7). Diese positive Spirale, der Aufbau von Ressourcen und die Stärkung von Selbstwirksam-keit verleihen Mitarbeitenden wiederum neuen Sinn in ihrer Arbeit. Die Arbeit und das Miteinander fühlen sich gut und sinnvoll an. Dabei ist zu bedenken, dass sich Sinnhaftigkeit und Selbstwirksamkeit bedingen. Jemand, der hohe Werte in der Selbstwirksamkeit hat („Ich glaube, ich kann Dinge bewirken"), wird leichter Sinn erleben. Andersherum schafft Sinn („Ich baue eine Kathedrale") gleichsam Selbst-wirksamkeit („Ich kann durch mein Tun etwas Großes bewirken"). Wer verbunden mit positiven Emotionen Sinn in einer Aufgabe erlebt und ein Ziel erreichen will, der ist dafür eher bereit, auch zu kooperieren.

Im sich wandelnden gesellschaftlichen und wirtschaftlichen Umfeld, wo neues Denken, Eigenverantwortung, dezentralisierte Entscheidungen, Offenheit für Veränderung und Innovation entscheidende Erfolgsfaktoren sind, ist die transformationale Führung ein wichtiger Ansatzpunkt, um genau die Kernkompetenzen zu fördern, die Mitarbeitende haben müssen, um das Unternehmen erfolgreich zu machen oder zu erhalten.

Die Fokussierung auf den Sinn schützt Führungskräfte davor, eine zu starke Abhängigkeit durch überhöhtes Commitment zwischen sich und den Mitarbeitenden entstehen zu lassen, die bei manchen Autoren als Kritik an der transformationalen Führung aufgeführt werden kann. Wer für sich selbst einen Sinn in der Zielerreichung erlebt, der ist in Teilen vor dysfunktionaler Abhängigkeit geschützt. Er arbeitet nicht für die Anerkennung durch die Führungskraft, sondern um selbst Sinn zu erfahren bei der Zielerreichung.

Wenn es transformational führenden Führungskräften gelingen soll, ihre Mitarbeitenden selbstständiger zu machen und sie zu motivieren, herausfordernde Ziele anzunehmen, ist dafür eine offene, authentische und selbstreflektierte Führungskraft vonnöten. Gleichzeitig bedarf es einer klaren und offenen Kommunikation, die ein wertschätzendes Feedbacksystem als Basis hat (vgl. Kap. 8).

In der täglichen Praxis ist die transformationale Führung deswegen eine große Herausforderung an die Fähigkeiten der Führungskraft. Sie muss offenen Austausch fördern und aushalten, Meinungen und Bedürfnisse zusammenbringen, moderieren, Transparenz schaffen, unterschiedliche Bedürfnisse vereinen und dabei die Unternehmensziele im Blick behalten. Die Führungskraft muss deshalb gute Fähigkeiten in der Selbstreflexion, im Selbstmanagement und im Coaching aufweisen, um authentisch und offen führen zu können. Klare Ziele, hohe Erwartungen an die Mitarbeitenden und der Blick auf die Vision ermöglichen es, transformational in allen vier Bereichen (Vorbildfunktion, inspirierende Motivation der Mitarbeitenden, intellektuelle Anregung und individuelle Unterstützung) zu führen. Der wichtige Kern der transformationalen Führung, zumindest was das WVBSW-Modell angeht, sind die Vision, die dadurch gemeinsam geteilten Werte und das daraus resultierende Verhalten. Sie vermitteln den Mitarbeitenden Sinnhaftigkeit.

Fazit

Sinnhaftigkeit ist ein zentraler Bestandteil für Kooperation und lässt sich durch Visionen, gemeinsame Werte und transformationales Führungshandeln im Unternehmen stärken. Wichtig ist es, dass nicht nur Vorgesetzte einen Sinn in Aufgaben sehen, sondern den übergeordneten Unternehmenssinn in die verschiedenen Teilbereiche und Teilaufgaben transferieren und hier den Sinn für Mitarbeitende erlebbar und spürbar machen. Mitarbeitende müssen einen eigenen Sinnbezug zu ihrer Arbeit herstellen, um Sinnhaftigkeit erleben zu können. Dazu können Führungskräfte konkrete Angebote auf allen Kommunikationskanälen machen, um Sinnerleben und damit auch Kooperation zu fördern.

6.2   Sinnhaftigkeit im WVBSW-Modell

Sinnhaftigkeit als eine der drei Komponenten des Kohärenzgefühls meint bei Antonovsky (1997) die Überzeugung, dass das Leben Sinn macht. Sie kann als Motivation oder Ansporn gedeutet werden, sich Problemen zu stellen, Schwierigkeiten in Angriff zu nehmen und zu bewältigen, einen Sinn darin zu sehen und aus dieser Erfahrung zu lernen. Wieder ist es wichtig, zu verstehen, dass das Erleben von Sinn von Mensch zu Mensch unterschiedlich ist.

Beispiel: Unterschiedliche Sinnesbezüge

Für manche Mitarbeitende kann es sinnvoll sein, sich in einem Unternehmen einzubringen, welches den Klimaschutz fördert, um Ressourcen für Folgegenerationen zu erhalten. Für andere Mitarbeitende kann der Fokus auf ihrer Individualität und ihrer Freiheit liegen und sie erleben Sinnhaftigkeit bei ihrer Arbeit z. B. in Entscheidungsprozessen oder der Nutzung flexibler Arbeitszeitmodelle oder der Vereinbarkeit von Familienzeit und Arbeitszeit. Wieder andere Menschen erleben ihre Sinnhaftigkeit im Kontext privater Umstände, zum Beispiel wenn sie von Krankheit betroffen sind oder in der Familie Pflegebedürftigkeit vorliegt. Die Arbeit spielt für das eigene Sinnerleben dann eine untergeordnete Rolle. ◄

Profitstreben eines Unternehmens (und die häufig damit verbundene Vision: Wir wollen wachsen, wir wollen der Größte/Beste sein) kann dem individuellen Sinnstreben sogar entgegenwirken und damit zu Widerständen und Motivationsverlusten führen.

Der übergeordnete Sinn des Lebens (Warum bin ich auf der Welt?) lässt sich in kleinere Aspekte unterteilen, die dann auch die Arbeit (Lohnt sich mein Einsatz hier überhaupt?) individuell bewerten lassen. So kann es sein, dass Teilaspekte des Arbeitsauftrages als weniger sinnvoll erlebt werden, andere wiederum als sinnstiftend bewertet werden.

Wichtige Bestandteile der Sinnhaftigkeit

- Arbeit als Wirksamkeit (wirksam sein) verstehen
- Sich einzubringen, zu einem größeren Ganzen dazuzugehören
- Die eigenen Werte in der Arbeit leben zu können
- Etwas schaffen zu können/Ergebnisse zu erzielen

- Das tun, was die eigene Persönlichkeit, die eigenen Stärken unterstreicht
- Der Welt etwas bringen. Nützlich sein für die Welt

Wenn der Sinn fehlt, Werte nicht gelebt werden können, führt dies aus organisationaler Perspektive in eine Kultur der passiven Ja-Sagenden. So kann keine Kultur aktiver, motivierter, wohlbefindlicher Mitgestaltender entstehen, die gemeinsam etwas Bleibendes schaffen wollen (vgl. Brohm, 2017).

Zunächst ist also zu prüfen, ob Sinnhaftigkeit, in ihren sehr verschiedenen Facetten, bei den Mitarbeitenden gegeben ist. Bevor Führungskräfte dies auf der Ebene der Mitarbeitenden überprüfen, lohnt sich eine Selbstreflexion (vgl. Kap. 10). Kann ich als Führungskraft den großen Sinn sowie den Sinn im täglichen Tun für mich sehen? Die individuelle Beantwortung und möglicherweise Nachsteuerung des eigenen Sinnerlebens ist wichtig, um als Führungskraft authentisch (im Sinne der transformationalen Führung) voranzugehen, vgl. auch Kap. 8.

In der Folge können verschiedene Aspekte der Sinnhaftigkeit unter die Lupe genommen werden. Nach Brohm (2017) kann Sinnhaftigkeit nur vom Individuum selbst ermittelt werden. Das Unternehmen hat aber Möglichkeiten, das Finden des Sinnes zu unterstützen. Brohm (2017) schlägt dazu drei Maßnahmen vor:

1. Die Organisation definiert ihren basalen und ihren globalen Sinn. Der basale Sinn beschreibt dabei die Kernaufgabe des Unternehmens, zum Beispiel Produkte oder Dienstleistungen zu erzeugen. Der globale Sinn dient der Entwicklung der Gesellschaft und orientiert sich an ethischen Fragen und der gesellschaftlichen Verantwortung des Unternehmens.
2. Die Organisation macht den Beitrag der Einzelnen zum basalen und globalen Sinn der Organisation transparent.
3. Die Organisation intendiert eine Passung zwischen organisationalem Sinn, also dem Sinn, den das Unternehmen für sich definiert, und individuellem Sinn, also dem Sinn, den Einzelne für sich definieren (vgl. Brohm, 2017, S. 37).

Die folgenden Beispiele sollen bei dem großen Thema Sinn nur als Ideen oder Einordnung dienen. Andere Sinnbereiche sind je nach Unternehmen und Mitarbeitenden sicherlich vorhanden.

6.2.1 Globaler und basaler Sinn

Beispiel

Beispiel 1:
Eine Mitarbeiterin soll neue T-Shirts besonders anbieten. Sie findet, dass die neuen T-Shirts nicht anders sind als die schon im Sortiment vorhandenen T-Shirts, und ist deswegen nicht gewillt, sich besonders einzusetzen.

Beispiel 2:
Ein Verkäufer soll das regionale, aber sehr viel teurere Fleisch bevorzugt seinen
Kund*innen anbieten. Er findet, Fleisch ist Fleisch und setzt die Anweisung
nicht um. ◄

Dafür ist Sorge zu tragen
Die Mitarbeitenden erkennen den basalen Sinn ihrer Arbeit und können einen
Bezug zum globalen Sinn herstellen.
   Die Führungskraft stellt Bezüge der basalen und globalen Sinnhaftigkeit dar.
Sie zeigt auf, warum es sich (gesehen aufs große Ganze) lohnt, sich an der ent-
sprechenden Stelle einzubringen.

Praxishinweis Um Mitarbeitenden einen tieferen Sinn ihrer zunächst basalen
Aufgabe darzulegen, empfiehlt es sich, die Sinnzusammenhänge erlebbar zu
machen.
   Die Führungskraft kann zum Beispiel einen Film darüber zeigen, wie die
neuen T-Shirts in einer Frauenkooperative hergestellt werden. Diese dient der
Reduktion der ökonomischen Benachteiligung afrikanischer Frauen, indem sie
eine langfristige Einkommensquelle bietet und durch die Einkommen die Lebens-
bedingungen verbessert und neue Arbeitsmöglichkeiten geschaffen werden
können.
   Die Führungskraft kann in Bezug auf das zweite Beispiel die Mitarbeitenden
zu einer Besichtigung des regionalen Betriebs einladen. Hier können die Mitarbeitenden sich selbst davon überzeugen, dass die Tiere in der dortigen
Haltungsform ein besseres Leben haben und es sinnvoll ist, diese Form der
Fleischproduktion zu fördern.

6.2.2 Transparenz zwischen Beitrag des Einzelnen und Sinn der Organisation

Beispiel

Beispiel 1:
Ein Mitarbeiter wird spontan in der Wochenendschicht eingesetzt. Er ärgert
sich, weil es entgegen der eigentlichen Absprache war.

Beispiel 2:
Ein Fertiger stellt Teile einer Prothese her. Die Aufgabe ist monoton. Er stellt
nur einen Teil der komplexen Gerätschaft her. ◄

Dafür ist Sorge zu tragen
Die Mitarbeitenden erkennen den Beitrag, den sie für die Gesamtorganisation
und die Kund*innen leisten.

Die Führungskraft stellt Bezüge zwischen der Einzelarbeitsleitung und den Erfolgen des Unternehmens her.

Praxishinweis Die Führungskraft kann der Vertretung im ersten Beispiel ausführlich erklären, warum der spontane Wechsel nötig war. Beispielsweise kann die spontan ausgefallene Kollegin verhindert gewesen sein, weil sie zur Schulaufführung ihres Kindes gehen wollte, die kurzfristig verschoben wurde. Die Führungskraft kann anregen, der Vertretung einen kurzen Dankesbrief zu schreiben und dort davon zu berichten, wie es sich angefühlt hat, das eigene Kind auf der Bühne gesehen zu haben. Die Führungskraft kann der Vertretung zusichern, dass auch sie die Möglichkeit haben wird, in solchen Fällen die Arbeitsschicht kurzfristig zu tauschen. Die Vertretung, wie auch die andere Kollegin, werden so ein klares Bild davon bekommen, wie die eigene Tätigkeit die Abteilung, die Kolleg*innen und die Gemeinschaft unterstützt.

Die Führungskraft kann im zweiten Beispiel Menschen einladen, die dank der Prothesen der Firma, von denen der Fertiger nur einen kleinen Teil erschaffen hat, wieder unbeschwert gehen können. Der Fertiger bekommt dadurch ein Bild davon, wie seine Einzelarbeit den Kund*innen im Zusammenhang mit dem Gesamtunternehmen nützt und wie glücklich diese Menschen über seine Arbeit sind. Die Mitarbeitenden erkennen, dass ihr kleiner Anteil einen wichtigen Beitrag leistet, ohne den das Gesamtergebnis nicht erzielt werden könnte. Die Botschaft ist: Was du tust, ist für uns alle wichtig. Du bist ein wichtiger Teil unseres Unternehmens.

6.2.3 Passung zwischen organisationaler und individueller Sinnhaftigkeit

Beispiel

Beispiel 1:
Eine Mitarbeiterin setzt sich seit Langem für Klimaschutz ein. Sie bemüht sich, ressourcenschonend mit den Materialen des Unternehmens umzugehen, erfährt aber bisher wenig Zuspruch unter den Kolleg*innen.

Beispiel 2:
Ein Lehrer an einer Schule hat für viele Kinder ein offenes Ohr und wird dafür manchmal belächelt, weil er sich viel Zeit für die Nöte der Schüler*innen nimmt. ◄

Dafür ist Sorge zu tragen
Die Mitarbeitenden können ihre Werte und Einstellungen im Unternehmen leben.

Die Führungskraft erkennt die Werte der Mitarbeitenden und prüft, sofern sie mit den Werten des Unternehmens im Einklang stehen, wie diese Mitarbeitenden die Werte noch besser leben können.

Praxishinweis Sicherlich ist es besonders an dieser Stelle wichtig, darauf hinzu-weisen, dass Unternehmen im Vorteil sind, die bereits bei der Auswahl ihrer Mit-arbeitenden auf eine gute Passung zwischen unternehmerischen und individuellen Werten achten.

Die obigen Beispiele stellen nur zwei Werte, nämlich Klimaschutz und Hilfs-bereitschaft, dar. Selbstverständlich gibt es viele weitere Werte, die Mitarbeitende mitbringen und die vom Unternehmen so aufgegriffen werden können, dass sie sowohl den Mitarbeitenden als auch dem Unternehmen mehr Energie geben. Häufig ist es an dieser Stelle von Bedeutung, Werte zu erkennen und zusammenzu-bringen. Mitarbeitende können dann so eingesetzt werden, dass das Erleben ihrer eigenen Sinnhaftigkeit dem Unternehmen insgesamt nützt.

Dazu ist es insgesamt wichtig, eine individuelle Analyse der Ressourcen und Werte der Mitarbeitenden anzugehen, um die Mitarbeitenden dann bestmöglich einzusetzen.

Die Mitarbeiterin, die sich für Klimaschutz engagiert, kann die abteilungsüber-greifende Aufgabe bekommen, die Klimaschutzmaßnahmen des Unternehmens öffentlich wirksam zusammenzutragen und darzustellen. Sie kann darüber hinaus die Aufgabe bekommen, Kolleg*innen zu mehr Ressourcenschonung (und damit für das Unternehmen auch Kostenminimierung) anzuleiten. Der Lehrer im zweiten Beispiel kann als Beratungslehrer an der Schule eingesetzt werden und somit eine Honorierung für sein Tun erhalten und gleichzeitig in der Außenwirkung die Schule durch das Angebot bereichern.

Exkurs: Storytelling

Um Sinnhaftigkeit (und damit die dahinterstehenden Werte und die Welt-sicht des Unternehmens) so zu vermitteln, dass sie emotionale Wirkung beim Zuhörer entfaltet, eignet sich insbesondere das Storytelling. Wer Sinn emotional vermitteln will, muss in der Lage sein, gute Geschichten zu erzählen, die unter die Haut gehen, Gefühle auslösen, im Gedächtnis bleiben und damit eine bestimmte Sicht auf die Welt geben.

Gute Unternehmer*innen sind meist auch gute Geschichtenerzähler*innen, was Sie erkennen, wenn Sie die Bücher oder Beiträge dieser lesen.

Geschichten werden deutlich besser verstanden und behalten als abstrakte Informationen (Bittelmeyer, 2004). Sie stiften ein Gefühl von Zugehörig-keit und vermitteln Sinn aus der Geschichte heraus. Sie zeigen auf eindrück-liche Weise auf, wofür ein Unternehmen steht und sind nahbar. Aus diesem Grunde wird das Storytelling als Managementmethode in Unternehmen und bei Beratenden immer beliebter. So gewann beispielsweise der Kurzfilm „Der Upstalsboom Weg" (verfügbar bei Youtube) mehrere Preise. Der Film zeigt den Kulturwandel der Hotelkette. Dazu bedient sich das Storytelling der persönlichen Geschichten ihrer Helden, wie im Film der Hotelkette, in dem der Geschäftsführer Bodo Janssen von seinem persönlichen Weg der Ver-änderung berichtet und dabei durch das Zugeben von Schwäche und Problemen

Nahbarkeit erzeugt. Gleichzeitig verrät die Geschichte, wie die Probleme behoben wurden und wie viele Benefits dadurch verbucht werden konnten. Der Weg, den die Hotelkette mit ihrem Unternehmensziel verfolgt, wird in dem Video intensiv mit Sinnhaftigkeit verknüpft. ◄

Fazit

Um die **Sinnhaftigkeit sicherzustellen und zu erhöhen,** ist es wichtig, Visionen vorzugeben und durch praktische Anwendung (vgl. Kap. 8) in den Alltag zu überführen. Dazu eignet sich das Konzept der transformationalen Führung genauso wie das Storytelling.

Die transformationale Führung setzt hohe Ansprüche an die Führungspersönlichkeit, die allerdings durch Selbstreflexion, Anleitung und Coaching zu erreichen sind.

Eine weitere Möglichkeit, Sinnhaftigkeit zu erhöhen, ist die Passung zwischen den Werten der Organisation und den Werten der Mitarbeitenden zu erhöhen. Dies kann durch eine gute Personalauswahl oder gezieltes Führungsverhalten erfolgen.

6.3   Fragenauswahl Dimension Sinnhaftigkeit

Erlebt mein Gegenüber Sinn bei dem, was es tut? Mit dieser Eingangsfrage begann dieses Buchkapitel. Unterstützende Fragen, um das Vorliegen von Sinnhaftigkeit bei den Mitarbeitenden zu analysieren, sollen Ihnen eine Hilfestellung geben. Sie finden die Beispielfragen in diesem Abschnitt.

▶   Menschen erleben durch unterschiedliche Werte, Überzeugungen und Reize aus der Umwelt sowie innere Haltungen und Glaubenssätze Sinn.

Die Antworten auf die Fragen werden Ihr Wissen über die Mitarbeitenden, ihre Werte und Motive, erweitern und Ihnen Handlungsmöglichkeiten geben, Sinnhaftigkeit gezielt an den bisher fehlenden Stellen herzustellen oder Personalentscheidungen und insbesondere Personalauswahl fundiert zu treffen. Zugegebenermaßen sind die Fragen im Fragenkatalog zum Teil komplex und erfordern Mitarbeitende, die sich diesen Fragen stellen können und wollen. Wenn Sie zu den Fragen (und sei es in abgewandelter Form oder in leichterer Sprache) allerdings mit Mitarbeitenden in den Austausch kommen, kann dies ungeahnte Kräfte und Veränderungen herbeiführen.

Denken Sie daran, das Gespräch im Vorfeld gut vorzubereiten (siehe Kap. 8) und die unterschiedlichen Hypothesen, ob Sinnhaftigkeit eventuell nicht gegeben sein könnte und wenn ja, aus welchen Gründen, gedanklich vorzubereiten.

Fragenkatalog Sinnhaftigkeit

- **Globaler und basaler Sinn**
  - Erleben Sie Ihre täglichen Aufgaben als sinnhaft?
  - Bitte schreiben Sie einmal auf, was Sie am Tag machen und bewerten Sie auf einer Skala von 1 bis 5, was Ihnen davon wie sinnhaft erscheint. Bitte machen Sie Bemerkungen an Bereiche, die Sie als wenig sinnhaft erleben und schreiben Sie mir dazu, warum Sie die Aufgaben weitgehend sinnlos finden.
  - Bitte beschreiben Sie mir, welche Ihrer Teilaufgaben Sie als besonders sinnstiftend empfinden.
  - Warum sollen Sie die Aufgabe erledigen?
  - Was würde passieren, wenn … nicht gemacht wird?
  - Welche Vorteile bringt es dir, wenn …?
  - Welche Konsequenzen hat es, wenn du … nicht umgesetzt wird?
  - Was ist der Beitrag Ihrer Tätigkeit an der Gesamtvision unseres Unternehmens?
  - Können Sie mir die Vision unseres Unternehmens nennen?
  - Was würden Sie einem möglichen Bewerber oder einer Bewerberin sagen: Warum lohnt es sich, in unserem Unternehmen zu arbeiten?
  - Wofür sollten wir uns Ihrer Meinung nach mehr einsetzen?
  - Wie wirst du dich fühlen, wenn … erreicht ist?
  - Warum lohnt es sich deiner Meinung nach, sich damit zu beschäftigen?
  - Welche Entlastung bringt es uns/dir?
  - Glauben Sie, unsere Organisation hat positive Wirkungen auf das Wohlbefinden/die Lebensqualität von Menschen?
  - Wofür steht unser Unternehmen Ihrer Meinung nach? Werden wir diesem Anspruch im Moment gerecht?
  - Was trägt unsere Organisation dazu bei, die Welt ein Stück besser zu machen?
  - Werden die im Leitbild verankerten Werte unserer Organisation gelebt? Was meinen Sie? Was fehlt? Überträgt sich das Verhalten auf die anderen Mitarbeitenden?
  - Finden Sie, wir tun den Menschen Gutes?
  - Wie könnten wir Ihrer Meinung nach mehr zum Gemeinwohl beitragen?
  - Trägt Ihre Aufgabe zu etwas bei, was Sie als Ihr Vermächtnis ansehen könnten?
  - Glauben Sie, Ihre Arbeit wird langfristig Bestand haben?
- **Transparenz zwischen Beitrag des Einzelnen und Sinn der Organisation**
  - Warum ist Ihr Arbeitseinsatz für uns so wichtig?
  - Was wird durch Ihren Arbeitseinsatz für das Gesamtunternehmen erst möglich?

- Warum, meinen Sie, ist es sinnvoll, Ihre Arbeit zu verrichten?
- Wie wichtig finden Sie Ihre Arbeit?
- Wissen Sie, was fehlen würde, wenn Sie beschließen würden, ab morgen nicht mehr zu kommen? Wissen Sie, wie viele Bereiche davon betroffen wären?
- Warum ist die Abteilung, in der auch Sie sich engagieren, für unser Unternehmen so wichtig?
- Warum baut die Produktion an Stelle Y auf den Ergebnissen von X auf?
- Erahnen Sie, was passieren würde, wenn Ihre Abteilung nicht da wäre? Was dann alles nicht mehr möglich wäre?
- Welchen Anteil hat Ihre Arbeit am Erfolg des Unternehmens?
- **Passung zwischen organisationaler und individueller Sinnhaftigkeit**
- Ich erzähle Ihnen einmal, was mich antreibt, und dann erzählen Sie mir, was Sie antreibt.
- Warum haben Sie sich für diese Aufgabe/Arbeit entschieden?
- Was bedeutet diese Aufgabe für Sie persönlich? Was bedeutet diese Aufgabe für Ihre Familie?
- Welchen Nutzen haben Sie persönlich dadurch, dass Sie diese Arbeit machen?
- Inwieweit bereichert Sie Ihre Arbeit derzeit? Welche Bedürfnisse werden durch diese Arbeit erfüllt?
- Können Sie Ihre Persönlichkeit und Ihre Stärken, das wofür Sie stehen, durch diese Arbeit ausleben?
- Welche Anteile Ihrer aktuellen Arbeit passen besonders gut zu Ihren Stärken und dem, was Sie antreibt?
- Warum arbeiten Sie bei uns im Unternehmen? – versuchen Sie einmal, so ehrlich wie möglich zu antworten. Ich behandele Ihre Antworten vertraulich.
- Haben Sie eine spezielle Leidenschaft für Teile Ihrer Arbeit?
- Welchen Nutzen stiften Sie anderen Menschen durch die Energie, die Sie in diese Arbeit stecken?
- Warum bedeutet Ihnen diese Arbeit etwas?
- Warum setzen Sie so viel Energie ein? Warum ist es Ihnen wichtig, an dieser Stelle erfolgreich zu sein und auch uns damit erfolgreich zu machen?
- Wie müsste unser Unternehmen sein, damit es noch besser zu Ihren Werten, Überzeugungen und Bedürfnissen passt?
- Wenn Sie etwas an unserem Unternehmen ändern könnten, sodass es für Sie besser wäre/besser passen würde, was wäre das?

Der Wechsel zwischen „du" und „Sie" in der Fragenformulierung ist bewusst gewählt, um verschiedene Kontexte abzubilden. Die Formulierung kann jeweils für Ihren Kontext angepasst werden.

Diese umfangreiche Auflistung von komplexen Fragen soll es Ihnen ermöglichen, mit Ihren Mitarbeitenden in den Kontakt über die Sinnhaftigkeit, gemeinsame Werte und die Unternehmenskultur auf übergeordneter Ebene zu kommen. Selbstverständlich lassen sich die Fragen auf Teilbereiche, einzelne Aufgabenschritte oder andere Subkategorien herunterbrechen.

So können Sie, statt nach dem großen Sinn der Arbeit zu fragen, erfragen, inwieweit ein bestimmtes Rückmeldesystem mit zum Beispiel sechs verschiedenen Schritten sinnvoll erlebt wird und wo eventuell Abänderungsbedarf bestünde.

Der Satz: „Das macht so keinen Sinn!" ist zugleich fast der Todesstoß für Veränderungsprozesse, als aber auch die Einladung, als Führungskraft zu verstehen, wo genau die Ursachen für empfundene Sinnlosigkeit liegen. (Manchmal zeigt sich dabei auch, dass fehlender Sinn nur als Grund vorgeschoben wurde, weil dies u. U. leichter ist, als fehlendes Verständnis oder mangelnde Bewältigbarkeit zuzugeben.) Wenn etwas in den Augen des Gegenübers keinen Sinn macht, ist naheliegend, dass dieses Gegenüber nicht länger als nötig in Kooperation bleibt. Sind die Ursachen identifiziert, können sie verändert werden oder es kann den Mitarbeitenden ein neuer Umgang mit nicht veränderbaren Umständen vermittelt werden. Häufig erleben wir in unserer Beratungspraxis, dass die fünf Bereiche des WVBSW- Modells überhaupt nicht genügend analysiert wurden. Der Bereich der Sinnhaftigkeit wird häufig an der Oberfläche von Unternehmen berührt und manchmal á la Tschakka versucht umzusetzen. Aber Incentives, also Anreize wie Geld oder Erlebnisse, wirken häufig nur für einen kurzen Moment. Außergewöhnliche Events, Abenteuer, Firmenpartys oder beheizte Außenspiegel am neuen Dienstwagen sind für den Moment sicherlich schön und einige dieser Maßnahmen führen sicherlich für eine begrenzte Zeit auch zu mehr Zusammenhalt. Sinnhaftigkeit zu erleben, dem Leben durch eine bestimmte Arbeit, die dann mehr Aufgabe als Job ist, eine tiefere Bestimmung zu geben, ist langfristig die sehr viel erfolgreichere Maßnahme, um nicht nur Motivation, sondern auch Eigeninitiative und eine tiefe Verbundenheit zum Unternehmen zu erzielen. Für Menschen kann es kaum etwas geben, was mehr erfüllend wirkt, als sich mit Dingen zu beschäftigen, die in ihrer Lebenswelt einen Sinn ergeben.

6.4   Rückschlüsse ziehen – erleben meine Mitarbeitenden einen Sinn bei dem, was sie tun?

▶   Die **sprachlichen Antworten** und das **Verhalten Ihrer Mitarbeitenden** geben Ihnen Rückmeldung darüber, wie wahrscheinlich es ist, dass Ihre Mitarbeitenden eine Aufgabe als für sich oder das gemeinsame Ziel sinnhaft halten, also Sinn in ihrem Tun erleben.

Mögliche **sprachliche Antworten,** die darauf hinweisen, dass Ihre Mitarbeitenden eine Aufgabe für sinnhaft halten, sind oft die Aussagen auf ein Warum. Diese Antworten sind dann so breit möglich, dass es nicht sinnvoll wäre, sie hier aufzulisten. In ihnen verbergen sich Wertevorstellungen, Bedürfnisse, existenzielle

Themen. Dennoch gibt es einige Antworten im Alltagsgeschehen, die Ihnen zeigen, dass Mitarbeitende Sinnhaftigkeit erleben. Diese Antworten sind z. B.:

- Das macht Sinn für mich!
- Ich finde das wichtig.
- Jetzt verstehe ich, warum ...
- Das spornt mich an.
- Das darf nicht fehlen.

Auch das **Verhalten Ihrer Mitarbeitenden** gibt Rückschlüsse auf die Sinnhaftigkeit. Wenn Sie es schaffen, die Fragen wertschätzend und selbstwertfördernd zu stellen, dann werden ihre Mitarbeitenden sich öffnen und einen Einblick in ihre Werte und Ansichten geben. Führungskräften wird dadurch möglich zu erkennen, ob gemeinsame Werte an den entscheidenden Stellen existieren. Äußerungen wie „Das macht doch keinen Sinn" oder Verhalten, was auf Widerstand hindeutet, sollten Sie besonders im Blick behalten. Deshalb lesen Sie hier jetzt einen Abschnitt zum Umgang mit Widerständen.

Die Umsetzung neuer Visionen und der Umgang mit Widerständen
Wenn Visionen zu Veränderungen führen, und das tun sie häufig, ist es wichtig, Widerstände in der Belegschaft im Blick zu behalten. Führungskräfte sollten dann besonders achtsam sein, wenn Widerstände bei denjenigen auftreten, die sich bisher durch ihr großes Engagement kooperativ gezeigt haben (vgl. Schumacher, 2008). Hier ist die Ursache für den Widerstand oft die Überzeugung, dass die Veränderung nicht richtig sein könnte. Diese Gruppe sollte einbezogen und ihre Sichtweisen ernst genommen werden, da sie sich vielfach schon in der Vergangenheit konstruktiv mit dem Weg der Organisation auseinandergesetzt hat. Diese Mitarbeitenden sind also grundsätzlich zur Kooperation bereit und auch fähig und haben in der Vergangenheit Kooperation gezeigt. Nun glauben sie nicht an Win-win-Situationen (vgl. Kap. 1), sehen Bedürfnisse in Gefahr und entwickeln Widerstände.

Häufig führen Veränderungen bei den Betroffenen allerdings auch zu Verunsicherung und damit zu Furcht vor Verlusten (Schreyögg, 2003). Menschen streben in der Regel nach Sicherheit, die ihnen durch Gewohnheiten und Routinen gewährleistet ist. Situationen, die ungewiss oder unklar sind, lösen bei vielen Menschen deswegen Furcht aus. Diese Furcht entsteht aus der Bewertung (vgl. Kap. 5), neue Dinge nicht genügend zu verstehen (Kap. 4) oder bewältigen (Kap. 5) zu können. Deswegen ist es so wichtig im WVBSW-Modell, alle Stellschrauben – Wertschätzung, Verstehbarkeit, Bewältigbarkeit, Sinnhaftigkeit und Wohlbefinden – zu betrachten. Auch mangelnde Wertschätzung (Kap. 3) kann ein Grund für Widerstände sein. „Jetzt haben wir das so viele Jahre so gemacht und alle waren zufrieden und jetzt sollen wir das anders machen!" wäre eine typische Aussage eines Menschen, der sich mit seiner Arbeit nicht wertgeschätzt fühlt.

Es gibt evolutionär begründet viele Annahmen, warum Menschen sich vor Veränderungen scheuen, solange sie nicht unbedingt notwendig erscheinen. Das Ansehen in der Gemeinschaft (Kap. 7, soziales Wohlbefinden) kann durch Rang-

und Kompetenzverlust gefährdet werden. Auch Lernerfahrungen, wie schlechte Erfahrungen mit vergangenen Veränderungen, die nicht zur gewünschten Verbesserung beigetragen haben und dadurch zu einer negativen Lernerfahrung wurden, können die Ressourcen der Mitarbeitenden nachhaltig beeinträchtigen, sich erneut mit Zuversicht und Optimismus in ein Veränderungsvorhaben zu begeben (Kap. 5). Häufig kommt es dann innerhalb der Veränderungsprozesse zu starken emotionalen Reaktionen, die sich durch die zugrunde liegende Angst erklären lassen. Diese emotionalen Abwehrreaktionen können viel Energie freisetzen und Teile der Belegschaft mobilisieren, die aus der Kooperation aussteigen. Diese Gruppendynamik ist dann von der Führungskraft schwer einzufangen.

Veränderungsprozesse erfolgreich gestalten

Kotter (1995) hat zur Überwindung von Widerständen und zur erfolgreichen Gestaltung von Veränderungsprozessen in Organisationen acht Schritte als Leitfaden für Führungskräfte entwickelt. Diese Schritte werden im Folgenden dargestellt:

1. Erzeugen eines Dringlichkeitsgefühls („Create a sense of urgency")
Zunächst ist es wichtig, die aktuelle Situation zu analysieren. Den Mitarbeitenden, inklusive aller Führungskräfte/Vorstände, muss die Notwendigkeit der Veränderung aufgezeigt werden. Dafür sollten die Markt- und Wettbewerbssituation realistisch analysiert sowie (potenzielle) Krisen und Chancen erkannt, diskutiert und sichtbar gemacht werden. Der Status quo soll gefährlicher erscheinen als die Veränderung ins Unbekannte.

2. Aufbauen einer Führungskoalition („Build a guiding coalition")
Nun kommt es zu einer Zusammenstellung eines Teams, das den Veränderungsprozess führt. Dieses Führungsteam soll repräsentativ für die Organisation sein sowie über genügend Expertise, Ansehen und Führungskompetenzen verfügen. In das Team sollten aber auch Zweifler integriert werden, und zwar aus beiden Gruppen, denen, die sich fürchten, und denen, die bisher hoch engagiert waren aber nun in Zweifel geraten. Im Team muss Vertrauen aufgebaut und Zielklarheit hergestellt werden. Auf Kooperationsbereitschaft muss im Besonderen geachtet werden.

3. Entwickeln einer Vision und Strategie („Develop a vision and strategy")
Nun wird die Veränderungsvision im Führungsteam (Schritt 2) erarbeitet. Die Vision soll kurz und bündig kommunizierbar, vorstellbar, realistisch, ausreichend spezifisch und ausreichend flexibel sein. Dazu ist es wichtig, dass die Vision die Interessen möglichst vieler Stakeholder abbildet. Aus der Vision wird die Strategie oder auch Mission abgeleitet. Vision und Mission sollen Interesse und Neugier hervorrufen.

4. Kommunizieren der Veränderungsvision („Communicate the change vision")

Nun soll die Vision wiederholend möglichst einfach, bildhaft und über verschiedene Kanäle an die Mitarbeitenden kommuniziert und vermittelt werden. Die Mitarbeitenden sollen ein klares Verständnis für die Vision bekommen, was das Vorleben durch die Führungsgruppe einschließt.

5. Befähigen der Mitarbeitenden auf breiter Basis („Empower broad-based action")

Hinderliche Strukturen, die die Umsetzung der angestrebten Veränderungen erschweren, sollen beseitigt werden. Systeme, die die Veränderungsvision unterlaufen, sollen erkannt und abgeändert werden.

6. Schaffen schneller Erfolge („Generate short-term wins")

Erste, schnell sichtbare Erfolge sollen die Mitarbeitenden motivieren, am Ball zu bleiben und die Veränderung als bewältigbar zu erleben. Dies soll den eingeleiteten Veränderungsprozess bestätigen. Diese Erfolge, die möglichst breit kommuniziert oder anders sichtbar gemacht werden sollen, dienen ebenfalls als Belohnungen für die bisherigen Bemühungen. Hier ist es wichtig, Erfolge auch erlebbar zu machen und sie damit emotional zu verankern.

7. Konsolidieren der erzielten Erfolge und Einleiten weiterer Veränderungen („Consolidate gains and produce more change")

Das gestiegene Vertrauen in den Veränderungsprozess sollte genutzt werden, um alle noch hinderlichen Strukturen zu wandeln. Die bereits erzielten Erfolge werden gefestigt und neue, darauf aufbauende Ideen mit in den Veränderungsprozess einbezogen. Laut Kotter sollte der Veränderungsprozess nicht vorschnell abgebrochen, sondern eher durch neue Impulse bereichert werden.

8. Verankern der neuen Ansätze in der Kultur („Anchor new approaches in the corporate culture")

Schließlich wird der Veränderungsprozess in die Unternehmenskultur integriert. Neue Prozesse, Strukturen und Verhaltensweisen werden gelebt. Die Führungskräfte verkörpern den Veränderungsprozess durch ihre authentische Vorbildfunktion. Ziel ist es nach Kotter, nicht mit der Vision zu vereinbarende Teile der Unternehmenskultur loszulassen und neue Werte zu integrieren. Weil die Unternehmenskultur schwerer operationalisierbar ist, ist eine etablierte Veränderung laut Kotter erst erfolgreich, wenn sie zu einem Wandel in der Unternehmenskultur beigetragen hat.

Erkennbar ist bei Kotter (1995), dass Visionen dann erfolgreicher umgesetzt werden, wenn es eine Koalition von Bereitwilligen gibt, die die Vision gemeinsam vorantreibt und den Sinn der Veränderung im Alltag möglichst häufig auf unterschiedlichen Kanälen an die Mitarbeitenden trägt und durch kurzfristige Erfolge erlebbar macht. Diese kooperierenden Mitarbeitenden können dann als Vorbilder für Kooperation für die anderen Teile der Belegschaft dienen und einen Orientierungsrahmen schaffen. Das Sichtbarmachen erster Erfolge ist außerdem wichtig für die Erhaltung der Motivation. So beugt man dem Credo „Das macht doch alles keinen Sinn!" und dem damit verbundenen Motivationsverlust vor.

Fazit

Wichtig ist es, wie oben bereits ausgeführt, den Sinn nicht nur im Großen und Ganzen zu sehen (z. B. Profitmaximierung), sondern als Führungskraft den einzelnen Mitarbeitenden aufzuzeigen, erlebbar und spürbar zu machen, wo der Sinn in ihrer Tätigkeit liegt.

Dieser Sinn kann entweder direkt (z. B. Tätigkeit des Unternehmens) oder indirekt (z. B. langfristiger Erhalt des Arbeitsplatzes) im Unternehmen selbst begründet sein oder in den persönlichen Interessen des oder der Mitarbeitenden, z. B. Freizeitausgleich nach Mehrarbeit am Wunschtermin, um mit der Familie besondere Zeit zu verbringen, d. h., die Arbeit und das Familienleben besser in Einklang zu bringen. Gleichsam kann der Sinn der Arbeit auch in individuellen Bedürfnissen, wie Lust zu Lernen, Neugier oder Entdeckungslust, z. B. bei Geschäftsreisen in andere Länder, liegen. Es bleibt festzuhalten, dass der Sinn, den Führungskräfte für das Unternehmen sehen, z. B. Profitmaximierung, nicht der Sinn sein muss, der Mitarbeitende zur Bestform antreibt und dem manchmal sogar entgegenwirken kann. Führungskräfte müssen deshalb den Blick auf die Bedürfnisse und Werte der Mitarbeitenden legen (vgl. Kap. 3), um einen Sinn zu kommunizieren, der mit dem Erleben der Mitarbeitenden in Übereinstimmung ist.

6.5   Selbstreflexion der Führungskraft im Bereich Sinnhaftigkeit

Sie finden nun einige Fragen für Ihre Selbstreflexion im Bereich **Sinnhaftigkeit.** Gehen Sie die folgenden Fragen einmal durch und kreuzen Sie an, wo Sie sich sicher sind, diese Frage mit Ja beantworten zu können.

Selbstreflexionsfragen Sinnhaftigkeit

☐ Haben meine Mitarbeitenden im Gespräch Anzeichen gegeben, für sich persönlich einen Sinn in ihrer Tätigkeit zu sehen?
☐ Erleben die Mitarbeitenden ihre täglichen Arbeitsabläufe als gut abgestimmt und damit sinnvoll?

□ Habe ich geprüft, dass es keine Tätigkeitsbereiche/Aufgaben gibt, die den Mitarbeitenden eher sinnlos vorkommen? Wenn doch: Konnten Veränderungen herbeiführt werden oder den Mitarbeitenden ein Sinn in den Aufgaben vermittelt werden?

□ Konnte den Mitarbeitenden der Bezug ihrer Arbeit zum globalen Sinn des Unternehmens darstellt werden und konnten die Erfolge des Unternehmens mit ihrer Arbeitsleistung verknüpft werden?

□ Kennen, verstehen und leben meine Mitarbeitenden die übergeordneten Werte des Unternehmens?

□ Konnte ich meinen Mitarbeitenden vermitteln, wie auch durch ihre Arbeit die Welt ein Stück besser wird?

□ Hat die Arbeit meiner Mitarbeitenden langfristig Bestand? Konnte ich einen Bezug zur Langfristigkeit und „dem Vermächtnis" herstellen?

□ Wissen meine Mitarbeitenden, wie unterstützend und hilfreich ihre Arbeit für andere Abteilungen oder für mich persönlich ist?

□ Wissen meine Mitarbeitenden, was alles nicht möglich wäre, wenn sie ihre Arbeit nicht verrichten würden? Erleben sie sich als wichtiges Glied in einer Produktionskette?

□ Erfüllt die Arbeit individuelle Bedürfnisse, die meine Mitarbeitenden haben? Welche Bedürfnisse sind das?

Wenn Sie nach dem Gespräch mit Ihrem Mitarbeitenden zweifeln, ob er oder sie genügend Sinnhaftigkeit in seinem oder ihrem Tun erlebt, dann können Sie anhand von anonymisierten Befragungen ermitteln, wie weit ein basaler und globaler Sinn bei Ihren Mitarbeitenden vorliegt, ob Transparenz zwischen Beitrag des Einzelnen und Sinn der Organisation für die Mitarbeitenden erkennbar ist und ob die Passung zwischen organisationaler und individueller Sinnhaftigkeit gegeben ist.

Denken Sie bei allen Überlegungen zum Thema Sinnhaftigkeit daran, dass Menschen in sehr unterschiedlichen Dingen ihren Sinn des Lebens, also auch der Arbeit, sehen und dass ein vom Unternehmen vorgegebener Sinn manchmal auch demotivierend wirken kann, wenn er nicht zu den Einstellungen, Werten oder der Lebensrealität der Mitarbeitenden passt.

Beispiele für Sinnvermittlung

Beispiel 1: Die Vision eines mittelständigen Unternehmens ist es, hochpreisige Luxusmöbel mit einem zuvorkommenden Service anzubieten. Die Mitarbeitenden werden nach Mindestlohn bezahlt. Es ist völlig klar, dass sie sich diese Möbel nie leisten werden können.

Das Unternehmen kann nun zum Beispiel aufzeigen, wie hart ein Chefarzt in der Kinderklinik im 24-Stunden-Dienst arbeitet, um allen Kindern und deren Eltern, egal, wie viel Geld sie verdienen, zu helfen. Für diesen Chefarzt kann das Luxussofa ein Ort der Ruhe werden, der dazu beiträgt, dass er auch im nächsten 24-Stunden-Dienst wieder eine Bestleistung bringen kann.

Beispiel 2: Ein Vorarbeiter stellt fest, dass die Mitarbeitenden in der Werkstatt nicht sorgsam mit den Wagen der Kund*innen umgehen. Sie sehen darin keinen Sinn, obwohl die Vision der Werkstatt ist, besten Service zu günstigen Preisen zu bieten. Der Vorarbeiter erklärt den Mitarbeitenden, dass die Autos die Kapitalanlage der Kund*innen sind und dass diese möglicherweise viele Jahre auf diese Autos gespart haben und die Kaufentscheidungen mit Respekt zu wertschätzen sind. Es handelt sich nicht um irgendwelche Autos, sondern um Besitz und Wertanlagen der Kund*innen. ◀

Fazit

Ein Unternehmen oder auch eine Institution ist besonders dann erfolgreich, wenn es oder sie Mitarbeitende vereint, die in den Arbeitsaufträgen und Tätigkeiten einen eigenen Sinn erleben. Sinnerleben führt zu verstärkter Kooperation. Dazu ist es wichtig, dass Führungskräfte den Sinn in den Unternehmenszielen in unterschiedlichen Facetten und auf unterschiedlichen Kanälen kommunizieren. Kurzfristig sichtbare, erleb- und fühlbare Erfolge sind dazu wichtige Treiber.

Um Veränderungen erfolgreich umzusetzen, bedarf es einer Koalition aus Verbündeten, die eine Vision kooperativ vorantreiben und für sich selbst diesbezüglich die Sinnfrage geklärt haben.

Die Vision, gemeinsame Werte und das daraus resultierende, konkrete Verhalten müssen dann im Alltag so gestaltet sein, dass die Vision jeden Tag umsetzbar, erlebbar und mit den Teilschritten der Arbeit verknüpfbar ist.

Literatur

Antonovsky, A. (1997). Salutogenese: Zur Entmystifizierung der Gesundheit. In A. Franke (Hrsg.), Forum für Verhaltenstherapie und psychosoziale Praxis. (Bd. 36). Dgvt-Verlag.

Bass, B. M. (1985). *Leadership and performance beyond expectations*. Free Press.

Bass, B. M., & Avolio, B. J. (1990). Developing transformational leadership: 1992 and beyond. *Journal of European Industrial Training, 14*(5), 21–27.

Bittelmeyer, A. (2004). Geschichten, die das Unternehmen schreibt. Storytelling. *Manager-Seminare, 78*, 70–78.

Brohm, M. (2017). *Werte, Sinn und Tugenden als Steuerungsgrößen in Organisationen. Für Fach- und Führungskräfte*. Springer.

Frankl, V. E. (1987). *Ärztliche Seelsorge: Grundlagen der Logotherapie und Existenzanalyse* (4. Aufl.). Fischer Taschenbuch.

Kotter, J. P. (1995). Why transformation efforts fail. *Harvard Business Review, 73*, 59–67.

Längle, A. (2011). *Sinnvoll leben. Eine praktische Anleitung der Logotherapie*. Residenz.

Nerdinger, F. W. (2019). Führung von Mitarbeitern. In F. W. Nerdinger, G. Blickle, & N. Schaper (Hrsg.), *Arbeits- und Organisationspsychologie* (S. 95–118). Springer.

Pircher-Friedrich, A. M. (2019). *Mit Sinn zum nachhaltigen Erfolg: Anleitung zur werte- und wertorientierten Führung* (4. Aufl.). Schmidt.

de Saint-Exupéry, A. (1948). Posthum, unvollendet. *Citadelle. Die Stadt in der Wüste*. Karl Rauch.

Schreyögg, G. (2003). *Organisation – Grundlagen moderner Organisationsgestaltung* (4. Aufl.). Gabler.

Schumacher, L. (2008). Wodurch wird die Bereitschaft von Lehrkräften zur Mitarbeit an Schulentwicklungsprojekten beeinflusst? In E.-M. Lankes (Hrsg.), *Pädagogische Professionalität als Gegenstand empirischer Forschung* (S. 279–290). Waxmann.

Seliger, R. (2014). *Positive Leadership. Die Revolution in der Führung.* Schäffer-Poeschel.

Van Knippenberg, D., & Sitkin, S. B. (2013). A critical assessment of charismatic-transformational leadership research: Back to the drawing board? *Academy of management Annals, 7*(1), 1–60.

Weibler, J. (2016). *Personalführung* (3. Aufl.). Vahlen.

Dimension Wohlbefinden

Fühlt mein Gegenüber sich wohl?

7

Zusammenfassung

Wohlbefinden auf körperlicher, mentaler und sozialer Ebene ist wichtige Voraussetzung für gelingende Kooperation und hohe Einsatzbereitschaft der Mitarbeitenden. Wohlbefinden steigert zudem die Identifikation. In diesem Kapitel erfahren die Lesenden, wie sich das Wohlbefinden der Mitarbeitenden auf den drei Ebenen erfragen lässt und welche Möglichkeiten zur Steigerung des Wohlbefindens bestehen. Hier wird eine Auswahl an Möglichkeiten vorgestellt, um als Führungskraft aktiv die Rahmenbedingungen so zu gestalten, dass mehr Wohlbefinden erlebt werden kann. Durch die Steigerung von Wohlbefinden kann eine Aufwärtsspirale von Emotionen in Gang gesetzt werden, das Denken wird erweitert, das Verhalten funktionaler, Ressourcen werden gesteigert, Erfolg stellt sich ein. In diesem Kapitel wird dargestellt, warum Wohlbefinden ein Motor für Erfolg ist und wie Sie diesen Motor auf Hochtouren bringen können.

Sie haben in diesem Buch bereits vier wichtige Erfolgsdeterminanten für Führung kennengelernt, die Kooperation fördern und damit Erfolg mehren. Wertschätzung (Kap. 3) sowie angelehnt an das Modell der Salutogenese als Ursprung der Resilienz Verstehbarkeit (Kap. 4), Bewältigbarkeit (Kap. 5) und Sinnhaftigkeit (Kap. 6). Im siebten Kapitel wird der Frage nachgegangen, wie sich die Leistung der Mitarbeitenden durch eine Erhöhung des Wohlbefindens fördern lässt. Durch eine Steigerung des Wohlbefindens steigert sich dabei nicht nur die Leistung der Mitarbeitenden und damit die des Unternehmens oder der Institution, sondern auch das Commitment, die Motivation und letztlich die Bereitschaft, sich auch in schwierigen Zeiten für das Unternehmen einzusetzen. Gleichzeitig nimmt die Fluktuation ab. Menschen, die sich an einem Ort, mit einer Arbeit wohlfühlen, sind in der Regel auch identifiziert mit diesem Ort oder dieser Arbeit.

Das Thema Wohlbefinden wird in vielen Zusammenhängen mit unterschiedlichen Definitionen und Vorstellungen darüber, was Aufgaben des Unternehmens sein könnten, diskutiert.

Einen Überblick über das Thema liefert u. a. die Bundeszentrale für gesundheitliche Aufklärung auf Ihrer Website (Quelle: https://leitbegriffe.bzga.de/alphabetisches-verzeichnis/wohlbefinden-well-being/).

▶ Bereits 1946 definierte die WHO (Weltgesundheitsorganisation) Gesundheit wie folgt:

„Gesundheit ist ein Zustand des vollständigen körperlichen, mentalen und sozialen Wohlbefindens und nicht nur das Fehlen von Krankheit oder Gebrechen." („Health is a state of complete physical, mental and social well-being and not merely the absence of disease or infirmity.").

Wir nutzen für unsere Betrachtung die Gesundheitsdefinition der Weltgesundheitsorganisation, in der nämlich Wohlbefinden ein zentrales Konstrukt darstellt.

Aus dieser Definition heraus leiten wir unsere Empfehlungen zur Führung im Bereich Wohlbefinden in Unternehmen ab. Wir unterscheiden zwischen dem körperlichen (Abschn. 7.1), mentalen (Abschn. 7.2) und dem sozialen (Abschn. 7.3) Wohlbefinden (vgl. auch Abb. 7.1).

▶ Wohlbefinden ist die Fähigkeit, eigene persönliche, soziale und ökonomische Ziele umsetzen zu können (WHO, vgl. Bundeszentrale für gesundheitliche Aufklärung [BZgA]. https://leitbegriffe.bzga.de/alphabetisches-verzeichnis/wohlbefinden-well-being/ Zugriffen: 16.11.2022).

Zwischen Wohlbefinden und Gesundheit gibt es vielfältige Wirkzusammenhänge, die hier nicht in ihrer Komplexität dargestellt werden sollen. Wohlbefinden hat allerdings über verschiedene affektive, motivationale und kognitive Mechanismen

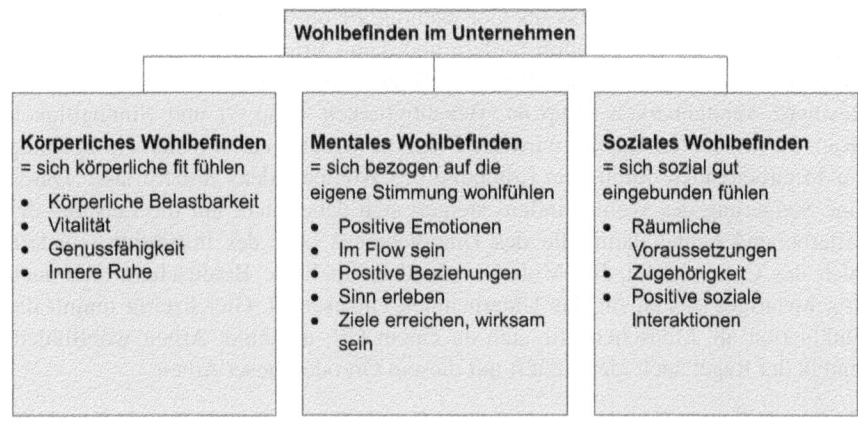

Abb. 7.1 Wohlbefinden im Unternehmen

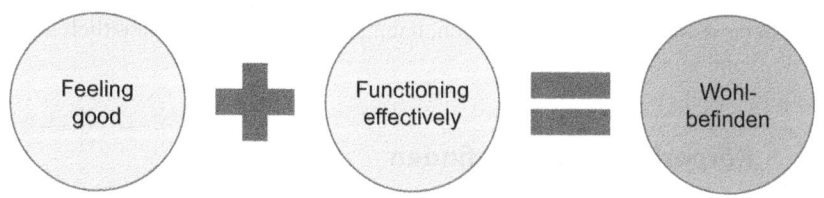

Abb. 7.2 Bereiche des Wohlbefindens. (Mod. nach Huppert & So, 2013)

einen erheblichen Einfluss auf die Gesundheit eines Menschen und stärkt zum Beispiel die Bereitschaft, sich gesund zu ernähren oder sich zu bewegen. Gleichzeitig wirkt Gesundheitsverhalten, wie zum Beispiel gesunde Nahrung, auf das Wohlbefinden. Wohlbefinden verstehen wir also als breites Konstrukt, das nach Huppert und So (2013, vgl. Abb. 7.2) nicht nur das Sich-gut-Fühlen (*feeling good*, z. B. Spaß haben, Freude erleben), sondern darüber hinaus das „gute Funktionieren" (*functioning effectively*, z. B. Anforderungen gerecht werden, Ziele erreichen, leistungsfähig sein) sowohl des Individuums als auch des Individuums in seiner sozialen Umwelt umfasst.

Veränderte Bedürfnisse innerhalb der Generationen

Wichtig zu bedenken ist im Zusammenhang mit der Dimension Wohlbefinden, dass sich die Bedürfnisse innerhalb der Generationen ändern. So legten die Generation X und Y vermehrt Wert auf Work-Life-Balance, sie prägten diesen Begriff sogar maßgeblich in der Arbeitswelt. Vereinbarkeit von Familie und Arbeit wurde ein wichtiges Thema und damit wichtige Determinante für das Erleben von Wohlbefinden. Nachdem hier nun große Fortschritte erreicht sind und Bedürfnisse nach einer ausgeglichenen Work-Life-Balance weitgehend anerkannt sind, rücken Bedürfnisse nach Kooperation und Nachhaltigkeit in der Generation Z in den Vordergrund. Führung, die an Kooperation interessiert ist, fördert zum einen nachhaltig das Wohlbefinden der Mitarbeitenden dieser Generationen (vgl. Kap. 2), darüber hinaus sind die jungen Generationen X,Y und Z zunehmend, verstärkt durch die Globalisierung, an Kooperation gewöhnt. Sie fühlen sich also wohl in einem Umfeld, in dem Kooperation gegeben ist, und sie sind durch die sozialen Medien schnelle Rückmeldungen zu ihrem Verhalten gewohnt und beziehen einen Teil ihrer Anerkennung aus solchen Rückmeldungen. Auch in Bildungseinrichtungen wird vermehrt auf Kooperation geachtet, zum Beispiel durch stärkere Fokussierung auf soziale Kompetenzen und Gruppenarbeit. Wohlbefinden zu steigern, ist dabei kein Selbstzweck, es verhilft Unternehmen zur Wettbewerbsfähigkeit bei den jüngeren Generationen, die aktiv nach entsprechenden Unternehmen suchen, und fördert durch die Zusammenhänge zwischen Wohlbefinden und Kooperation gleichzeitig die Leistung und Qualität. ◄

Im Folgenden werden die drei Teilbereiche des Wohlbefindens näher beschrieben, die für die Ausrichtung von Führung von Bedeutung sind. Zunächst wird auf das körperliche Wohlbefinden eingegangen, dann auf das mentale und letztlich auf das soziale Wohlbefinden.

7.1   Körperliches Wohlbefinden

▷   Körperliches Wohlbefinden beschreibt das Wohlbefinden, welches Menschen in Bezug auf ihren Körper empfinden. Es kann untergliedert werden in Belastbarkeit, Vitalität, Genussfähigkeit und innere Ruhe.

Im Strafgesetzbuch wird körperliches Wohlbefinden definiert als der Zustand, in dem sich ein Mensch befindet, wenn er keine körperliche oder geistige Beeinträchtigung verspürt, die ihn in irgendeiner Form belastet oder beeinflusst. Umfassende wissenschaftliche Hintergründe zur Beschreibung und Erfassung des subjektiven Wohlbefindens finden sich u. a. bei Mayring (1991). Die Bestimmung des körperlichen Wohlbefindens beschreibt zum Beispiel Frank (1991). Beispielhaft soll hier zur Vereinfachung in der Folge nur ein Verfahren vorgestellt werden aus einem großen Pool an Verfahren und Ansätzen. Der Fragebogen zur Erfassung körperlichen Wohlbefindens (FEW 16) von Kolip und Schmidt (1999) operationalisiert das körperliche Wohlbefinden dabei gemäß der WHO-Definition und dem Modell der Salutogenese. Er erfasst vier verschiedene Dimensionen des körperlichen Wohlbefindens. Diese Dimensionen sind Belastbarkeit (z. B. Ich bin körperlich belastbar), Vitalität (z. B. Ich wache morgens energiegeladen auf), Genussfähigkeit (z. B. Ich nehme mir Zeit, meinem Körper Gutes zu tun) und innere Ruhe (z. B. Ich fühle mich innerlich im Gleichgewicht). Frauen geben in Untersuchungen (vgl. Albani, 2006) niedrigere Werte für körperliches Wohlbefinden an als Männer, genauso wie das körperliche Wohlbefinden mit zunehmendem Alter bei allen Probanden abnimmt. Aus diesen Erkenntnissen lässt sich für die Gestaltung von Interventionen im Unternehmen eine Differenzierung erstellen. Frauen und ältere Mitarbeitende scheinen mehr Angebote zu brauchen, um über Wohlbefinden zu verfügen. Die Gründe dafür sind vielfältig. Frauen sind häufiger durch die Geburten von Kindern und die immer noch intensivere Carearbeit im privaten Bereich höheren Beanspruchungen ausgesetzt als Männer. So betrug der Gender Care Gap 2019 52,4 % (Quelle: https://www.bmfsfj.de/bmfsfj/themen/gleichstellung/gender-care-gap/indikator-fuer-die-gleichstellung/gender-care-gap-ein-indikator-fuer-die-gleichstellung-137294). Frauen wenden pro Tag im Durchschnitt 52,4 % mehr Zeit für unbezahlte Sorgearbeit auf als Männer.

▷   Führungskräfte sollten den zunehmenden Verlust des körperlichen Wohlbefindens mit zunehmendem Alter im Blick haben und besondere Angebote für Frauen schaffen.

Der Bereich körperliches Wohlbefinden wird sowohl durch Arbeitsschutzvorschriften wie auch Vorgaben zu Arbeitsgestaltung und Ergonomie als Teile des

Arbeitsschutzes vorgegeben. Weiterhin bieten viele Krankenkassen Prävention und Gesundheitsförderung im Bereich des körperlichen Wohlbefindens an, die sich in der Regel auf Ernährung, Bewegung und Stressprävention sowie Suchtprävention beziehen. Unternehmen und Institutionen können auf solche Angebote der Krankenkassen zurückgreifen. Das körperliche Wohlbefinden kann anhand der im FEW 16 (Kolip & Schmidt, 1999) vorgeschlagenen Dimensionen auch im Unternehmenszusammenhang betrachtet werden.

Wir als Autorinnen arbeiten in unserem Netzwerk HOLZRICHTER-BERATUNGEN seit vielen Jahren in diesem Bereich. Es zeigt sich aus unserer Erfahrung, dass Maßnahmen dann besonders in der Belegschaft übernommen werden, wenn sie durch Vorbilder, z. B. Führungskräfte, vorgelebt werden.

Einen Ruheraum zu installieren, ist zum Beispiel nur erfolgsversprechend, wenn die Implementation mit dem Vorleben durch die Führungskräfte (also eigene Nutzung des Raumes oder positive Kommunikation) verbunden ist. Schädlich sind Haltungen und Werte der Vorgesetzen, die der Implementation widersprechen, und in abwertenden Bewertungen zu Personen, die in unserem Beispiel den Ruheraum aufsuchen, ihren Ausdruck finden. Dies ergibt sich eigentlich von selbst, soll aber an dieser Stelle noch einmal genannt sein, da wir als Berater*innenteam die Erfahrung machen, dass die Vorbildfunktion an solchen Stellen oft nicht genügend bewusst oder umgesetzt ist (vgl. auch Kap. 8 und 10).

7.1.1 Körperliches Wohlbefinden mehren

Einige Beispiele sollen Ihnen Ideen geben, wie Sie das körperliche Wohlbefinden in Ihrem Bereich stärken können. Sie sind eingeladen, Ihre eigenen Abwandlungen, passend zu Ihrer Persönlichkeit und damit mit Authentizität, vorzunehmen. Ziele der Beispiele sind jeweils die Erhöhung der Grunddimensionen.

Beispielinterventionen: Körperliches Wohlbefinden steigern in Bezug auf Belastbarkeit u. a. (Dimensionen nach Fragebogen zur Erfassung körperlichen Wohlbefindens [FEW 16] von Kolip und Schmidt, 1999)

Belastbarkeit:

- Schaffung von Bewegungsmöglichkeiten (vgl. Beispielkasten „Ein Chef geht voran")
- Schaffung von Motivation zur gesunden Ernährung, z. B. Bereitstellung von (vorbereitetem) Gemüse, Obst, Nüssen in Reichweite (vgl. Conner, 2017)
- Schaffung von Ausgleichsmöglichkeiten (Angeboten zur Bewegung, Firmensport, Teilnahme an Firmenläufen oder anderen Firmenwettbewerben)

Vitalität:

- Gespräche über Schlaf und Schlafqualität
- Schlafschule im Unternehmen
- Motivation dazu, gesundheitsförderliche Werte zu leben. Anreize z. B. für Elektrofahrräder statt besonders großer Dienstwagen

Genussfähigkeit:

- Genuss während der Arbeitszeit installieren, z. B. durch Teezeremonien, euthymes Verhalten, Workshops zum Thema Genuss, Einladungen zu Genussexperimenten

Innere Ruhe:

- Entspannung in die Arbeitszeit integrieren, z. B. Ruheraum, Yogakurse, Entspannungsverfahren anbieten, Achtsamkeit als Wert im Unternehmen leben
- Pausen (zeitlich) ermöglichen

▶   Mitarbeitende erleben ein hohes körperliches Wohlbefinden, wenn sie sich belastbar, vital und damit energiegeladen und frei von Beeinträchtigungen fühlen, ihre Genussfähigkeit erhalten können und während und nach der Arbeit Phasen der inneren Ruhe erleben.

In der Praxis gibt es viele Möglichkeiten, am körperlichen Wohlbefinden anzusetzen. Die erwähnten klassischen Präventionsangebote der Krankenkassen sind sicherlich ein Baustein. Unternehmen bzw. Führungskräfte können allerdings auf vielfältige Weise auch selbst auf das körperliche Wohlbefinden ihrer Mitarbeitenden einwirken. Ein Beispiel aus unserer Beratungspraxis soll dies verdeutlichen.

Beispiel: Ein Chef geht voran

Ein junger Mann, 38 Jahre, hat vor zwei Jahren erfolgreich das Unternehmen seiner Eltern übernommen. Er selbst ist sportbegeistert und glaubt daran, dass Gesundheit und Leistungsfähigkeit eng zusammenhängen. Er stellte aber durch Reflexion in der Beratung fest, dass diese Begeisterung für sein Team kaum sichtbar war. Nach einem Brainstorming zum Thema „Vorbild sein", installierte er auf dem Rasen hinter dem Firmengebäude bis entlang an den Parkplätzen der Vorderseite der Hallen des mittelständischen Handwerksbetriebs einen Trimm-dich-Pfad mit 8 verschiedenen Stationen.

Auf diesem Parcours, auf dem Ausdauer, Kraft und Balance trainierbar sind, finden sich nun ganzjährig benutzbare Trainingsgeräte. Jeden Morgen, wenn die Mitarbeitenden eintrudeln, nimmt der junge Chef sich nun Zeit, den Trimm-dich-Pfad zu absolvieren und vorbeikommende Kolleg*innen für den nächsten Tag einzuladen. Die Gruppe wächst seither, zumal für die Trimm-dich-Aktionen 20 min. Arbeitszeit anrechenbar sind. In regelmäßigen Abständen veranstaltet er nach dem Vorbild der Fernsehsendung „Schlag den Raab" eine Veranstaltung, die „Schlag den Chef" heißt und für den oder die Gewinner*in mit einem freien Tag belohnt wird. Für die Frauen im Team wurde die Personalerin als Vergleichsgröße im Wettbewerb installiert. Obwohl diese Challenges am Samstagmorgen stattfinden, gibt es eine rege Beteiligung, was auch am Humor und Charisma des Chefs und seiner Personalerin liegen mag, die sich beide nicht zu schade sind, auch Niederlagen mit Humor zu nehmen und zu zeigen, wie man aus Fehlern lernt und trotzdem dranbleibt.

Mit der Zeit (Stand Sommer 2021) wurden weitere Challenges vonseiten der Belegschaft hinzugefügt, die ihre besonderen Fertigkeiten unterstreichen. So gibt es jetzt einzelne Disziplinen, die hohe handwerkliche Übung voraussetzen und in denen der Chef in der Regel unterliegt.

Zuschauende lernen durch Verbalisierung der Arbeitsschritte dazu.

Weiterhin hat diese Führungspersönlichkeit einen Kochvormittag am ersten Mittwoch im Monat installiert. Früher gab es die Mittwochsteambesprechungen, die einzeln nach Abteilung durchgeführt wurden. Nun kommen alle zusammen und Beiträge müssen vorbereitet sein und unterliegen zeitlichen Limits. Es wird umgehend nach Lösungen gesucht und wenig Zeit für das vorher übliche Sinnieren verwendet. In den dadurch gesparten Zeitfenstern kommt ein Koch eines ansässigen Restaurants und zeigt den Mitarbeitenden, wie sie ein gesundes Mittag- oder Abendessen für die gesamte Familie zu bereiten können. Dieses Essen muss folgende Vorgaben des Chefs erfüllen: in unter 30 Minuten zubereitet, vegetarisch oder vegan oder mit Fisch, jedes zweite Gericht auch für Kinder geschmacklich attraktiv, keine Zusatzstoffe oder teure Küchengeräte erforderlich, Reinigung der Küche ebenfalls innerhalb von 30 Minuten.

Die Mitarbeitenden bekommen einen Ausdruck des Rezepts samt Einkaufsliste und Preisen der Zutaten in einer für jede*n Mitarbeitende*n vorbereiteten Mappe. Diese Liste ist auch digital abrufbar.

Wer dem Chef ein Beweisfoto des häuslichen Kochens samt Bewertung der geschmacklichen und zeitlichen Zufriedenheit an eine extra eingerichtete Mailadresse schickt (Bedingung ist, dass die Mitarbeitenden selbst kochen und nicht durch Partner*innen kochen lassen), erhält eine Gratifikation in Form einer Stunde Freizeitausgleich. Pro Gericht darf dies ein Mal stattfinden.

In Pausenräumen stehen nun kleine Geschicklichkeitsspiele bereit, statt dem Süßigkeiten-Automaten steht ein Flummi-Automat inklusive verschiedener Challenges zum Werfen und Treffen bereit. Überall im Unternehmen finden sich Trinkstationen. Eine Saftbar sowie die Bereitstellung von Obst und Gemüse im Sozialraum runden das Angebot ab. ◄

Auch wenn wir Ihnen mit diesem Beispiel ein sehr hohes Engagement im Bereich der gesundheitsförderlichen Personalführung vorstellen, so soll es doch verdeutlichen, dass die Steigerung des körperlichen Wohlbefindens mit Spaß und einer Stärkung des Teamgefühls einhergehen kann. Sicherlich ist zu diskutieren, ob jede Aktivität einer Gratifikation bedarf, wie in diesem Beispiel. Aber da werden unterschiedliche Unternehmen und Führungskräfte ihren authentischen, eigenen Weg finden. Der oben genannte Firmenchef beschrieb, dass er durch die Aktionen beobachte, dass die Mitarbeitenden in der verbleibenden Arbeitszeit leistungsorientierter arbeiten würden und zum Teil ihre Gratifikationen gar nicht anrechnen lassen würden. Studien stützen diese Beobachtung in Bezug auf Arbeitszeitverkürzungen (Quelle: https://www.boeckler.de/de/boeckler-impuls-kurze-arbeitszeit-hohe-produktivitaet-9979.htm#).

▶   Angebote zur gesunden Ernährung, zu Bewegung oder Entspannung, die im Arbeitsbereich in Reichweite installiert sind, haben eine höhere Wirksamkeit als übliche Angebote, die außerhalb der Arbeit eigenständig umgesetzt werden müssen.

So konnte die Studie von Conner (2017) zeigen, dass gesunde Ernährung die Motivation, Vitalität und Stimmung nur bei derjenigen Gruppe steigerte, der Obst und Gemüse als Snacks zwischen den üblichen Mahlzeiten gereicht wurden. Verzehrgutscheine oder Informationen oder Erinnerungen per Mail an gesunde Ernährung waren nicht wirksam. Dieser Gesundheitseffekt durch gesunde Ernährung wirkt nicht nur auf das körperliche, sondern auch auf das mentale Wohlbefinden, wie ebenfalls Studien, wie zum Beispiel eine groß angelegte Studie der University of Warwick Medical School (Stranges et al., 2014) mit 13.983 Personen, zeigen konnten.
Mit der Menge des Verzehrs an Obst und Gemüse stieg die Stimmung.

▶   Körperliches und mentales Wohlbefinden hängen eng zusammen.

7.1.2 Fragenauswahl Dimension körperliches Wohlbefinden

Das körperliche Wohlbefinden zu erfragen, ist für Führungskräfte weitaus schwieriger, als zum Beispiel die Verstehbarkeit abzufragen, denn hier geht es um sehr persönliche und private Bereiche. Dennoch können Führungskräfte an dieser Stelle mit der nötigen Vorbereitung und Sensibilität (vgl. Kap. 8) Fragen stellen, wie die folgenden Möglichkeiten zeigen.

Körperliches Wohlbefinden erfragen:

- Wie fit fühlen Sie sich heute?
- Wie fühlen Sie sich insgesamt?
- Wie geht es dir körperlich (mit Aufgabe XY)?
- Hast du Schmerzen bei Aufgabe XY?

- Schaffst du es, nach einem solchen Arbeitstag wie heute gut innerlich zur Ruhe zu kommen?
- Kannst du dich nach der Arbeit gut runterfahren?
- Was bereitet dir Genuss?
- Bist du mit deiner körperlichen Energie (z. B. jetzt im Frühling) zufrieden? Ich merke meine Frühjahresmüdigkeit dieses Jahr richtig.
- Wie fit fühlst du dich trotz der kurzen Tage im Moment?
- Zieht dir das Regenwetter in die Knochen? Wie fühlst du dich momentan körperlich?
- Sind Ihre Arbeitsmaterialien für Sie passend, was die Ergonomie angeht?
- Verfügen Sie über passende Sitzmöbel, um schmerzfrei zu arbeiten?
- Bei welchen Arbeiten spüren Sie eine besondere Belastung auf Ihren Körper? Führt gar etwas zu Schmerzen? Was könnten wir als Unternehmen anders machen? Was bräuchte Ihr Körper von Ihnen?
- Sind die Grundbedürfnisse gestillt?
- Passt es, wenn wir jetzt über XY reden oder brauchst du erst einmal eine Pause?
- Wie häufig schaffst du es, deine Pausen einzuhalten?
- Sind deine Pausen erholsam? Was machst du in der Pause?
- Schaffst du es, während der Arbeitsphase genug zu trinken und zu essen?
- Wie schläfst du? Bist du heute ausgeruht?

Der Wechsel zwischen „du" und „Sie" in der Fragenformulierung ist bewusst gewählt, um verschiedene Kontexte abzubilden. Die Formulierung kann jeweils für Ihren Kontext angepasst werden.

Das Gespräch über körperliche Zustände setzt nicht nur Feinfühligkeit des Vorgesetzen voraus, sondern auch Vertrauen. Kooperation wird an dieser Stelle auch durch die Vorbildfunktion der Führungskraft verstärkt, nämlich wenn diese authentisch über das eigene körperliche Wohlbefinden spricht oder glaubhaft erläutert, dass sie an der Steigerung des körperlichen Wohlbefindens der Mitarbeitenden interessiert ist und Wege sucht, wie von Seiten der Führungskraft hier unterstützet werden kann.

Fazit

Um Kooperation zu fördern, ist mehr nötig, als die üblichen Präventionskurse der Krankenkassen anzubieten oder Informationen dazu auszulegen. Körperliches Wohlbefinden kann auf weit mehr Wegen im Unternehmen oder in der Behörde oder auch Schule gesteigert werden, als Informationen zu Angeboten in der Freizeit auszugeben, und damit die Zufriedenheit und eben auch die Belastbarkeit, Vitalität, Fitness, Genussfähigkeit und innere Ruhe der Mitarbeitenden erhöhen.

7.2   Mentales Wohlbefinden

Das mentale Wohlbefinden lässt sich unterschiedlich definieren. In der wissenschaft-lichen Forschung gibt es verschiedene, eng beieinanderliegende Begrifflichkeiten und Konzepte, wie das des psychischen Wohlbefindens (WHO, 1946), das Konzept des subjektiven Wohlbefindens (Diener, 1984), der Lebensbereichszufrieden-heit (Diener, 1999) als Ergänzung, der psychischen Aspekte des habituellen Wohl-befindens (Dalbert, 2003) oder des psychologischen Wohlbefindens (Ryff & Keyes, 1995) sowie das Konzept der Lebensqualität (Kahneman et al., 1999).

Für unsere Betrachtungsweise meinen wir mit mentalem Wohlbefinden den Teil des Wohlbefindens einer Person, der aufgrund der eigenen Wahrnehmungs-, Gedanken- und Gefühlswelt entsteht und sich in der Stimmung und in ent-sprechendem Verhalten zeigen kann.

▶   Das mentale Wohlbefinden beschreibt entsprechend Diener (1999) die
      subjektive, affektive und kognitive Bewertung des eigenen Lebens.

Unterteilt ist diese Beschreibung nach Diener in vier Komponenten:

1. Lebenszufriedenheit als Ergebnis der kognitiven Bewertung
2. Erleben von positiven Gefühlen/Stimmungen
3. Abwesenheit von negativen Gefühlen/Stimmungen
4. Lebensbereichszufriedenheit als Komponente, um verschiedene Lebensbereiche
   wie Arbeit, Familie, Gesundheit, Umfeld und Umwelt zu spezifizieren.

Im Unternehmenskontext ist die Arbeitszufriedenheit natürlich ein wichtiger Faktor. Weiterhin schließen wir im mentalen Wohlbefinden die Kernaspekte des psychologischen Wohlbefindens (Ryff & Keyes, 1995) mit ein, die persönliches Wachstum, Selbst- und Potenzialentfaltung umfassen.

Nach Ryff und Keyes (1995) ist ein hohes mentales Wohlbefinden dann gegeben, wenn Menschen autonom handeln können (was Verstehbarkeit vgl. Kap. 4 voraussetzt), Anforderungen meistern (was Ressourcen vgl. Kap. 5 voraus-setzt), Sinn (vgl. Kap. 6) und Selbstakzeptanz sowie positive soziale Beziehungen erleben (vgl. Kap. 3).

▶   Mentales Wohlbefinden ist gegeben durch Zufriedenheit mit dem
      persönlichen Wachstum, Möglichkeiten zur Selbst- und Potenzialent-
      haltung, Handlungsspielraum, Verstehbarkeit, Bewältigbarkeit, Sinn-
      haftigkeit und Selbstakzeptanz sowie positive soziale Beziehungen.

Arbeitsbedingungen, die ungünstig sind, können nicht nur zu körperlichen Beschwerden bei den Beschäftigten führen, sie bergen auch Risiken für die psychische Gesundheit (vgl. Bundesgesundheitsministerium; Quelle: https://www.bundesgesundheitsministerium.de/krankenversicherung-praevention.html. Zugegriffen: 30.10.2021).

Das, wie oben definierte, mentale Wohlbefinden von Mitarbeitenden wird für Unternehmen zunehmend wichtig. Dies ist nicht nur im Fachkräftemangel und der damit verbundenen Relevanz begründet, Fluktuationen einzugrenzen. Auch auf die Krankenstände eines Unternehmens hat das mentale Wohlbefinden großen Einfluss. Meyer et al. (2014) zeigen, dass die arbeitsbedingten Fehltage aufgrund psychischer Erkrankungen seit 2002 um etwa 62 % gestiegen sind. Dieser Trend setze sich auch in den Folgejahren fort. Im Coronajahr 2020 zählte der DAK-Psychreport (2021) rund 265 Arbeitsunfähigkeitstage je 100 Versicherte aufgrund psychischer Erkrankungen und damit mehr als je zuvor. In die Analyse flossen mehr als 2,4 Mio. Daten von Beschäftigten ein. Auch wenn es durch die Pandemie mit ihren grundsätzlichen, negativen Faktoren auf die Psyche, fehlende Möglichkeiten der Kinderbetreuung durch Kita- und Schulschließungen und damit verbundene Doppelbelastungen sowie einer leichteren Möglichkeit der Krankschreibungen Gründe zur Annahme gibt, dass die Daten in gewissem Maße durch die Pandemiesituation verzerrt sind, so zeigt sich doch, dass die psychische Verfasstheit der Mitarbeitenden für Unternehmen und Institutionen einen immer relevanteren Einfluss gewinnt. Dies zeigt sich auch in der Forschung zu den Bedürfnissen der Arbeitnehmenden aus den jungen Generationen, die dem Wohlbefinden bei der Arbeit einen höheren Stellenwert beimessen als Beschäftige aus früheren Generationen (vgl. „Veränderte Bedürfnisse innerhalb der Generationen", S. 131).

Die insgesamt festgestellte Zunahme von stressbedingten Erkrankungen geht mit veränderten Arbeitsbedingungen einher (vgl. WHO, 2006). Neben dem Blick auf das Fehlen von psychischer Gesundheit und damit eingeschränkter Leistungsfähigkeit, kann man sich auch der Frage zuwenden, was denn die Vorteile sind, wenn Mitarbeitende ein hohes mentales Wohlbefinden aufweisen.

Nicht Erfolg führt zu Wohlbefinden und Glücksgefühlen. Lyubomirsky et al. (2005a, 2005b), King und Diener (2005a, 2005b) konnten zeigen, dass Menschen, die sich wohlfühlen, mehr beruflichen Erfolg, gemessen durch Einstellungschancen, hatten. Es ist also genau andersherum. Eine gute psychische Gestimmtheit führt zu beruflichem Erfolg und, wie De Neve und Oswald (2012) zeigten, zu einem höheren Einkommen. Studien zum Thema Optimismus (vgl. Seligman, 2007) stützen diese Befunde.

In einer Metaanalyse von Bolier et al. (2013) konnte gezeigt werden, dass positive Interventionen, wie sie in der Positiven Psychologie in Form von Training und Übung üblich sind, effektiv das mentale Wohlbefinden erhöhen und depressive Symptome reduzieren können. Die Metaanalyse schloss 39 Studien und 6139 Teilnehmende ein. Dies zeigt eindrucksvoll, dass Menschen ihr mentales Wohlbefinden aktiv beeinflussen können. Die Analyse legt auch nahe, dass Unternehmen in dieser Hinsicht das mentale Wohlbefinden ihrer Mitarbeitenden verändern können und damit von den vielen positiven Effekten profitieren, die ein gesteigertes mentales Wohlbefinden mit sich bringt.

7.2.1 Mentales Wohlbefinden mehren

Seligman (2011, 2018) beschreibt in seiner Theorie des Wohlbefindens fünf Bereiche, die zum Aufblühen (*flourishing*) führen. Er nennt dieses Modell PERMA, als Akronym der fünf Anfangsbuchstaben der Bereiche, P = *pleasure/ positive emotions*, E = *engagement*, R = *relationships*, M = *meaning* und A = *accomplishment*.

Die Bereiche sind in der Tab. 7.1 dargestellt, in der auch Reflexionsfragen für Ihr Unternehmen eingefügt sind.

Aus den fünf Bereichen des PERMA-Modells, positive Emotionen, Aktivität („in etwas aufgehen"), Sinnhaftigkeit, positive Beziehungen sowie Zielerreichung und Erfolg, soll für den Bereich der positiven Emotionen an dieser Stelle noch einmal eine genauere Betrachtung erfolgen. Die anderen vier Bereiche werden an anderen Stellen dieses Buches (siehe Verweise in Tab. 7.1) detaillierter dargestellt oder ergeben sich (vgl. PERMA-Bereich Zielerreichung und Erfolg in Tab. 7.1) aus der Anwendung des WVBSW-Modells.

Positive Emotionen sind ein Motor für gute Leistungen. Dabei können positive Emotionen über zwei Wege aktiviert werden. Sie können durch positives Tun (z. B. Bewegung und darüber Ausschüttung entsprechender Neurotransmitter) aktiviert werden oder durch eine selektive Wahrnehmung der Umwelt, die positiven Umweltreizen Bedeutung beimisst und gestützt durch Ressourcen positive, selbstwirksame und optimistische Gedanken fördert. Diese Gedanken wiederum führen zu positiven Gefühlen. Wenn ein Mitarbeitender eine Aufgabe gestellt bekommt und mittels seiner Ressourcenanalyse (vgl. Kap. 5) zu dem Schluss kommt, dass er der Aufgabe gewachsen ist, dann erzeugt dies positive Emotionen.

Da positive Emotionen ein Schlüssel für Motivation und gut funktionierende soziale Beziehungen sind und darüber auch Kooperation verbessern, sollen sie an dieser Stelle in ihrer sich verstärkenden Weise und ihren Gewinnen für das Unternehmen dargestellt werden.

Eine gut erforschte Theorie, die sich auf positive Emotionen bezieht, ist die Broaden-and-build-Theorie von Fredrickson (2001, 2004). Sie besagt, dass Mitarbeitende, die positive Emotionen erleben, ihren Wahrnehmungsfokus auf positive Dinge richten und ihren Handlungsspielraum und ihre Kreativität erweitern. Es werden in der Folge physische, psychische und intellektuelle Ressourcen (vgl. Kap. 5) gestärkt. Diese Stärkung der Ressourcen fördert wiederum das Wohlbefinden und die Gesundheit der Mitarbeitenden und führt darüber hinaus zu neuen positiven Emotionen, die diese Positiv-Spirale weiter in Gang bringen (vgl. Abb. 7.3).

Die daraus entstehende positive Aufwärtsspirale, die sich von selbst fortsetzen kann, wirkt, da ein wiederholtes Erleben von positiven Emotionen motivierend, erweiternd und ressourcenstärkend wirkt und somit mit größerer Wahrscheinlichkeit zum Erfolg in verschiedenen Lebensbereichen führt und dies wiederum die positiven Emotionen steigert. So sind die Befunde, die zu Beginn des Abschn. 7.2 dargestellt wurden, teilweise zu erklären. Menschen, die Freude empfinden, sind erfolgreicher und das macht sie freudiger.

Tab. 7.1 Bereiche des PERMA-Modells (Seligman, 2018) und passende Reflexionsfragen

Bereich	Beschreibung	Reflexionsfragen
Positive Emotionen *(Positive emotions)*	Hier wird die hedonistische Orientierung des mentalen Wohlbefindens beschrieben. Nach Seligman (2005) können sich Positive Emotionen auf die Vergangenheit (z. B. Dankbarkeit), auf die Gegenwart (z. B. Freude) und auf die Zukunft (z. B. Zuversicht durch Optimismus) beziehen Im Folgenden finden Sie Ideen für die Umsetzung in Ihrem Unternehmen. Reflektieren Sie aber gerne zunächst die rechts stehenden Fragen	Wie werden in Ihrem Unternehmen positive Emotionen für die einzelnen Mitarbeitenden erlebbar/spürbar gemacht? **Vergangenheit:** Gibt es eine Tradition der gütigen Rückschau, der Würdigung von bisher Erreichtem? **Gegenwart:** Gibt es Maßnahmen, die die aktuelle positive Stimmung der Mitarbeitenden fördert? Unter diese positiven Emotionen fallen zum Beispiel: Freude, Heiterkeit, Gelassenheit, Neugier, Interesse, Stolz, Inspiration, Spaß, Vergnügen und Liebe **Zukunft:** Gibt es gezielte Ansätze, um die Denkmuster der Mitarbeitenden in Richtung Optimismus und Zuversicht zu verändern? Gibt es zuversichtliche Vorbilder, die die Unternehmensvision in einer Art transportieren und leben, die im aktuellen Tun Momente der Freude stärkt?
Aktivität/"in etwas aufgehen" *(Engagement)*	Wenn die Bewältigbarkeit von Anforderungen (vgl. Kap. 5) durch Verfügbarkeit von Ressourcen, wie z. B. persönlichen Stärken, optimal gegeben ist, können sich Mitarbeitende oft in ihre Arbeit vertiefen und sie fesselt sie manches Mal gerade zu. Dann entstehen Flow-Momente (Csíkszentmihály 1995), in denen die Mitarbeitenden in der Arbeit gänzlich aufgehen und sich über das normale Maß engagieren Sie befinden sich genau zwischen Über- und Unterforderung. Die Aufgabe passt perfekt und die Mitarbeitenden gehen in ihrer Aufgabe auf	Wird in Ihrem Unternehmen darauf geachtet, dass zu den gestellten Anforderungen die Ressourcen der Mitarbeitenden in einem optimalen Verhältnis stehen (vgl. Bewältigbarkeit, Kap. 5)? Ist es dadurch möglich, dass die Mitarbeitenden in ihren Aufgaben aufgehen, d. h. sich frei und ungetrübt entfalten können? In Kap. 5 finden Sie vielfältige Hinweise, wie Sie die Passung von Anforderungen und Ressourcen überprüfen und z. B. durch die zur Verfügungstellung von Ressourcen verbessern können

(Fortsetzung)

Tab. 7.1 (Fortsetzung)

Bereich	Beschreibung	Reflexionsfragen
Positive Beziehungen *(Relationships)*	Positive Beziehungen und soziale Unterstützung (vgl. Abschn. 7.3) sind einer der wichtigsten Prädiktoren für mentale Gesundheit und das mentale Wohlbefinden. Menschen suchen aktiv nach emotionalen und physischen Interaktionen, welche menschliches Verhalten in vielen Bereichen motivieren und zu den bedeutsamsten Aspekten des Lebens gehören. Wertschätzung (vgl. Kap. 3) ist eine der wirksamsten Formen, Beziehungen positiv zu stärken	Werden in Ihrem Unternehmen positive Beziehungen zwischen den Mitarbeitenden gezielt gefördert? Werden strukturelle und individuelle Maßnahmen getroffen, um positive Beziehungen zu stabilisieren und zu stärken? Wird soziale Unterstützung systematisch in ihrem Unternehmen gelebt? In Kap. 3 dieses Buches erfahren Sie, wie Sie Wertschätzung nutzen können, um die Beziehungen in Ihrem Unternehmen positiv zu gestalten. In Abschn. 7.3 (Soziales Wohlbefinden) erhalten Sie weitere Hinweise und Praxistipps
Sinn/Sinnhaftigkeit *(Meaning)*	Sinnhaftigkeit ist nach Seligman ein wichtiger Faktor für mentales Wohlbefinden. Sinnerleben stellt im PERMA-Modell die eudaimonische Betrachtung dar. Sinnerleben stärkt positive Emotionen und wirkt auch dadurch verstärkend auf das mentale Wohlbefinden in seiner Gesamtheit	Wird in Ihrem Unternehmen darauf geachtet, dass Sinnhaftigkeit (vgl. Kap. 6) in einer Art transportiert wird, dass sie in das Erleben der Mitarbeitenden übergeht? Wissen die Mitarbeitenden, warum sie ihren Einsatz bringen? Fühlen sie sich als Teil eines größeren Ganzen? In Kap. 6 erhalten Sie viele wertvolle Hinweise, um das Sinnerleben Ihrer Mitarbeitenden zu prüfen und zu verstärken
Zielerreichung und Erfolg *(Accomplishment)*	Explizite Ziele, die verstehbar (vgl. Kap. 4), bewältigbar (vgl. Kap. 5) und für den Mitarbeitenden sinnhaft (vgl. Kap. 6) sind, motivieren und fördern die Leistungsbereitschaft. Diese Ziele müssen so geplant und kommuniziert sein, dass sie weder unterfordern noch überfordern (vgl. Kap. 5) und dadurch die Motivation und das Engagement stärken. Die Zielerreichung, um die es hier vornehmlich geht, führt über ein gesteigertes Selbstwertgefühl zu einem gesteigerten mentalen Wohlbefinden	Wie werden in Ihrem Unternehmen Ziele definiert? Werden die Aspekte der Wertschätzung (Kap. 3), der Verstehbarkeit (Kap. 4), der Bewältigbarkeit (Kap. 5), der Sinnhaftigkeit (Kap. 6) und des Wohlbefindens (aktuelles Kapitel) bei der Zielplanung mitgedacht? Wie werden Erfolge kommuniziert und wertgeschätzt? Werden sie zum Beispiel gefeiert, mit der Vision in Verbindung gebracht oder durch besondere Gratifikationen belohnt? Was haben wir eigentlich alles schon erreicht? Welche unserer Ressourcen haben wir eingesetzt, um bis hier gekommen zu sein? Worauf können wir zu Recht stolz sein?

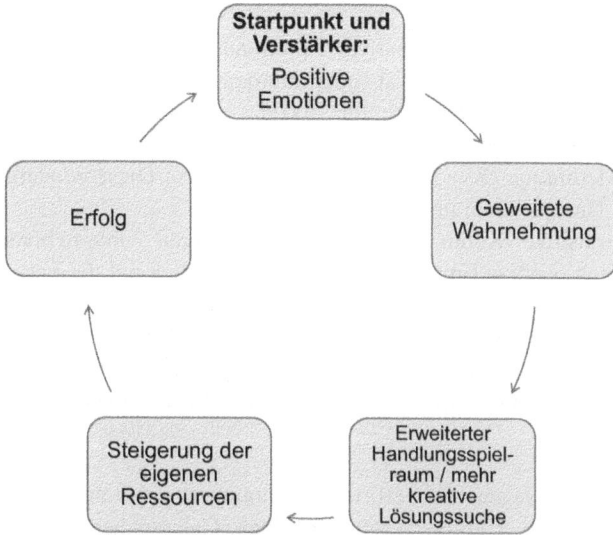

Abb. 7.3 Aufwärtsspirale der positiven Emotionen. (Mod. nach Fredrickson, 2001, 2004; mit freundlicher Genehmigung der American Psychological Association)

▶ Das mentale Wohlbefinden der Mitarbeitenden lässt sich mittels der fünf Bereiche des PERMA-Modells fördern, indem positive Emotionen während der Arbeit erlebbar gemacht werden, Vorgesetzte für eine optimale Passung von Aufgabe und Person zwischen Unter- und Überforderung sorgen, sodass Flow entstehen kann, positive soziale Beziehungen mit entsprechender sozialer Unterstützung gestärkt werden, Sinn erkennbar gemacht wird sowie auf Ziel- erreichung und Erfolg fokussiert wird. So kann – ausgelöst durch mit einem hohen mentalen Wohlbefinden einhergehenden positiven Emotionen – eine Aufwärtsspirale in Gang gesetzt werden, die zu einer weiteren Vermehrung positiver Emotionen führt.

Im Folgenden sollen noch einige Beispielinterventionen dargestellt werden, die zum Ziel haben, positive Emotionen zu stärken, um oben skizzierte Aufwärts- spiralen zu fördern.

Beispielinterventionen: Mentales Wohlbefinden steigern in Bezug auf Ver- gangenheit, Gegenwart und Zukunft

Vergangenheit:

- Kommunikation von Dankbarkeit: Führungskräfte können ihren Mit- arbeitenden Dankbarkeit für erbrachte Leistungen entgegenbringen.

Dankbarkeit steigert die positiven Emotionen sowohl bei demjenigen, der die Dankbarkeit empfängt, als auch bei demjenigen, der die Dankbarkeit spendet (Emmons & McCullough, 2003).

- Positive Emotionen in Bezug auf die Vergangenheit lassen sich ebenso durch Meditation (Kyeong et al., 2017) erzeugen. Diese wiederum lassen sich im Unternehmen implementieren.
- Durch positive Kommunikation der bisherigen Unternehmenserfolge lassen sich positive Emotionen erzeugen. Ein Blick auf die Vergangenheit mit der Arbeitsfrage: „Was haben wir eigentlich alles schon erreicht?", „Welche unserer Ressourcen haben wir eingesetzt, um bis hier gekommen zu sein?", „Worauf können wir zu Recht stolz sein?" kann sowohl Dankbarkeit als auch Güte, Stolz, Gelassenheit, Ehrfurcht und Demut erzeugen.

Gegenwart:
Zu den in der Gegenwart verorteten Emotionen gehören unter anderem: Freude, Heiterkeit, Humor, Vergnügen, Spaß, Gelassenheit, Stolz, Neugier, Interesse und Inspiration.

- Momente der Freude schaffen durch z. B. kleine Aufmerksamkeiten
- Wertschätzende Kommunikation
- Rituale
- Entspannungsmethoden wie progressive Muskelentspannung, Atementspannung oder Meditation
- Humor
- Spannende Fortbildungen

Zukunft:
Zuversicht und Hoffnung sind wesentliche Kernelemente des wirtschaftlichen Erfolgs. Sie ziehen eine Reihe von wachstumsfördernden Merkmalen nach sich (vgl. Grömling, 2021).

- Vermittlung von Stabilität, wo gegeben
- Klare Kommunikation und Transparenz, gepaart mit optimistischen Bildern der Zukunft, dort wo realistisch
- Weiterbildungsmöglichkeiten
- Selbstwirksamkeit durch gezielte Methoden stärken
- Optimistische Denkweisen transportieren und optimistisches Denken trainieren (Seligman, 2006)

Die Übersicht zeigt Ihnen einige Möglichkeiten, positive Emotionen zu fördern. Feel-Good-Manager sind heute in Mode und sicherlich eine Möglichkeit, das mentale Wohlbefinden der Mitarbeitenden gezielt zu stärken. Die Maßnahmen greifen aber zu kurz, wenn nicht auch weitreichende Aspekte wie Möglichkeiten zur Autonomie, zur Erweiterung der eigenen Kompetenzen und Ressourcen und die Förderung von selbstwirksamem und optimistischem Handeln in den Blick genommen werden.

Praxisbeispiel zur Stärkung des mentalen Wohlbefindens

Viele Unternehmen und Institutionen greifen heute auf Employee Assistance Programs (EAP) zurück, um ihre Mitarbeitenden in beruflichen und privaten Problemstellungen qualifiziert zu unterstützen. Die Unterstützung dient der Hilfe bei psychischen Belastungen am Arbeitsplatz oder auch im privaten Bereich, zum Beispiel durch Familienprobleme. Sie soll Stress reduzieren, bei Konflikten unterstützen und die persönliche Entwicklung fördern. Weiterhin dient sie den Führungskräften eines Unternehmens bei ihrer Personalführung als Reflexionsfläche und unterstützt sie in ihrer Führung. Während viele Programme digital oder telefonisch verankert sind und die Mitarbeitenden über Hotlines wechselnde Beratende als Ansprechpartner*innen haben, bieten wir unseren Kund*innen ein Face-to-Face-Format an, in dem die Mitarbeitenden sich mit den Beratenden neben der digitalen/telefonischen Variante auch im echten Kontakt treffen können. Die Beratungen umfassen in der Regel ein bis zwei Stunden und sind ähnlich eines Coachings ausgelegt. Ziel ist es neben der Problemlösung, die Kooperationsbereitschaft zu steigern und die Kooperation der Mitarbeitenden mit ihrem Unternehmen zu fördern.

Die Mitarbeitenden werden in der Lösungssuche zu ihren Problemen in der WVBSW-Sicht- und Verhaltensweise gezielt unterstützt, indem sie zu folgenden Themen arbeiten:

- Wertschätzung:
  - Hat das Problem etwas mit Geringschätzung oder einem Mangel an Wertschätzung (vgl. Kap. 3) zu tun? Wenn ja, in welcher Weise? Was müsste passieren?
  - Da wir nicht nur den Fokus auf das Problem, sondern vor allem auf die Lösung des Problems und die Stärkung der Mitarbeitenden legen, wird erarbeitet, wie das Senden und Empfangen von Wertschätzung explizit gesteigert werden kann.
- Verstehbarkeit:
  - Hat das Problem einen Bezug zu fehlender Verstehbarkeit (vgl. Kap. 4)? Wird bei Mitarbeitenden zum Beispiel Stress ausgelöst, weil bestimmte Aufgabenstellungen nicht verstanden sind? Wenn ja, werden Maßnahmen ergriffen, die die Verstehbarkeit erhöhen? Das können individuelle Veränderungen oder auch die Hinzuziehung der Führungskraft sein, um auf den Themenkomplex aufmerksam zu machen. Gemeinsam wird dann erörtert, wo der oder die Vorgesetzte möglicherweise Informationen nicht gegeben hat und wie Abläufe so verändert werden können, dass für den oder die Mitarbeitende*n mehr Verstehbarkeit hergestellt werden kann.

- Wir erarbeiten mit den Mitarbeitenden, wie sie mehr Verstehbarkeit für sich, aber auch für andere Menschen in den Arbeitsprozessen herstellen können und unterstützen sie darin, ihre Ziele klarer und effektiver zu erreichen.
- Bewältigbarkeit:
  - Im Bereich der Bewältigbarkeit fokussieren wir unsere Beratungen auf die Erfassung von Ressourcen und die Identifikation auf Bereiche, wo Ressourcen möglicherweise gänzlich fehlen oder gesteigert werden müssen. Dies können sowohl umweltbezogene, soziale oder in der Person liegende Ressourcen sein (vgl. Kap. 5).
  - Die Steigerung von Ressourcen wird dann in die Problemlösung einbezogen, der Handlungsspielraum wird systematisch erweitert, die Selbstwirksamkeitserwartung und das optimistische Denken der Person gefördert.
  - Unsere Beratung richtet sich ausdrücklich dabei auch an Menschen, die kein akutes Problem haben, sondern ihre Ressourcen im präventiven Sinne steigern möchten, um sich dadurch weiterzuentwickeln und ihr Potenzial zu entfalten.
- Sinnhaftigkeit:
  - Auch auf die Gefahr hin, dass Mitarbeitende erkennen, dass sie keinen Sinn in ihrer Arbeit erleben (vgl. Kap. 6), wird die Sinnfrage systematisch mit dem Bezug zur eigenen Individualität beleuchtet, wenn das ursprüngliche Problem dies erfordert.
  - Weiterhin wird in unserem Beratungsansatz erarbeitet, wie die Arbeit für die Mitarbeitenden mit mehr Sinn versehen werden kann, um Motivation und Freude zu erhöhen.
- Wohlbefinden:
  - Das körperliche Wohlbefinden stärken wir durch Challenges, die wir in unsere Beratungen integrieren, z. B. zu Bewegung, Ernährung oder Stressregulation. Weiterhin finden unsere Angebote meist bei Bewegung durch Wälder statt. Wir nutzen das von uns entwickelte Beratungskonzept der „Gedankengänge", um in die Beratung auch im übertragenen Sinne Bewegung zu bringen.
  - Das mentale Wohlbefinden der Mitarbeitenden stärken wir in den Beratungen durch die Thematisierung des Bereichs und die Prüfung, wie weit es, z. B. durch die PERMA-Kriterien, vorliegt. Wir nutzen den Ansatz von Rogers (1993) und bringen unseren Klient*innen in den Beratungen bedingungslose positive Wertschätzung, Empathie und Kongruenz (Authentizität) entgegen.
  - Das soziale Wohlbefinden stärken wir, indem wir, wenn nötig und gewünscht, weitere Personen in den Beratungsprozess einbinden, Hilfestellung bei Konfliktlösungen bieten, eine positive Form von Kommunikation mit den Mitarbeitenden üben und den Mitarbeitenden

und Führungskräften Praxistipps geben, wie sie ihr soziales Wohlbefinden erhöhen. Mit dem Unternehmen werden ebenfalls Maßnahmen erörtert, die das soziale Wohlbefinden stärken.

Unser Angebot wird abgerundet durch Empfehlungen, die sich an die Geschäftsführung des Unternehmens oder die zuständige Führungsebene richten und das WVBSW-Modell vertiefen und Führungskräften in Trainings und Beratungssettings Skills vermitteln, um WVBSW selbst sicher anzuwenden (und damit auch die Ursachen von Widerständen zu identifizieren) und als Multiplikator für gelingende Kooperation zu dienen. ◄

7.2.2 Fragenauswahl Dimension mentales Wohlbefinden

Über das mentale Wohlbefinden der Mitarbeitenden ins Gespräch zu kommen, ist ähnlich herausfordernd, wie über das körperliche Wohlbefinden zu sprechen. Unternehmen können diesen Part zum Teil auslagern, indem sie Professionelle an dieser Stelle einsetzen (vgl. vorheriger Beispielkasten). Gleichzeitig ist es eine große Chance, über das mentale Wohlbefinden der Mitarbeitenden in den Austausch zu gehen und damit vonseiten der Führung Interesse zu zeigen und den Mitarbeitenden darüber Wertschätzung entgegenzubringen. Eine vertrauensvolle Beziehung zwischen Führung und Mitarbeitenden ist hier von großem Vorteil. Das Gespräch über Bedürfnisse im Bereich des mentalen Wohlbefindens kann das Vertrauen allerdings auch steigern. Folgende Fragen können helfen, das mentale Wohlbefinden im Gespräch zu erfragen.

Mentales Wohlbefinden erfragen

- Wie ist deine Stimmung im Moment?
- Wie ging es dir in der Situation XY?
- Wie fühlst du dich mit der neu übertragenen Aufgabe X?
- Wie viel Freude erlebst du mit …?
- Wie wirkt sich der neue Aufgabenbereich auf deine Laune aus?
- Was bereitet dir Freude an deinen Aufgaben?
- Wenn es darum ginge, dass Sie sich mental rundum wohlfühlen sollten. Welche von Ihren Aufgaben würden Sie gerne häufiger machen und welche weniger häufig? Würden Sie überhaupt noch zur Arbeit kommen?
- Wie würde es dir mental noch besser gehen bei uns?
- Was für Gefühle hast du, wenn du XY machst (z. B. Koordination der Beteiligten)?
- Gibt es etwas, was sich bei der Arbeit ändern könnte, damit du mehr Freude und Wohlbefinden erleben würdest?

- Erlebst du Dankbarkeit, wenn du an deine bisherigen Erfolge bzw. deinen bisherigen Weg hier im Unternehmen zurückdenkst?
- Wie zuversichtlich betrachtest du deine Zukunft hier im Unternehmen?
- Wie zuversichtlich sind Sie in Bezug auf Ihre weitere Karriere?
- Erleben Sie sich eher gestresst oder sind Sie oft bei der Arbeit im Flow?
- Fühlen Sie sich manchmal unterfordert? Mit welchen Aufgaben?
- Fühlen Sie sich manchmal überfordert? Mit welchen Aufgaben?
- Was können wir tun, damit Sie sich (mental) bei uns noch wohler fühlen?
- Erleben Sie genug Freiheiten bei Ihrer Arbeit?
- Fühlen Sie sich manchmal unwohl, da eingeengt oder gezwungen, etwas in einer Weise zu tun, die Ihnen widerstrebt oder Ihnen nicht sinnvoll erscheint?
- Erleben Sie Abhängigkeiten oder Zwang, die Sie beeinträchtigen?

Der Wechsel zwischen „du" und „Sie" in der Fragenformulierung ist bewusst gewählt, um verschiedene Kontexte abzubilden. Die Formulierung kann jeweils für Ihren Kontext angepasst werden.

Fragebögen zum mentalen Wohlbefinden, die anonymisiert ausgefüllt werden können, ergänzen die Gespräche und bieten noch einmal mehr Möglichkeit, die Stimmung und die Verfasstheit der Mitarbeitenden zu erfassen, um daraus Schlüsse für mögliche Veränderungsvorhaben zu ziehen.

Fazit

Das mentale Wohlbefinden der Mitarbeitenden gezielt zu fördern, ist möglich und wird Kooperationsbereitschaft positiv beeinflussen.

Wenn Gespräche über positive mentale Zustände zur Gewohnheit werden und wie im PERMA-Modell von Seligman vorgeschlagen, positive Emotionen, Flow, positive Beziehungen, Sinn und Erfolge gleichzeitig gestärkt werden, dann kann über solche Wege eine positive Spirale entsprechend der Broaden-and-build-Theorie (Fredrickson, 2001, 2004) entstehen, die den Erfolg des Unternehmens verstärkt und die Arbeitszufriedenheit fördert. Externe Professionelle können hier im Sinne von EAP-Programmen oder psychosozialer Beratung vor Ort unterstützend wirken. Coachings der Mitarbeitenden im Bereich Positive Psychologie und Positive Persönliche Entwicklung können ebenfalls zur Stärkung des mentalen Wohlbefindens beitragen.

Eine Haltung der Vorgesetzten, die zum Ziel hat, das mentale Wohlbefinden der Mitarbeitenden zu stärken, sowie konkrete Interventionen im Unternehmen und das Schaffen von entsprechenden Strukturen, wie Räumen und Zeiten für diese Interventionen, sind von besonderer Bedeutung.

7.3   Soziales Wohlbefinden

Das soziale Wohlbefinden haben viele Unternehmen bereits im Blick. Ihnen ist klar, dass ein möglichst gutes soziales Klima Leistungen verbessert und die Fluktuation sowie Krankenstände verringert. Weniger Energie muss in Konflikte oder dysfunktionale Kommunikation investiert werden und damit können Informationsverlust und Unzufriedenheit bewältigt werden. Obwohl sich soziales Wohlbefinden nur begrenzt vom mentalen Wohlbefinden trennen lässt, da die subjektive Wahrnehmung und Bewertung der Situationen ein entscheidender Faktor sowohl des mentalen als auch des sozialen Wohlbefindens ist (Sudeck & Schmid, 2012), so können folgende Bereiche zum sozialen Wohlbefinden gezählt werden: Wertschätzung (vgl. Kap. 3; Steckermeier & Delhey, 2019), das Vorhandensein und die Qualität sozialer Unterstützung (Angermeyer et al., 2000), das Gefühl von Zugehörigkeit und Nähe sowie das Gefühl, gebraucht zu werden (Keyes, 1998; Schwarzer & Leppin, 1991; Wagner & Brehm, 2006), das Vertrauen in das Gegenüber (Keyes, 1998) und das Geborgenheitsgefühl (Schwarzer & Leppin, 1991).

▶   **Soziales Wohlbefinden** kann beschrieben werden als individueller Bewertungsvorgang einer Person, in Bezug auf ihr soziales Umfeld. Wertschätzung, soziale Unterstützung, Zugehörigkeit, Nähe, das Gefühl, gebraucht zu werden, Vertrauen und das Gefühl von Sicherheit bzw. Geborgenheit innerhalb einer Gruppe steigern das soziale Wohlbefinden.

Positive Beziehungen und soziale Unterstützung sind einer der wichtigsten Prädiktoren für Gesundheit und das Wohlbefinden, können Halt geben und positive Emotionen fördern sowie Leistung steigern (Berkman & Glass, 2000; Unchino et al., 1996; Holt-Lunstad et al., 2010).

Schwarzer und Jerusalem (2002, S. 41) schreiben: *„Eine Gruppe, deren Mitglieder Vertrauen in die Teamressourcen haben können, entwickelt auch eine optimistische Auffassung von der Bewältigung zukünftiger stressreicher Ereignisse, die die ganze Gruppe betreffen. Die kollektive Selbstwirksamkeit sollte also einen Einfluss darauf haben, welche Ziele sich Gruppen setzen, wie viel Anstrengung sie gemeinsam in ein Projekt investieren und wie viel Widerstand sie leisten, wenn Barrieren auftreten. "*

Andersherum ist seit Langem bekannt, dass die Auswirkungen von Geringschätzung (Lobban et al., 1998; Gilbreath et al., 2004) und sozialen Konflikten am Arbeitsplatz (Oxensitierna et al., 2005) sowie das Gefühl, ungerecht behandelt zu werden (Weibler, 2016; Bandura et al., 2020), erhebliche negative Auswirkungen auf das Wohlbefinden und den Gesundheitszustand der Mitarbeitenden haben (vgl. Kap. 3). Hingegen ist ein konstruktiver Umgang mit Konflikten förderlich (Rehwaldt, 2018). Dazu kann die Führungskraft entscheidend beitragen, indem sie Arbeitsbedingungen und Bedingungen im Team gesundheitsförderlich gestaltet (Häfner et al., 2019). Ein positives soziales Klima und soziales Wohlbefinden sind also wichtige Voraussetzungen, damit Mitarbeitende leistungsstark sind (Colquitt et al., 2007) und ein Unternehmen auch langfristig durch Kooperation aufblühen (*flourishing*) kann (vgl. Seligman, 2011).

Wie auch in allen anderen beschriebenen Bereichen dieses Buches ist es wichtig zu berücksichtigen, dass die subjektive Wahrnehmung und Bewertung der Mitarbeitenden im Vordergrund stehen müssen. Kurzum: Mitarbeitende müssen zu ihrem Erleben von sozialem Wohlbefinden, ihren Wünschen und ihren Bedürf-nissen befragt werden, damit effektiv soziales Wohlbefinden gesteigert werden kann. Eine umfassende Skala zur Erfassung des sozialen Wohlbefindens ist dabei zum Beispiel die *social well beeing scale* von Keyes (1998). Sie erfasst das soziale Wohlbefinden wissenschaftlich mit den Dimensionen soziale Integration, sozialer Beitrag, soziale Kohärenz, soziale Verwirklichung und soziale Akzeptanz.

▶   Mitarbeitende agieren nach (Keyes, 1998) dann funktional (d. h., sie kooperieren) und zeigen ein hohes soziales Wohlbefinden, wenn sie sich in ihrer Umwelt akzeptiert und zugehörig fühlen, sie sich selbst akzeptieren können (vgl. Kap. 3), sie ihre Umwelt verstehen (vgl. Kap. 4), in ihr die Möglichkeit sehen, persönlich zu wachsen (vgl. Kap. 5) sowie ihre Umwelt als sinnvoll erleben und das Gefühl haben, selbst etwas zur Gesellschaft beizutragen (vgl. Kap. 6).

7.3.1   Soziales Wohlbefinden mehren

In der Praxis scheint es wichtig, verschiedene Maßnahmen zu verbinden, um ein breites soziales Wohlbefinden bei den Mitarbeitenden zu erreichen. Immer, wenn Gruppen betrachtet werden, lohnt es sich, die **räumlichen Gegebenheiten** zu betrachten. Unter welchen räumlichen Bedingungen entstehen Kontakte?

Das Gefühl von **Zugehörigkeit,** sich eingebunden zu fühlen, zählt bereits Maslow (1943, 1970) zu den wichtigsten Grundbedürfnissen von Menschen nach physiologischen Bedürfnissen wie Nahrungsaufnahme und Schlaf sowie Sicher-heitsbedürfnissen (Schutz). Es stärkt das Organisationale Commitment (Meyer & Allen, 1991), also die Bereitschaft, sich für sein Unternehmen einzusetzen. Gerade das Affektive Commitment, also die emotionale Verbindung zum Unternehmen, wird durch ein gesteigertes Gefühl von Zugehörigkeit gestärkt (van Dick, 2004).

Letztlich sind soziale Unterstützung und **positive soziale Interaktionen** ein wichtiges Element des sozialen Wohlbefindens in Unternehmen und Institutionen.

In der folgenden Übersicht haben wir Ihnen Ideen zusammengestellt, wie Sie das soziale Wohlbefinden auf diesen drei verschiedenen Ebenen stärken können.

Beispielinterventionen: Soziales Wohlbefinden steigern in Bezug auf räumliche Gegebenheiten, Zugehörigkeit und positive soziale Interaktion

Räumliche Gegebenheiten:
Die räumliche Gestaltung von Arbeitsplätzen kann soziales Wohlbefinden steigern oder auch reduzieren.

Ein Eingangsbereich, in dem Sie Mitarbeitende (und Stakeholder) willkommen heißen, die nicht regelmäßig am Standort sind, führt zu Wohlbefinden. Gleichzeitig bringt er positive Kontakte, wenn es entsprechende Werte und Haltungen gibt, die Menschen dort zu begrüßen.

Das soziale Wohlbefinden lässt sich auch steigern, indem Sie unterschiedliche Arbeitsplätze schaffen, nämlich zum Beispiel Arbeitsplätze, in denen viel Kontakt möglich ist (Großraumbüro, zentrale Lage in den Räumen) oder in denen es ruhiger zugeht für Menschen, die sich wohler fühlen, wenn sie weniger soziale Begegnungen, aber auch Ablenkungen oder soziale Verpflichtungen haben, und in denen ein individuelles Maß an Rückzug und damit weniger sozialer Kontrolle möglich ist (Einzelbüro, separater Arbeitsbereich, Trennflächen in Werkstätten oder abgeschiedener Bereich im Unternehmen). Wenn Sie flexibel nutzbare Räume schaffen, dann überlassen Sie Mitarbeitenden die Wahl, sich für bestimmte Tätigkeiten zurückzuziehen und für andere in Teams zu arbeiten, um individuell maximal leistungsfähig in Bezug auf die Aufgabenstellung zu sein.

Sozialräume, wie Teeküchen, gemeinsame Flächen für Sport und Bewegung und Entspannungsräume erhöhen das soziale Wohlbefinden und ermöglichen den Mitarbeitenden, Bedürfnissen nach Austausch, Regeneration oder Rückzug individuell nachzugehen. Ein Café oder ein Restaurant, welches gesunde Speisen für Ihre Belegschaft bereithält, dient als Treffpunkt und wirkt gleichzeitig auf das physische Wohlbefinden.

Räume, in denen neue Informationen und auch Erfolge des Unternehmens sowie erfolgreiche Einzelleistungen, die Vision des Unternehmens, Ziele und Meilensteine dargestellt sind, steigern das Commitment der Belegschaft, wenn sie spüren, dass sie Teil von etwas Größerem sind (vgl. Kap. 6).

Videokonferenzen und andere digitale Verfahren verhelfen Menschen dazu, wichtige Informationen zu erhalten, ohne physisch anwesend sein zu müssen. Flexible Arbeitszeit- und Arbeitsortbestimmungen, die zu den Wünschen und Bedürfnissen der Mitarbeitenden passen, erhöhen die Motivation, das Gefühl von Wertschätzung und Leistungsbereitschaft vieler Mitarbeitender. Hier empfiehlt sich eine enge Kontrolle des Leistungsoutputs, um zu entscheiden, wie eigenverantwortlich ein Mitarbeitender arbeiten kann, um seine Ziele im Sinne des Unternehmens bestmöglich zu erreichen.

Zugehörigkeit:
Ein Gefühl von Zugehörigkeit lässt sich über unterschiedliche Wege intensivieren. Zugehörigkeit lässt sich durch unbefristete Arbeitsverträge

steigern, die wiederum für sich genommen das Wohlbefinden von Mitarbeitenden erhöhen (Schuman & Kuchinke, 2020). Weiterhin fördert das Führungsverhalten die gefühlte Zugehörigkeit stark. Wichtig ist im Führungsverhalten, wie auch in den Werten des Umgangs miteinander, ein faires Verhalten und eine offene, ehrliche Kommunikation.

Beides lässt sich durch Sensibilisierung und Fortbildung der Führungskräfte mehren. Wichtig ist dabei, dass Führungskräfte entsprechende Werte auch verinnerlicht haben und sie im konkreten Alltagsverhalten leben (vgl. Kap. 8). Grundvoraussetzung dafür sind Unternehmenswerte, die das soziale Wohlbefinden bzw. das Wohlbefinden überhaupt verkörpern und die von den Vorgesetzten im konkreten Verhalten gelebt werden.

Auch Hilfsbereitschaft fördert das soziale Klima und das Gefühl, ein Teil einer Gruppe zu sein. Hierzu können Unternehmen beispielsweise Netzwerke bilden, um Hilfe für Mitarbeitende im Unternehmen zu organisieren. So kann eine (digitale) Pinnwand Einzug finden, auf der Kolleg*innen, die Hilfe brauchen, diese aufschreiben können und andere Kolleg*innen Hilfe bieten können. Wenn die Führungsebene sich beteiligt, haben solche Projekte häufig größeren Erfolg.

Auch fachliche Netzwerke können das Miteinander und die Zugehörigkeit verstärken.

Flache Hierarchien können das Gefühl der Zugehörigkeit stärken, wenn zum Beispiel Dienstpläne niedrigschwellig und in Bezug auf die eigenen Bedürfnisse und Erfordernisse des Familienalltags vereinbart werden können.

Eine gute Einführung neuer Mitarbeitender durch Patenschaften kann dazu beitragen, dass Neulinge sich schnell zurechtfinden und eingebunden fühlen. Wenn das Team außerdem in den Auswahlprozess von neuen Bewerbenden eingebunden ist und Empfehlungen an die Führungsebene abgeben darf, dann erhöht dies den sozialen Handlungsspielraum und damit das Gefühl der Integrität und des Eingebundenseins.

Zugehörigkeit ergibt sich in sozialen Beziehungen, wenn Akteure das Gefühl haben, dass sich ein gutes Gleichgewicht zwischen eigener (sozialer) Investition und dem Nutzen daraus für sie persönlich ergibt.

Menschen, die das Gefühl haben, ausgebeutet zu werden, fühlen sich in der Regel wenig bis nicht zugehörig, da sie nicht zu einer Gruppe gehören wollen, die sie gleichsam ausnutzt. Hier entsteht, wenn überhaupt, Kalkulatorisches Commitment, also eine rationale Kosten-Nutzen-Abwägung, weiter im Unternehmen zu bleiben. Dies führt dazu, dass die Person das Unternehmen verlässt, sobald sich eine bessere Arbeitsstelle findet.

Positive soziale Interaktion:

Positive soziale Interaktionen wie Firmenfeste und gemeinsame Ausflüge sind den meisten Unternehmen als Mittel der Stärkung des sozialen Gefüges bekannt. Deswegen soll auf diese Interventionen nicht weiter eingegangen werden, auch wenn sie für das soziale und mentale Wohlbefinden wichtig sind. Bemerkt werden soll an dieser Stelle, dass sie zwar in der Lage sind, positive Emotionen zu fördern, dies aber nicht auf nachhaltige Weise. Vielmehr kann sogar der Eindruck bei Mitarbeitenden entstehen, dass für einen Tag alles rosig ist, sich aber an den grundsätzlichen Bedingungen dadurch nichts ändert.

Den Bezug zur Sinnhaftigkeit zu stärken, hat mittelfristig sehr viel mehr Einfluss auf das Erleben der Mitarbeitenden (vgl. Kap. 6), als eine Feier nach der anderen zu organisieren.

Positive soziale Interaktionen können Sie langfristig stärken, wenn Sie eine Atmosphäre der sozialen Unterstützung schaffen. Wenn Mitarbeitende das Gefühl haben, in ihrer Arbeit optimal unterstützt zu sein, wirkt dies stark auf das soziale Wohlbefinden (Berkman & Glass, 2000; Unchino et al., 1996; Hapke et al., 2013; Holt-Lunstad et al., 2010).

Auch Transparenz erhöht das Vertrauensverhältnis und damit die positiven Beziehungen.

Aktiv konstruktives Reagieren hilft als Technik innerhalb der Kommunikation (vgl. Abschn. 3.3.2), die Beziehung zu vertiefen und Nähe und Sympathie zu stärken sowie dem Gegenüber positive Emotionen zu ermöglichen.

Soziale Challenges, die entweder zum Beispiel Spenden für Bedürftige sammeln, wie Firmenläufe, oder auch Challenges, die die soziale Vielfalt im Unternehmen fördern oder die Nachhaltigkeit oder den Klimaschutz, können das soziale Wohlbefinden im Unternehmen durch vermehrte, positiv erlebte Kontakte mehren.

Random acts oft kindness, vgl. die gleichnamige Website (https://www.randomactsofkindness.org/), zu Deutsch „Zufällige Aktionen der Freundlichkeit", ist eine Methode aus der Positiven Psychologie, die dazu inspiriert, kleine Dinge ohne die Erwartung einer Gegenleistung zu tun.

Diese können, vorzugsweise gebündelt an einem Tag, nicht nur ansteckend für das soziale Klima wirken, sondern auch das eigene Wohlbefinden erheblich steigern (Lyubomirsky, 2005b). Im Unternehmen können beispielsweise Führungskräfte diese Methode starten und dazu ermuntern, sich anzuschließen. Als kleine Freundlichkeiten können Komplimente, die Benennung von arbeitsbezogenen Stärken, das Aktiv konstruktive Reagieren, kleine ungefragte Hilfen oder Aufmerksamkeiten dienen. Mitarbeitende können sich vornehmen, eine eigene, nicht ganz dringliche Arbeit liegen zu lassen, um einem Kollegen oder einer Kollegin Hilfe bei seiner Arbeit anzubieten. Blumen können gekauft und auf den Tisch eines Kollegen bzw. einer Kollegin platziert werden, ohne eine*n Absendenden zu hinterlassen. Es gibt viele Möglichkeiten, kleine Freuden in den Alltag zu bringen.

Die obige Übersicht zeigt Ihnen einige Möglichkeiten, das soziale Wohlbefinden in Ihren Teams, Ihrer Abteilung oder in Bezug auf einzelne Mitarbeitende zu stärken.

Dabei ist es nicht nur wichtig, für räumliche Gegebenheiten, Zugehörigkeit und positive soziale Interaktionen zu sorgen, sondern ihre Gegenteile auch klar abzuschaffen. Fehlende Orte und Zeiten für das Miteinander, Ausgrenzung, aus welchen Motiven auch immer, und dysfunktionale Gesprächsführungen, die zum Beispiel in Konflikten zu persönlichen Anfeindungen werden, müssen durch das Unternehmen verhindert werden. Hier helfen wieder gemeinsame Werte, auf deren Einhaltung im konkreten Verhalten geachtet wird (vgl. Kap. 8).

Praxisbeispiel zur Stärkung des sozialen Wohlbefindens

Die Bäckerei Günther GmbH & Co. KG ist ein seit 1882 bestehendes, mittelständiges Familienunternehmen mit rund 300 Mitarbeitenden. Jedes Jahr lädt die Bäckerei ihre Mitarbeitenden zu einem traditionellen Tannenbaumfest ein. Für diesen Tag werden Tannenbäume auf das Betriebsgelände bestellt, sodass alle Mitarbeitenden sich einen Tannenbaum für das eigene Wohnzimmer aussuchen können. Es wird draußen gegrillt, Glühwein angeboten und den Familien der Mitarbeitenden wird die Bäckerei gezeigt. Die Kinder der Mitarbeitenden sind eingeladen, Kekse in der Backstube zu backen, sodass die gesamte Familie Einblicke in die Arbeitswelt des Elternteils oder Verwandten bekommt. Die Führungskräfte bewirten an diesem Tag die Mitarbeitenden, die an langen Tischen bei Speis und Trank in den kollegialen Austausch gehen.

Dieses Beispiel zeigt eine Intervention, die gleich auf verschiedenen Ebenen das soziale Wohlbefinden zu stärken vermag. Es gibt Raum und Zeit für den innerbetrieblichen Austausch. Kolleg*innen aus unterschiedlichen Unternehmensbereichen kommen miteinander in den positiven Kontakt. „Ein besonderer Gänsehautmoment" ist laut Personalchefin Christin Heinz, wenn es um den emotionalen Jahresrückblick und die Ehrung der Mitarbeitenden und Teams für besondere Highlights des Jahres geht, und das nicht nur vor den Kolleg*innen, sondern zumeist auch noch vor den eigenen Kindern und der Familie. Gleichzeitig wird die Familie mit eingebunden. Partner*innen und Kinder erhalten Einblicke in die sonst kaum zugängliche Backstube und können durch gemeinsame Aktionen Kontakte knüpfen und eine verstärkte Bindung zum Arbeitgeber entwickeln.

Darüber hinaus symbolisiert der Weihnachtsbaum die sorgenden Kontakte innerhalb des Familienunternehmens und bringt das Unternehmen buchstäblich ins häusliche Wohnzimmer. ◄

Wichtig ist bei solchen Aktionen, wie bereits erwähnt, dass sie nicht als einziges Mittel zur Bindung der Mitarbeitenden an ein Unternehmen verstanden werden. Wenn die Wertschätzung im Alltag fehlt, wenn Mitarbeitenden nicht klar ist, wie sie ihre Aufgaben machen sollen, damit ein gutes Ergebnis entsteht, wenn Ressourcen fehlen oder überstark beansprucht werden, wenn die Arbeit den Mitarbeitenden sinnlos vorkommt und sie durch die Arbeit körperliches oder mentales Wohlbefinden einbüßen, z. B. durch unpassende Schichtarbeit oder fehlende Entwicklungschancen, dann wird keine soziale Aktion diese Probleme beheben können.

Um umfängliche Kooperation durch soziales Wohlbefinden sicherzustellen, ist es also wichtig, sich nicht auf Feste oder Teamausflüge zu fokussieren, sondern diese nur flankierend als unterstützende Maßnahmen zu sehen, die einen Raum für gemeinsame Erfahrungen schaffen.

7.3.2 Fragenauswahl Dimension soziales Wohlbefinden

Um Auskunft über das soziale Wohlbefinden der Mitarbeitenden zu bekommen, bietet sich wieder das Gespräch an, allerdings auch – als Screening-Instrument – die anonymisierte Befragung.

Die Auflistung der folgenden Fragen kann Ihnen hier Anhaltspunkte für ein Gespräch geben. Auch hier ist eine gute Vorbereitung (vgl. Kap. 8) wichtig sowie die Reflexion von verschiedenen Hypothesen, um möglichst frei, offen und nicht bewertend in den Austausch zu gehen.

Soziales Wohlbefinden erfragen

- Wie erleben Sie die Zusammenarbeit mit Ihren Kolleg*innen?
- Haben Sie Zeit und Raum, um mit Ihren Kolleg*innen im Austausch zu sein?
- Erleben Sie eher Kooperation oder eher Wettbewerb untereinander?
- Haben Sie das Gefühl, dass Ihre Bedürfnisse in gemeinsamen Entscheidungen genügend berücksichtigt werden?
- Wie wohl fühlen Sie sich in Ihrem Büro und in Bezug auf die Kolleg*innen, mit denen Sie sich das Büro teilen?
- Haben Sie auch außerhalb der Arbeitszeit Kontakt zu Ihren Kolleg*innen?
- Mit welchen Ihrer Kolleg*innen arbeiten Sie besonders gerne zusammen? Wo pflegen Sie vielleicht sogar Freundschaften?
- Wie ist die Stimmung bei euch im Team?
- Arbeitest du gerne in diesem Team?
- Erlebst du verbale Angriffe oder übergriffiges Verhalten von Kolleg*innen?
- Wie viel lachen Sie in Ihrem Team? Ist Ihnen miteinander zum Lachen zumute?
- Können Sie sich auf Ihre Kolleg*innen verlassen?
- Vertrauen Sie Ihren Kolleg*innen?
- Werden Sie von Ihren Kolleg*innen rechtzeitig über relevante Dinge informiert?
- Fühlen Sie sich von Ihren Kolleg*innen unterstützt?

- Können Sie sich gegenseitig sachlich-konstruktiv Kritik äußern, ohne dass Sie oder ein anderes Teammitglied sich angegriffen fühlen/fühlt?
- Wurden Sie in unserem Team schon einmal verletzt?
- Fühlen Sie sich zeitweise verletzt von Aussagen anderer im Team?
- Erleben Sie manchmal Beleidigungen von Kolleg*innen?
- Wäre die Zusammenarbeit im Team für Sie ein Grund, das Unternehmen zu wechseln?
- Wenn ich ein Zauberer wäre und Sie sich etwas wünschen könnten: Was würden Sie sich in Bezug auf das soziale Klima bei uns wünschen?

Der Wechsel zwischen „du" und „Sie" in der Fragenformulierung ist bewusst gewählt, um verschiedene Kontexte abzubilden. Die Formulierung kann jeweils für Ihren Kontext angepasst werden.

Diese Fragen – angepasst an Ihre Situation und ggf. ergänzt – erlauben Ihnen, ein Gefühl für das soziale Gefüge in Ihrer Belegschaft zu erhalten.

Wenn Sie hier Probleme identifizieren, dann gilt es zunächst, die Werte des Unternehmens in den Blick zu nehmen und sich zu fragen, ob diese bereits das Miteinander im ausreichenden Maße berücksichtigen. Diese Werte sollten von allen als gemeinsame Werte getragen und in konkretes Verhalten übertragen werden (vgl. Kap. 8). So ergibt sich aus einer Sensibilisierung für die gemeinsamen Werte (so wollen wir miteinander umgehen) konkretes Verhalten.

Trainings sowie die Vorgabe der Führungskräfte wirken hier verstärkend und festigend in den neuen Verhaltensweisen.

Schädliche Verhaltensweisen werden sanktioniert, positive Verhaltensweisen, die prosozial, unterstützend und kooperativ sind, werden belohnt. Als Belohnung taugt hier ausdrücklich der Ausdruck von Anerkennung, d. h. zum Beispiel Benennung der positiven Verhaltensweisen, sowie positive Emotionsverstärkung, zum Beispiel durch Dankbarkeit der Führungskraft gegenüber einem oder einer Mitarbeitenden, der sich vorbildlich an die gemeinsamen Werte im sozialen Miteinander hält.

Fazit

Das soziale Wohlbefinden der Mitarbeitenden bestimmt das Klima und die Kooperationsbereitschaft.

Durch die Schaffung von räumlichen Gegebenheiten, die zu den Bedürfnissen der Mitarbeitenden passen, durch eine Stärkung von Wertschätzung, sozialer Unterstützung, Zugehörigkeit, positivem Feedback, Vertrauen und das klare Sanktionieren von sozial schädlichem Verhalten können Sie das soziale Wohlbefinden steigern. Ebenso wichtig ist es zu prüfen, ob in Absprachen die Bedürfnisse der einzelnen Akteure genügend berücksichtigt sind und diese die Situation als Win-win-Situation erleben, denn auch dies trägt maßgeblich zu einer Steigerung des sozialen Wohlbefindens bei.

7.4   Weitere Interventionen zur Steigerung des Wohlbefindens

Wohlbefinden auf körperlicher, mentaler und sozialer Ebene zu steigern, kann durch weitere Interventionen erfolgen, wie zum Beispiel die Schaffung einer entsprechenden Unternehmenskultur, in der gemeinsame Werte in konkretes, das Wohlbefinden förderndes Verhalten übertragen werden.

Veränderung der Führungsmentalität, angepasst an die Bedürfnisse der heranwachsenden Generationen, eine gute Kooperation zwischen den Generationen sowie zwischen anderen Gruppen (zum Beispiel Frauen und Männern, Menschen mit unterschiedlicher Herkunft oder unterschiedlichen Produktionszweigen) durch gemeinsam geteilte Werte sind weitere Möglichkeiten, das Wohlbefinden der Mitarbeitenden, aber auch der Führung zu stärken.

Darüber hinaus gibt es vielversprechende Ansätze, an der Wahrnehmung, dem Denken und den Gefühlen von einzelnen Personen anzusetzen, um auch hier Anreize zu einer Steigerung des Wohlbefindens zu geben. Dies gelingt auch außerhalb des therapeutischen Feldes sehr erfolgreich (vgl. Seligman, 2005; Bolier et al., 2013). Angebote zur Stärkung des körperlichen Wohlbefindens sowie der Fokus auf das kooperative, gelingende soziale Miteinander runden die Maßnahmen ab.

Unternehmenserfolg kann langfristig nicht nur über Komponenten der Wohlbefindenssteigerung gesichert werden. Die Mitarbeitenden müssen sich auch wertgeschätzt (vgl. Kap. 3) fühlen, sie müssen verstehen, wie sie die Dinge zu tun haben und brauchen entsprechend genaue Zielvorgaben und Unterstützung auf dem Weg zur Zielerreichung (vgl. Kap. 4), sie müssen genügend Ressourcen haben (vgl. Kap. 5) und sie müssen vor allem einen Sinn in den Aufgaben sehen (vgl. Kap. 6). Erst wenn alle Komponenten des WVBSW-Modells erfüllt sind, wird es kaum Probleme im Leistungsabruf der Mitarbeitenden und entsprechend im Erfolg geben.

Unser Buch „Positive Schulgestaltung – Wohlbefinden und Schulqualität gemeinsam stärken" (Holzrichter, 2023) zeigt am Beispiel des Schulsystems, wie sich allumfassendes Wohlbefinden und damit auch Leistung auf allen Ebenen (Führung, Kollegium, Schülerschaft, Elternschaft und Kooperationspartner*innen) gemeinsam steigern lassen. Unser Netzwerk hat an über 1.400 Schulen gearbeitet und die Erkenntnisse aus dieser Arbeit in dieses Praxisbuch fließen lassen. Die Beispiele lassen sich leicht auf den Unternehmenskontext übertragen, denn letztlich geht es um dasselbe: bei Lehrkräften und Schüler*innen oder Führungskräften und Mitarbeitenden eines Unternehmens einen Zustand zu erreichen, in dem sie ihr volles Potenzial entfalten können, um gemeinsam in Kooperation Leistung zu erbringen und wohlbefindlich über sich hinauszuwachsen.

Literatur

Albani, C., Blaser, G., Geyer, M., Schmutzer, G., Hinz, A., Bailer, H., Grulke, N., & Brähler, E. (2006). Validierung und Normierung des „Fragebogen zur Erfassung des körperlichen Wohlbefindens" (FEW-16) von Kolip und Schmidt an einer repräsentativen deutschen Bevölkerungsstichprobe. *PPmP-Psychotherapie Psychosomatik Medizinische Psychologie, 56*(03/04), 172–181.

Angermeyer, M., Kilian, R., & Matschinger, H. (2000). *WHOQOL-100 und WHOQOL-BREF. Handbuch für die deutschsprachige Version der WHOInstrumente zur Erfassung der Lebensqualität.* Hogrefe.

Badura, B., Ducki, A., Schröder, H., Klose, J., & Meyer, M. (2020). *Fehlzeiten-Report 2020. Gerechtigkeit und Gesundheit.* Springer.

Berkman, L. F., & Glass, T. (2000). Social integration, social networks, social support, and health. *Social Epidemiology, 1*, 137–173.

Bolier, L., Haverman, M., Westerhof, G., Riper, H., Smit, F., & Bohlmeijer, E. (2013). Positive psychology interventions: A meta-analysis of randomized controlled studies. *BMC Public Health, 13*(119).https://doi.org/10.1186/1471-2458-13-119

Colquitt, J. A., Scott, B. A., & LePine, J. A. (2007). Trust, trustworthiness, and trust propensity: A meta-analytic test of their unique relationships with risk taking and job performance. *Journal of Applied Psychology, 92*(4), 909–927.

Conner, T. S., Brookie, K. L., Carr, A. C., Mainvil, L. A., & Vissers, M. C. (2017). Let them eat fruit! The effect of fruit and vegetable consumption on psychological well-being in young adults: A randomized controlled trial. *PLoS ONE, 12*(2), e0171206.

Csikszentmihalyi, M. (1995). *Flow. Das Geheimnis des Glücks* (4. Aufl.). Klett-Cotta.

DAK-Gesundheit. (2021). Psychreport 2021. Entwicklungen der psychischen Erkrankungen im Job: 2010–2020. https://www.dak.de/dak/bundesthemen/psychreport-2429400.html#. Zugegriffen am 18.11.2022.

Dalbert, C. (2003). Habituelle Subjektive Wohlbefindensskala (HSWBS). In U. Ravens-Sieberer & M. Bullinger (Hrsg.), *Diagnostische Verfahren zu Lebensqualität und Wohlbefinden* (S. 170–175). Hogrefe.

De Neve, J.-E., & Oswald, A. J. (2012). Estimating the influence of life satisfaction and positive affect on later income using sibling fixed effects. *PNAS Proceedings of the National Academy of Sciences of the United States of America, 109*(49), 19953–19958.

Diener, E. (1984). Subjective well-being. *Psychological Bulletin, 95*, 542–575.

Diener, E., Suh, E. M., Lucas, R. E., & Smith, H. L. (1999). Subjective well-being: Three decades of progress. *Psychological Bulletin, 125*, 276–302.

Emmons, R. A., & McCullough, M. E. (2003). Counting blessings versus burdens: An experimental investigation of gratitude and subjective wellbeing in daily life. *Journal of Personality and Social Psychology, 84*, 377–389.

Frank, R. (1991). Körperliches Wohlbefinden. In A. Abele & P. Becker (Hrsg.), *Wohlbefinden. Theorie, Empirie, Diagnostik* (S. 71–95). Juventa.

Fredrickson, B. L. (2001). The role of positive emotions in positive psychology: The Broaden-and-Build Theory of positive emotions. *The American Psychologist, 56*(3), 218–226.

Fredrickson, B. L. (2004). The broaden-and-build theory of positive emotions. Philosophical transactions of the royal society of London. Series B. *Biological Sciences, 359*(1449), 1367–1377.

Gilbreath, B., & Benson, P. G. (2004). The contribution of supervisor behaviour to employee psychological well-being. *Work & Stress, 18*(3), 255–266.

Grömling, M. (2021). *Unternehmen gehen mit Zuversicht in das zweite Halbjahr 2021: IW-Konjunkturumfrage Sommer 2021* (No. 24/2021). IW-Report.

Häfner, A., Pinneker, L., & Hartmann-Pinneker, J. (2019). *Gesunde Führung: Gesundheit, Motivation und Leistung fördern.* Springer.

Holt-Lunstad, J., Smith, T. B., & Layton, J. B. (2010). Social relationships and mortality risk: A meta-analytic review. *PLoS medicine, 7*(7), e1000316.

Holzrichter, T. (2023). *Positive Schulgestaltung. Wohlbefinden und Schulqualität gemeinsam stärken.* Beltz.

Huppert, F. A., & So, T. T. (2013). Flourishing across Europe: Application of a new conceptual framework for defining well-being. *Social indicators research, 110*(3), 837–861.

Kahneman, D., Diener, E., & Schwarz, N. (1999). *Well-being: The foundations of hedonic psychology.* Sage.

Keyes, C. L. M. (1998). Social well-being. *Social Psychology Quarterly, 61*(2), 121–140.

Kolip, P., & Schmidt, B. (1999). Der Fragebogen zur Erfassung körperlichen Wohlbefindens (FEW 16): Konstruktion und erste Validierung. *Zeitschrift für Gesundheitspsychologie, 7*(2), 77–87.

Kyeong, S., Kim, J., Kim, D. J., Kim, H. E., & Kim, J. J. (2017). Effects of gratitude meditation on neural network functional connectivity and brain-heart coupling. *Scientific reports, 7*(1), 1–15.

Lobban, R. K., Husted, J., & Farewell, V. T. (1998). A comparison of the effect of job demand, decision latitude, role and supervisory style on self-reported job satisfaction. *Work & Stress, 12*(4), 337–350.

Lyubomirsky, S., King, L., & Diener, E. (2005a). The benefits of frequent positive affect: Does happiness lead to success? *Psychological Bulletin, 131*, 803–855.

Lyubomirsky, S., Sheldon, K. M., & Schkade, D. (2005b). Pursuing happiness: The architecture of sustainable change. *Review of general psychology, 9*(2), 111.

Maslow, A. (1943). A theory of human motivation. *Psychological Review, 50*(4), 381.

Maslow, A. (1970). *Motivation and personality* (Bd. 2). Harper & Row.

Mayring, P. (1991). Die Erfassung subjektiven Wohlbefindens. In A. Abele & P. Becker (Hrsg.), *Wohlbefinden. Theorie, Empirie, Diagnostik* (S. 51–70). Juventa.

Meyer, J. P., & Allen, N. J. (1991). A three-component conceptualization of organizational commitment. *Human Resource Management Review, 1*, 61–89.

Meyer, M., Modde, J., & Glushanok, I. (2014). Krankheitsbedingte Fehlzeiten in der deutschen Wirtschaft im Jahr 2013. In B. Badura, A. Ducki, H. Schröder, J. Klose, & M. Meyer (Hrsg.), *Fehlzeiten-Report 2014* (S. 323–511). Springer.

Oxenstierna, G., Ferrie, J., Hyde, M., Westerlund, H., & Theorell, T. (2005). Dual source support and control at work in relation to poor health. *Scandinavian Journal of Public Health, 33*(6), 455–463.

Rehwaldt, R. (2018). *Glück in Unternehmen: Positive Psychologie für Führung und Organisationsentwicklung.* Springer.

Rogers, C. R. (1993). *Die klientenzentrierte Gesprächspsychotherapie.* Fischer-Taschenbuch.

Ryff, C. D., & Keyes, C. L. M. (1995). The structure of psychological well-being revisited. *Journal of Personality and Social Psychology, 69*, 719–727.

Schumann, P., & Kuchinke, L. (2020). Do (n't) worry, it's temporary: The effects of fixed-term employment on affective well-being. *Journal of Happiness Studies, 21*(7), 2557–2582.

Schwarzer, R., & Leppin, A. (1991). Soziale Unterstützung und Wohlbefinden. In A. Abele & P. Becker (Hrsg.), *Wohlbefinden. Theorie, Empirie, Diagnostik* (S. 175–189). Juventa.

Schwarzer, R., & Jerusalem, M. (2002). Das Konzept der Selbstwirksamkeit. In M. Jerusalem & D. Hopf (Hrsg.), *Selbstwirksamkeit und Motivationsprozesse in Bildungsinstitutionen* (S. 28–53). Beltz.

Seligman, M. E. P. (2006). *Learned optimism. How to change your mind and your life.* Vintage.

Seligman, M. E. P. (2007). *Der Glücks-Faktor: Warum Optimisten länger leben.* Bastei.

Seligman, M. E. P. (2011). *Flourish: A visionary new understanding of happiness and well-being.* Simon & Schuster.

Seligman, M. E. P. (2018). PERMA and the building blocks of well-being. *The Journal of Positive Psychology, 13*(4), 333–335.

Seligman, M. E. P., Steen, T. A., Park, N., & Peterson, C. (2005). Positive psychology progress: Empirical validation of interventions. *American Psychologist, 60*, 410–421.

Steckermeier, L. C., & Delhey, J. (2019). Better for everyone? Egalitarian culture and social wellbeing in Europe. *Social Indicators Research, 143*(3), 1075–1108.

Stranges, S., Samaraweera, P. C., Taggart, F., Kandala, N. B., & Stewart-Brown, S. (2014). Major health-related behaviours and mental well-being in the general population: The Health Survey for England. *British Medical Journal Open, 4*(9), e005878.

Sudeck, G., & Schmid, J. (2012). Sportaktivität und soziales Wohlbefinden. In R. Fuchs & W. Schlicht (Hrsg.), *Seelische Gesundheit und sportliche Aktivität* (S. 56–77). Hogrefe.

Uchino, B. N., Cacioppo, J. T., & Kiecolt-Glaser, J. K. (1996). The relationship between social support and physiological processes: A review with emphasis on underlying mechanisms and implications for health. *Psychological Bulletin, 119*(3), 488.

Van Dick, R. (2004). *Commitment und Identifikation mit Organisationen*. Hogrefe.

Wagner, P., & Brehm, W. (2006). Aktivität und psychische Gesundheit. In K. Bös & W. Brehm (Hrsg.), *Handbuch Gesundheitssport* (2. vollständig neu bearbeitete Auflage, S. 103–117). Hofmann.

Weibler, J. (2016). *Personalführung* (3. Aufl.). Vahlen.

WHO. (1946). Constitution of the World Health Organization. *American Journal of Public Health and the Nations Health, 36*(11),1315–1323. https://doi.org/10.2105/ajph.36.11.1315

WHO. (2006). *Psychische Gesundheit: Herausforderungen annehmen, Lösungen schaffen: Bericht über die Ministerkonferenz der Europäischen Region der WHO*. Kopenhagen.

Praktische Anwendung des WVBSW-Modells

8

Zusammenfassung

In diesem Kapitel geht es um die praktische Anwendung des WVBSW-Modells. Dabei werden u. a. Chancen und auch Gefahren bei der Anwendung dargestellt. Kooperation lässt sich über das WVBSW-Modell auf zwei Ebenen steigern: zum einen durch Personalführung, wobei hier Kommunikation und Beziehungsgestaltung die Kernelemente sind. Zum anderen lässt sich Kooperation mithilfe des WVBSW-Modells dadurch fördern, dass Strukturen entsprechend der fünf Dimensionen gestaltet und damit auch im Bereich der Strukturen und Organisation Chancen des WVBSW-Modells genutzt werden. Wir betrachten die Voraussetzungen für Kooperation auf Unternehmensseite also aus zwei Perspektiven. In Abschn. 8.1 nähern wir uns den Chancen und Gefahren aus dem Blickwinkel des Individuums und prüfen, welche Elemente innerhalb der Menschführung zu beachten sind, in Abschn. 8.2 betrachten wir die Anwendung des WVBSW-Modells auf der Struktur- und Organisationsebene.

8.1 Praktische Anwendung in der Personalführung

Kooperation hat unterschiedliche und weitreichende positive Effekte (vgl. Kap. 2), die Unternehmen zu mehr Erfolg verhelfen. Komplexe Aufgaben lassen sich oft nur in Kooperation mit anderen Menschen lösen. Einer der entscheidenden sozialen Benefits von Kooperation ist die Steigerung von positiven Gefühlen und Sympathie unter den Kooperierenden (Spieß, 2021). Dies führt nachweislich zur Aufwärtsspirale der positiven Emotionen nach Fredrickson (2001, 2004, vgl. Kap. 7), die wiederum einen erweiterten Handlungsspielraum mit sich bringt und über die Steigerung von Ressourcen Erfolge mehrt. Unternehmen, in denen die innerbetriebliche Kooperation gelingt, sind erfolgreicher, was verschiedene Messgrößen angeht (vgl. Kap. 2). Es gibt also viele gute Gründe, Kooperation sicherzustellen und zu steigern. Hier liegen die Chancen des WVBSW-Modells.

Um Kooperation und damit nachhaltiges Wachstum und Erfolge durch die Entstehung von Win-win-Situationen zu steigern (vgl. Kap. 1), braucht es auf **personeller Ebene** der Führung bestimmte Bedingungen, wie eine entsprechende Haltung, Werte und konkretes Verhalten sowie auf Mitarbeitendenseite entsprechende korrespondierende Haltungen, aber vor allem auch Vertrauen (Spieß, 2021).

So benennen beispielsweise Doppler und Lauterburg (2002) Vertrauen als die Grundlage jeglicher Kooperation.

▶   Die Grundlage von Kooperation ist Vertrauen.

Der Haltung kommt hier eine zentrale Rolle bei Führungskräften zu, denn sie bildet praktisch das Fundament des Führungsverhaltens. Insofern geht es immer auch um die Frage, welche grundsätzliche Haltung gegenüber Menschen eine Führungskraft an den Tag legt, ob sie die Mechanismen der Kooperation versteht, sie genügend Skills hat, um durch die Steigerung von Kooperation zu führen und dies als sinnhaft erlebt. Eine wertschätzende Haltung Menschen gegenüber ist hier ein Schlüssel zur erfolgreichen Kooperation (vgl. Kap. 3).

Die Haltung und die mit dieser Haltung verbundenen Werte ergeben letztlich Verhaltenstendenzen, die im besten Fall von den Mitarbeitenden und Geschäftspartner*innen als konsistent angesehen werden. In der Psychologie wird unter Konsistenz dabei die Widerspruchsfreiheit des individuellen Verhaltens eines Menschen in Form von vorhersehbaren Verhaltenstendenzen bezeichnet (Stangl, 2021). Eine konsistente Führungskraft ist im Großen und Ganzen einschätzbar in Bezug auf ihr Verhalten, wodurch bei den Mitarbeitenden Vertrauen entstehen kann.

Nun kommt es bei der Haltung der Führungskraft nicht nur auf Konsistenz an sich an, sondern auch auf das konkrete Verhalten, welches aus einer Haltung entsteht, die Kooperation beinhaltet. Hierbei geht es darum, dass die Führungskraft glaubhaft, also konsistent, vermitteln kann, dass Kooperation ihr wichtig ist und sie an Win-win-Situationen interessiert ist. Erst wenn die Mitarbeitenden ein entsprechendes Vertrauen bilden, werden sie ihrerseits zuverlässig in Kooperation gehen und bleiben können. So können Widerstände und destruktive Konflikte vermieden und dadurch viel Energie eingespart werden.

▶   Konsistenz im Verhalten führt zu Vertrauen. Eine Haltung, in der
     Kooperation bedeutsam ist, und konkretes Verhalten, welches Win-
     win-Situationen fördert, sind wichtige Voraussetzungen, damit
     Kooperation nachhaltig gelingen kann.

Abb. 8.1 soll diesen Prozess verdeutlichen.

Abb. 8.1 Haltung und
konkretes Verhalten

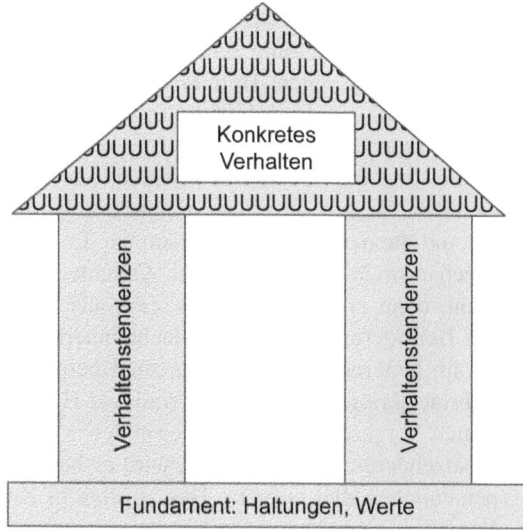

Die Führungskraft legt eine wertschätzende, auf Kooperation bedachte Grundhaltung an den Tag. Sie ist gewillt, ihr Führungsverhalten zu reflektieren, und
hinterfragt im Kontakt mit den Mitarbeitenden, ob diese sich wertgeschätzt fühlen,
die Aufgabenstellungen wirklich verstanden wurden, die Aufgabe bewältigbar
ist, d. h. genügend Ressourcen zur Verfügung stehen, die Aufgabe für den Mitarbeitenden sinnhaft ist und er oder sie über genügend Wohlbefinden als Basis verfügt.
Wenn diese Grundhaltung bei einer Führungskraft vorliegt und sie selbst
davon überzeugt ist, dass Kooperation ihr Vorteile bringt, dann wird sich diese
Grundhaltung in den Verhaltenstendenzen zeigen, die die Führungskraft in unterschiedlichen Situationen zeigt. Im Idealfall wird ihre Grundhaltung ihre Verhaltenstendenzen verlässlich vorhersagen, sodass das dann gezeigte konkrete
Verhalten in einer Einzelsituation konsistent zur Grundhaltung der Führungskraft erlebt wird. Wenn dieser innerpsychische Prozess in den Führungskräften so
abläuft, dann ist dies die große Chance für ein Unternehmen, Kooperation auch
tatsächlich in der Praxis, im Unternehmensalltag, zu leben. Gleichzeitig lauern
Gefahren, wenn eine entsprechende Haltung fehlt. Das folgende Beispiel soll diese
Gefahr verdeutlichen.

Beispiel: Von der Haltung zum konkreten Verhalten – Gefahren

Einer Führungskraft, Herrn Schmidt, 55 Jahre, seit 8 Jahren in einem weltweit
agierenden Konzern tätig, wird die Perspektive geboten, eine höhere Position
mit mehr Führungsverantwortung zu übernehmen. Dazu soll Herr Schmidt
allerdings einige interne Maßnahmen durchlaufen, um auf seine Eignung

geprüft zu werden. Herr Schmidt antizipiert die von ihm erwarteten Standards in der Personalführung schnell. Er weiß, dass die Vorgesetzen viel Wert auf Wertschätzung legen. Herr Schmidt selbst, der mehrere Jahre im Dienst der Bundeswehr erfolgreich tätig war, legt weniger Wert auf Wertschätzung in der Personalführung, da er eher konservative Führungsmethoden, die auf Anweisung und Gehorsam beruhen, aus seiner Zeit bei der Bundeswehr für sich lebt. Er weiß aber, dass er nur über wertschätzendes Verhalten eine Chance hat, auf die neue Position zu kommen. Er trainiert sich daher über verschiedene Mechanismen wertschätzendes Verhalten an. Seine Grundhaltung ändert er nicht, denn er verfolgt andere Ziele als eine Haltungsänderung, vornehmlich die Beförderung, um mehr Macht innerhalb des Unternehmens zu erlangen. Da im Unternehmen Standards zur Überprüfung der Haltungen und Werte der Führungskräfte nicht etabliert sind und Herr Schmidt vordergründig gegenüber seinen Vorgesetzten und ausgewählten Mitarbeitenden nun ein deutlich wertschätzenderes Verhalten zeigt, wird er befördert. Herr Schmidt hat damit sein persönliches Ziel erreicht. Das zu diesem Zweck antrainierte wertschätzende Verhalten gegenüber Mitarbeitenden gerät wieder in den Hintergrund, da es keinen tieferen Sinn mehr erfüllt. In der Folgezeit mehren sich Krankenstände und Fluktuation sowie anderes das Unternehmen schädigendes Verhalten insbesondere der jüngeren Mitarbeitenden in der Abteilung von Herrn Schmidt. Herr Schmidt hat offensichtlich die von ihm geforderten und gewünschten Verhaltensweisen eine Zeit lang in seinem täglichen, konkreten Verhalten gezeigt. Seine grundsätzliche Haltung und die damit verbundenen Werte hat er allerdings nicht geändert. So erklärt sich, dass sein „neues" konkretes Verhalten nur so lange aufrechterhalten wurde, wie es ihn näher an sein Ziel brachte. Insofern war die Beförderung von Herrn Schmidt in der Weise eine Fehlbesetzung, dass seine Haltung nicht den Zielen und Werten der Vorgesetzen entsprach und das gewünschte, konkrete Verhalten nur dann und nur so lange gezeigt wurde, wie es Herrn Schmidt Vorteile für seine eigene Position verschaffte.

Verhalten ist also nicht gleichzusetzen mit Haltung. Wenn Unternehmen sich der wandelnden Gesellschaft anpassen wollen und auch die Bedürfnisse der heranwachsenden Generationen berücksichtigen wollen, um Erfolg nachhaltig zu sichern, dann sind sie gut beraten, Führungskräfte auszuwählen, deren Haltung und Werte mit der Unternehmenskultur und den Werten des Unternehmens bestmöglich übereinstimmen, und nicht auf konkret gezeigtes Verhalten über einen gewissen Zeitraum zu vertrauen. Bei Herrn Schmidt war eine Verhaltensänderung zu beobachten, nicht aber eine Haltungsänderung. ◄

Haltungen und damit verbundene Werte im Unternehmen zu hinterfragen und zu modifizieren, ermöglicht, dass sich diese in der Folge auch im konkreten täglichen Verhalten widerspiegeln und von Kund*innen, aber auch anderen Mitarbeitenden als authentisch erlebt werden.

Groß angelegte Untersuchungen zeigen einen positiven Zusammenhang zwischen der Einführung und Umsetzung von Haltungen und gemeinsamen Werten innerhalb der Unternehmenskultur und der Steigerung von Personal bindung, Profitabilität, Produktivität, Qualität, Innovation und Kund*innen-zufriedenheit (Cameron & McNaughtan, 2014).

Wenn es eine grundsätzliche Haltung der Kooperation gibt, dann werden Stakeholder ebenfalls eher in die Kooperation einsteigen.

Haltungen und Werte erlauben darüber hinaus auch Vorhersagen für Verhaltenstendenzen und dann letztlich Vorhersagen für konkretes Verhalten. Sie bilden damit das Fundament für die Frage, wie jemand mit jemand anderem spricht, wie er auf Probleme oder Fehler reagiert, wie sehr er oder sie bereit ist, über einen gewissen Zeitraum eigene Nachteile in Kauf zu nehmen, um anderen einen Vorteil zu verschaffen oder gar altruistisch zu reagieren.

▶ Haltungen und Werte führen über Verhaltenstendenzen zu konkretem Verhalten. Kongruent wird ein Verhalten in der Regel vom Gegenüber erlebt, wenn es mit der grundlegenden Haltung der Person überein-stimmt.

In Abb. 8.1 können wir uns die Haltungen als nicht sichtbares Fundament eines Hauses vorstellen. Die tragenden Wände sind die Verhaltenstendenzen. Sie stabilisieren das Dach, sind aber in gewissem Maße wie die Leichtbauwände im Inneren eines Hauses veränderbar. Sie können situativ angepasst werden, auch wenn sie immer die Grundhaltung widerspiegeln. Das Dach, welches alle Beteiligten schützt und ihnen einen Rahmen gibt, besteht aus vielen einzelnen Dachziegeln, mit denen wir das konkrete Verhalten der Führungskraft – und im verallgemeinerten Sinne – jeder einzelnen Person im gesamten Team, symbolisieren. Jeder dieser Dachziegel macht die zugrunde liegende Haltung sichtbar oder passt nicht zu dieser und wird dadurch vom Gegenüber als nicht kongruent erlebt. Kongruenz meint in der Psychologie hierbei die Passung zwischen Haltung und Verhalten, also Echtheit.

Wenn Dachziegel nicht zur Art des Hauses passen, wenn also das konkrete Verhalten nicht mit der Haltung übereinstimmt, halten diese Dachziegel auf dem Dach nicht. Es entsteht eine Lücke, durch die Feuchtigkeit in das Haus eindringen kann. Wer sich jemals mit dem Bauen beschäftigt hat, der weiß, dass ein undichtes Dach weitreichende Schäden im Inneren des Hauses verursachen kann. Wenn zu den entsprechenden Haltungen kein stimmiges Verhalten gezeigt wird, oder andersherum, wenn Verhalten gezeigt wird, was die Mitarbeitenden als nicht kongruent, nicht echt erleben, so entstehen Schäden. Das obige Beispiel verdeutlicht dies: Wenn einzelnes Verhalten ohne Substanz, ohne Fundament gezeigt wird, weil es zum Beispiel antrainiert ist oder taktisch eingesetzt wird, dann trägt das Haus auf Dauer nicht. Es bietet keinen Schutz und keinen Rahmen für Mitarbeitende und Geschäftspartner*innen.

Um einen erfolgreichen Kulturwandel zu vollziehen, ist es also wichtig, nicht nur die Werte des Unternehmens zu definieren, sondern diese in größtmöglicher Abstimmung innerhalb der Führung und im Idealfall auch der Belegschaft zu erarbeiten. Jedes Mitglied des Unternehmens ist dann eingeladen, seine Haltung und seine Werte zu überdenken und sich zu hinterfragen, ob die eigenen Werte zu den Werten des Unternehmens passen. Dieser Reflexionsvorgang ist nicht nur für das Unternehmen von größter Bedeutung, um Gefahren wie im obigen Beispiel zu vermeiden, sondern auch für die einzelnen Mitglieder des Unternehmens, um die Sinnhaftigkeit des eigenen Einsatzes zu prüfen. Wenn die eigenen Werte nicht mit den Werten des Unternehmens zusammenpassen, wenn ein Pazifist zum Beispiel im Rüstungskonzern anheuert, dann kann dies auf längere Sicht nur Nachteile für beide Seiten haben, da die unterschiedlichen Haltungen wahre Kooperation von Anfang an verhindern.

Nachdem die Mitglieder eigene Werte reflektiert haben, können gemeinsame Werte und Normen geschaffen werden, an denen sich wiederum neu hinzukommende Mitglieder orientieren können. Hier ist es nun zwingend von Bedeutung, dass diese Werte und Normen nicht ausschließlich in einem Leitbild oder auf einer Website werbewirksam präsentiert werden, sondern dass jedes einzelne Mitglied des Unternehmens diese gemeinsamen Werte kennt und lebt. Sobald ein Mitglied diese Werte nicht mehr lebt, steigt es unweigerlich aus der Kooperation aus. Es stellt sich in gewisser Weise gegen die Werte und damit verbundenen Ziele des Unternehmens.

„Fehlende Werte, fehlende Tugenden, fehlender Sinn führen aus organisationaler Perspektive bestenfalls in eine Kultur der passiven Ja-Sager mit klassischem *,talking-action-gap'*. Keinesfalls produziert man damit eine Kultur aktiver, motivierter, wohlbefindlicher Mitgestalter, die gemeinsam mit ihrer Organisation etwas Bleibendes schaffen wollen", schreibt dazu die Professorin Brohm (2017) als wissenschaftliche Expertin auf dem Gebiet, vgl. Kap. 6.

Um (gemeinsame) Werte zu leben, müssen diese also in passendes, praktisches Verhalten übertragen werden, welches die unsichtbaren Haltungen und Werte (das Fundament des Hauses) in sichtbare Aktionen verwandelt. Dieser Übertragungsprozess von gemeinsamen Werten zu konkretem, täglich gezeigtem Verhalten ist der Kernprozess in jedem Kulturwandel.

Hier bedarf es von den Führungskräften zum einen einer Vorbildfunktion, zum anderen einer konsistenten eigenen Übertragung der gemeinsamen Werte in durch die Mitarbeitenden und Geschäftspartner*innen erlebbares Verhalten. Im besten Falle also erkennen Kund*innen anhand des konkreten Verhaltens der Mitarbeitenden eines Unternehmens, welche gemeinsamen Werte und welche Haltungen sich hinter dem gezeigten Verhalten verbergen. Werden diese Haltung und Werte dann auch kommuniziert, ergibt sich für Kund*innen ein eindrückliches und glaubhaftes Bild des Unternehmens.

▶ **Wichtig**

Kulturwandel gelingt, wenn Haltungen zu gemeinsamen Werten werden und diese Werte gelingend in konkretes Verhalten übertragen werden. So erst werden gemeinsame Werte nach außen hin sichtbar und erlebbar.
Führungskräften kommt hier eine Vorbildfunktion zu.

Beispiel: Glaubwürdigkeit im Unternehmenskontext durch Passung zwischen Haltung und Verhalten

Ein Bekleidungsunternehmen spricht sich für Diversität und gegen Rassismus aus. Es zeigt in den Werbungen und Schaufenstern diverse und farbige Modelle und verbreitet entsprechende Slogans. Farbige Kund*innen werden genauso herzlich und zuvorkommend bedient wie weiße Kund*innen. Sie erleben keinerlei Alltagsrassismus vonseiten der Mitarbeitenden und auch andere Kund*innen werden umgehend sensibilisiert oder des Geschäfts verwiesen, wenn sie diskriminierend auftreten. Die Kund*innen werden das Verhalten der Mitarbeitenden passend zu den Werbebotschaften und zum Leitbild des Unternehmens erleben. Das Unternehmen gewinnt dadurch Vertrauen bei den Kund*innen, aber genauso bei den Mitarbeitenden und Geschäftspartner*innen. Bei diesem Unternehmen weiß man, woran man ist. Es entsteht Glaubwürdigkeit. ◀

Das Beispiel zeigt auf, wie wichtiges ist, dass Werte und gezeigtes Verhalten zusammenpassen. Kund*innen, aber auch Mitarbeitende, haben ein Gespür für Widersprüche. Dabei spielt es gar nicht in erster Linie eine Rolle, wofür das Unternehmen steht – denn es werden sich für viele Haltungen unterschiedliche Menschen finden, die diese begrüßen –, sondern es geht um die Widerspruchsfreiheit, die letztlich Vertrauen in das Unternehmen wachsen lässt.

Was auf Unternehmensebene schlüssig ist, muss von Führungskräften in das tägliche Tun übertragen werden. Die Werte des Unternehmens müssen sich in den konkreten Verhaltensweisen der Mitglieder des Unternehmens zeigen. Dabei ist es allerdings wichtig, dass die Mitglieder authentisch agieren können und in der Auslegung einen geeigneten Handlungsspielraum bekommen. Ein Beispiel soll auch dies verdeutlichen.

Beispiel: Eine Schule will den Wert Wertschätzung leben. Flexibilität im Verhalten und trotzdem Kongruenz zu den Werten – darum geht es

Die erweiterte Schulleitung hat sich auf diesen Wert geeinigt und miteinander das Schulleitungshandeln reflektiert. Die Runde fand Konsens in entsprechend geänderten Verhaltensweisen, die mehr Wertschätzung ausdrücken sollen. Alle Schulleitungsmitglieder wollten sich in Zukunft duzen lassen. Da es sich um ein relativ kleines Kollegium handelte, wurde beschlossen, dass die Schulleitung die Kolleg*innen morgens zur Begrüßung umarmen wird. So sollte die Wertschätzung den Kolleg*innen vermittelt werden. Nach kurzer Zeit ergaben sich Schwierigkeiten mit den Umarmungen. Die erweiterte Schulleitung passte ihre neuen Verhaltensweisen weder der jeweiligen Situation noch der Zielgruppe an.

Einige Kolleg*innen erlebten das Umarmen der Schulleitung nicht als Wertschätzung, sondern im Gegenteil als übergriffig. Sie wünschten sich eine differenziertere Übertragung des Wertes Wertschätzung in konkretes Verhalten, das zu ihnen passt. Es stellte sich darüber hinaus die Frage, wie das konkrete Verhalten der Schulleitungsrunde durch die Kolleg*innen auf die Elternschaft übertragen werden sollte. Sollten in Zukunft auch Eltern zur Begrüßung eines Elterngespräches als Zeichen der Wertschätzung umarmt werden? Wie wollte man den Eltern auf andere Weise Wertschätzung entgegenbringen? Wie sollte die Wertschätzung im Unterricht konkret auf die Schülerschaft übertragen werden? Das Kollegium stand plötzlich vor vielen Fragen, denn es hatte versäumt, das aus der Haltung resultierende Verhalten flexibel zu gestalten und einen großen, authentischen Handlungsspielraum zu erarbeiten, der sowohl dem Wert als auch der Person gerecht wird. ◄

Diese Beispiele sollen verdeutlichen, wo die Chancen und Gefahren bei der Anwendung des WVBSW-Modells in der Personalführung liegen. Gemeinsame Haltungen, die Werte, für die ein Unternehmen oder eine Institution stehen, müssen nicht nur gemeinsam getragen, sondern durch abgestimmtes Verhalten auch gemeinsam transportiert und dabei flexibel an die Situation und das Gegenüber angepasst werden. Hier wird bereits erkennbar, warum antrainiertes Verhalten so wenig nachhaltig ist. Es ist nicht flexibel genug und wirkt schnell künstlich, wenn die Situationen sozial komplexer werden.

Sobald Haltung und konkretes Verhalten übereinstimmen, erhöht sich die Glaubwürdigkeit und das Vertrauen wächst. Jemand, der sich seiner Haltung bewusst ist, ist in der Lage, in unterschiedlichsten Situationen stimmiges Verhalten zu zeigen.

▶   Die Übereinstimmung von Haltung und Verhalten ist wichtige Voraussetzung für gelingende Kooperation.

Sobald Werte sich nicht im konkreten Verhalten zeigen oder das konkrete Verhalten sogar den Werten des Unternehmens oder der Behörde, der politischen Institution oder Schule widerspricht, steigert dies die Gefahr von Widerständen, die sich offen oder latent, zum Beispiel durch Fluktuation oder andere Formen von schädigendem Verhalten für das Unternehmen, zeigen können.

Sobald aber Zielklarheit besteht und diese Ziele kooperativ getragen werden, schätzen sich die Gruppenmitglieder wechselseitig, ermutigen sich und helfen sich gegenseitig.

Zielklarheit herstellen
Zielklarheit kann verkürzt ausgedrückt werden in der Beantwortung der Fragen:

- Wo wollen wir durch welches Verhalten hin? (Verstehbarkeit)
- Welche Ressourcen stehen uns dazu zur Verfügung? (Bewältigbarkeit)
- Warum wollen wir dieses Ziel erreichen? (Sinnhaftigkeit)
- Wie können wir während des Prozesses der Zielerreichung auf unser Wohlbefinden achten und es im Idealfall sogar stärken? (Wohlbefinden)
- Wie sorgen wir für gegenseitige Wertschätzung, sowohl untereinander als auch mit unseren Partner*innen? (Wertschätzung)

Fazit

Führungskräfte haben auf diesem Weg des Kulturwandels eine tragende Rolle. Deswegen ist es von entscheidender Bedeutung, wie sie kommunizieren und wie sie das WVBSW-Modell im Kontakt mit anderen umsetzen, um Kooperation zu steigern.

Um eine Haltung der Kooperation in das tägliche Verhalten zu übertragen, bietet das WVBSW-Modell einen widerspruchsfreien und klaren Rahmen.

8.1.1 Konkrete Annahmen über Ursachen für mangelnde Kooperation

Wenn Widerstände auftreten und Kooperation fehlt, braucht eine Führungskraft vor dem Gespräch mit den jeweiligen Mitarbeitenden Hypothesen über die möglichen Ursachen der mangelnden Kooperation. Nur durch konkrete Annahmen ist ein effektives Vorgehen möglich. Wenn zum Beispiel ein Arbeitsauftrag nicht ausgeführt wird, könnte dies daran liegen, dass dieser nicht bewältigbar für die Person ist (vgl. Kap. 5), da nicht genug Zeit vorhanden ist. Um diese Annahme zu prüfen, könnte dann konkret gefragt werden, wie viel Zeit zur Bearbeitung der Aufgabe benötigt wird, wann die jeweilige Aufgabe genau bearbeitet werden soll und wie viel Zeit zur Verfügung steht. So lässt sich herausfinden, ob fehlende Zeit und dadurch fehlende Bewältigbarkeit der Grund für die mangelnde Kooperation sein kann.

▶ Alle fünf Bereiche in allen Details im Gespräch mit den Mitarbeitenden zu erfragen, ist sehr komplex und zeitintensiv und kann schnell zur Überforderung der Mitarbeitenden führen. Außerdem können konkretere Fragen nur formuliert werden, wenn es bereits eine Idee gibt, was die jeweilige Ursache sein könnte.

Daher sollte eine Führungskraft erst selbst überlegen und Hypothesen aufstellen, was in der jeweiligen Situation die wahrscheinlichsten Ursachen für Widerstände und fehlende Kooperation sind und diese dann durch gezielte Fragen im Gespräch mit dem bzw. der Mitarbeitenden prüfen. Alternativ kann die Führungskraft auch Änderungen in den Gegebenheiten schaffen, zum Beispiel mehr Zeit zur Verfügung stellen, und dann prüfen, ob sich der Sachverhalt entsprechend der Annahme verändert. Sowohl für die Anwendung im Gespräch als auch in der Gestaltung der Strukturen ist es wichtig, vorher zu überlegen, wodurch sich die Widerstände am wahrscheinlichsten begründen lassen, damit gezielt und passgenau vorgegangen werden kann und damit Ressourcen gespart und Überforderung sowohl des Systems als auch von Einzelpersonen – Führungskraft wie Mitarbeitende*r – vermieden werden können.

Beim Aufstellen verschiedener Hypothesen zu den möglichen Ursachen mangelnder Kooperation ist es sehr wichtig, sich nicht direkt auf die erste Idee festzulegen – auch dann nicht, wenn es Beispiele gibt, wo diese Annahme zutrifft. Wenn zum Beispiel angenommen wird, dass blonde Männer intelligenter sind als Männer mit anderer Haarfarbe, reicht es als Beleg nicht, einige Beispiele namentlich erwähnen zu können. Genauso verhält es sich auch mit den WVBSW-Dimensionen: Nur weil eine Person etwas nicht macht, weil sie es aufgrund fehlender Zeit nicht bewältigen kann, heißt dies nicht, dass fehlende Bewältigbarkeit immer der Grund ist. Bei anderen Mitarbeitenden kann es an etwas ganz anderem liegen.

Beispiel: Verschiedene Ursachen im Bereich Bewältigbarkeit

Dennis Möller leitet ein erfolgreiches Softwareunternehmen. Er glaubt, dass den Mitarbeitenden alle nötigen Ressourcen zur Verfügung stehen, um ihre Arbeit vollumfänglich gut zu bewältigen (vgl. Kap. 5).

Dennis Möller hat nun zwei Möglichkeiten. Er kann sich dieser Hypothese hingeben und dafür Belege suchen. Er kann sich also einen guten Mitarbeitenden genauer ansehen und herausfinden, dass dieser oder diese alle Ressourcen hat, die man braucht. Das stützt seine Hypothese und er kann sich entspannt zurücklehnen.

Er kann es aber auch anders – und in der Regel deutlich erfolgreicher – machen. Er kann von der Alternative ausgehen, die besagt: „Es fehlen Ressourcen."

Dennis Möller will seine eigentliche Hypothese erst glauben, wenn er diese Alternative in den Blick genommen hat und widerlegen kann. Er betrachtet mehrere Details dieser Alternative und überlegt genauer, welche Ressource in welchem Bereich fehlen könnte. Er trifft die folgenden Annahmen:

1. Karim aus Abteilung 1 fehlt es bei Prozess X an Zeit.
2. Johanna aus Abteilung 2 fehlt es bei Prozess Y an Kenntnis.
3. Juri aus Abteilung 3 fehlt es an Mut, Entscheidungen zu treffen.

Dann beginnt er, diese konkreten Hypothesen in Gesprächen mit seinem Team abzuprüfen. Je tiefer die Gespräche gehen und je differenzierter er fragt, desto mehr stößt er auf Mängel und fehlende Ressourcen, die er anfangs gar nicht gesehen hat. Sein Team und er überlegen gemeinsam, wie sie Abhilfe schaffen können. Sie wachsen gemeinsam und stellen auf diese Weise sicher, dass die Mitarbeitenden in Zukunft mehr Ressourcen zur Verfügung haben, um ihre Arbeit überdurchschnittlich gut erledigen zu können. ◄

Nicht nur im Bereich Bewältigbarkeit können verschiedene Ursachen liegen (vgl. Beispiel), sondern jede der WVBSW-Dimensionen liefert mögliche Gründe. Die ausführliche Beschäftigung mit den WVBSW-Dimensionen ist daher von großer Bedeutung, um auch dem Dunning-Kruger-Effekt (Kruger & Dunning, 1999) vorzubeugen. Dieser besagt, dass sich jemand seines Standpunktes zu einem bestimmten Thema umso sicherer ist, je weniger er dazu weiß. Erst die genauere Auseinandersetzung mit dem Thema führt dazu, dass die erste Annahme angezweifelt und daher überprüft wird. Als Führungskraft sollten Sie daher alle fünf Bereiche des WVBSW-Modells genau kennen und in der jeweiligen Situation gedanklich durchgehen. Sie sollten dabei nicht nur bestätigende Argumente für Ihre erste Idee sammeln, sondern auch Alternativen gedanklich durchgehen und dann entweder ausschließen oder aber Ihre ursprüngliche Meinung ändern. Wenn der Fokus nur auf die erste Idee gelegt wird, werden auch automatisch mehr Belege dafür wahrgenommen (Selbsterfüllende Prophezeiung, Wirtz, 2021). Wenn Sie also annehmen, dass die Ursache für mangelnde Kooperation in einer Situation im Bereich Bewältigbarkeit liegt (erste Annahme), dann sollten Sie auch die Alternativen prüfen, dass die Gründe in den Bereichen Wertschätzung, Verstehbarkeit, Sinnhaftigkeit oder Wohlbefinden liegen könnten. Überlegen Sie, ob es Belege gibt, die dafür sprechen, ob eine jeweilige Dimension gegeben ist oder nicht. Hat Ihr*e Mitarbeitende*r z. B. vor Kurzem selbst das Vorgehen jemand Neuem in der Abteilung gut erklären können, lag es vermutlich nicht an mangelnder Verstehbarkeit, dass er selbst sich nicht daran gehalten hat. Wenn aber zum Beispiel öfter geäußert wird, dass die Bedürfnisse der Mitarbeitenden bei wichtigen Entscheidungen besser berücksichtigt werden sollten, könnte auch Wertschätzung ein wahrscheinlicher Grund für die mangelnde Kooperation sein.

▶   Natürlich können Sie durch gedankliches Durchgehen nicht mit Sicherheit sagen, was die Gründe Ihres jeweiligen Gegenübers sind, etwas entgegen der Anweisungen zu tun. Das gedankliche offene Reflektieren dient jedoch der Priorisierung. Sie können durch den Reflexionsprozess besser entscheiden, in welcher Reihenfolge Sie die Dimensionen im Gespräch abprüfen oder durch Gestaltung der Strukturen verändern.

Auch können Sie durch das Reflektieren der Bereiche festlegen, wen Sie zu welchem Bereich befragen und worauf Sie dabei jeweils eingehen. Das folgende Beispiel verdeutlicht dieses Vorgehen. In   Kap. 9 finden Sie weitere Beispiele zur Anwendung des gesamten WVBSW-Modells. Wichtig ist dabei Folgendes: Prüfung meint im Beispiel niemals, Mitarbeitende zu prüfen, sondern das Abprüfen der Hypothesen der Führungskraft, also das Prüfen, ob die Führungskraft wohl die richtige Annahme getroffen hat. Die Führungskraft prüft sich also selbst mit dem Verfahren.

Beispiel: Konkrete Annahmen formulieren und so WVBSW prüfen und stärken

Eine Führungskraft nimmt Widerstände in Ihrem Unternehmen wahr und macht sich mithilfe des WVBSW-Modells auf die Suche nach den Ursachen. Sie trifft verschiedene Annahmen zu den fünf Dimensionen (vgl. rechte Spalte der Tab. 8.1). Danach geht sie ins Gespräch mit ihren Mitarbeitenden, um ihre Annahmen zu prüfen.

Wertschätzung
Mögliche Ursache für fehlende Kooperation: Meine Mitarbeitenden fühlen sich nicht wertgeschätzt.

Diese Hypothese prüft die Führungskraft nun mit Fragen (vgl. Kap. 3 für mögliche Beispielfragen).

Offene Fragen helfen der Führungskraft, ehrliche Antworten auf die Alternativhypothese zu erhalten. Fragen wie: „Wodurch fühlen Sie sich im Unternehmen wertgeschätzt?", können nicht einfach mit „Ja" beantwortet werden. Konkrete Annahmen, wie „Mitarbeiter Toni fühlt sich in Situation Z nicht wertgeschätzt", lassen eine genaue Prüfung zu, sobald die Führungskraft mit Mitarbeiter Toni über Situation Z ins Gespräch kommt und hier prüfende Fragen (vgl. Kap. 3) stellt.

Tab. 8.1 Konkrete Annahmen über mögliche Ursachen fehlender Kooperation treffen – mithilfe des WVBSW-Modells

Dimension des WVBSW-Modells	Mögliche Ursache für fehlende Kooperation	Konkrete Annahme
Wertschätzung	Meine Mitarbeitenden fühlen sich **nicht** wertgeschätzt	Mitarbeiter Toni fühlt sich in Situation Z nicht wertgeschätzt
Verstehbarkeit	Meine Mitarbeitenden verstehen **nicht,** was sie wie, wann und wo tun sollen	Mitarbeiterin Ulrike kennt die Abfolge der Prozessschritte in Vorgang Y nicht
Bewältigbarkeit	Meine Mitarbeitenden haben **nicht** genügend Ressourcen, um zu tun, was sie tun sollen	Mitarbeiter Janosch verfügt nicht über die nötigen Kenntnisse in Aufgabenbereich Q Mitarbeiterin Janina hat nicht genug Zeit, um Aufgabe X entsprechend der Vorgaben zu erledigen
Sinnhaftigkeit	Meine Mitarbeitenden erleben **keinen** Sinn bei dem, was sie tun	Mitarbeiterin Karin findet die Anweisung in Prozess Q nicht sinnvoll und hält sich deswegen nicht an die Vorgabe
Wohlbefinden	Meine Mitarbeitenden fühlen sich körperlich, mental oder sozial **nicht** wohl im Unternehmen	Mitarbeiter Justus fühlt sich in seinem Abteilungsteam sozial nicht wohl

Verstehbarkeit

Mögliche Ursache für fehlende Kooperation: Meine Mitarbeitenden verstehen nicht, was sie wie, wann und wo tun sollen. Diese Hypothese prüft die Führungskraft nun mit Fragen (vgl. Kap. 4 für mögliche Beispielfragen). Auch hier helfen offene Fragen oder Fragen mit Praxisbezug, z. B. „Sagen Sie mir einmal, was jetzt Ihre nächsten Schritte sein werden", um zu prüfen, ob diese Annahme stimmt oder nicht. Mit Mitarbeiterin Ulrike spricht die Führungskraft aufgrund ihrer Vermutung v. a. über die Prozessschritte im Vorgang Y. Erst wenn die Führungskraft sich sicher ist, dass die Aufgabenstellung verstanden ist, kann sie ausschließen, dass es hier zu Problemen kommen wird.

Bewältigbarkeit

Mögliche Ursache für fehlende Kooperation: Meine Mitarbeitenden haben nicht genügend Ressourcen, um zu tun, was sie tun sollen. Auch diese Hypothese wird unter Bezug auf die vielen möglichen zu prüfenden Ressourcen durch die Führungskraft untersucht. Wie in Kap. 5 deutlich wird, gibt es eine ganze Reihe von umweltbezogenen, sozialen, innerphysischen und innerpsychischen Ressourcen, die in die Prüfung miteinbezogen werden können. Aufgrund ihrer Vorüberlegungen spricht die Führungskraft mit Janosch und Janina über unterschiedliche Ressourcen.

Sinnhaftigkeit

Mögliche Ursache für fehlende Kooperation: Meine Mitarbeitenden erleben keinen Sinn, bei dem, was sie tun. Selbstverständlich kann nicht jede Aufgabe mit tieferem Sinn belegt werden, aber wenn die gesamte Arbeit als sinnlos erlebt wird, droht ein Austreten aus der Kooperation. Die Führungskraft prüft also, ob es sein kann, dass der oder die Mitarbeitende keinen Sinn in seinem Aufgabenfeld sieht. Hier können einzelne Prozesse ins Blickfeld genommen werden, z. B. Mitarbeiterin Karin findet die Anweisung in Prozess Q nicht sinnvoll und hält sich deswegen nicht an die Vorgabe.

Dies kann Gründe liefern, warum sonst motivierte Mitarbeitende an einzelnen Stellen aus der Kooperation aussteigen, und Führungskräften ermöglichen, entweder die Prozesse oder die Anweisungen an die Mitarbeitenden zu adaptieren und mit Sinnbezug zu füllen, um die Kooperationsbereitschaft und die Leistung zu erhöhen. Manches Mal braucht es dabei einen Kompromiss, um Kooperation zu bewahren, zum Beispiel wenn mit einem oder einer Mitarbeitenden vereinbart wird, dass er für die nächsten Wochen in einem Projekt aushilft, was ihm selbst weniger sinnvoll vorkommt, um dort seine Kolleg*innen zu unterstützen, die auf seine Expertise oder seine Hände angewiesen sind (Sinnbezug 1) oder um dann in der Folge in ein Projekt zu wechseln, welches dem oder der Mitarbeitenden sehr am Herzen liegt (Sinnbezug 2), welches aber erst in einigen Wochen startet.

Wohlbefinden

Mögliche Ursache für fehlende Kooperation: Meine Mitarbeitenden fühlen sich körperlich, mental oder sozial nicht wohl im Unternehmen. Dies kann allgemein durch eine anonyme Befragung geprüft werden. Außerdem erfährt die Führungskraft durch Personalgespräche, ob es an dieser Stelle Veränderungsbedarfe gibt. Auch hier lässt sich erst auf Wohlbefinden schließen, wenn das Gegenteil mit großer Wahrscheinlichkeit ausgeschlossen werden kann. Dazu spricht die Führungskraft besonders mit Justus über das Klima in seinem Team.

Das vorherige Überlegen und Durchgehen der Bereiche (vgl. Tab. 8.1) hilft der Führungskraft, die Gespräche vorzubereiten und konkrete Fragen auszuwählen. Außerdem kann sie dadurch priorisieren, mit wem sie zunächst über welches Thema spricht. So findet sie möglichst schnell die wahren Gründe für fehlende Kooperation und kann nachsteuern. ◀

Hypothesen zu haben, um dann zielgerichtet vorgehen zu können, Ressourcen zu sparen und mit dem Wahrscheinlichsten zu beginnen, ist wichtig. Genauso wichtig ist es, dabei eine offene Haltung zu bewahren. Seien Sie kreativ und hinterfragen Sie stets, ob es etwas gibt, woran Sie noch nicht gedacht haben. Werden Sie in einer Art wie ein Profiler bei der Polizei, der die unterschiedlichsten Annahmen und Theorien verfolgen muss. Das kann ähnlich spannend werden wie die Arbeit bei der Polizei. Bleiben Sie offen statt fokussiert darauf, Ihre erste Annahme bestätigen zu wollen. Entscheidend ist, dass Sie den wahren Grund für Widerstände ausfindig machen und nicht, dass Sie recht behalten. Nur so können Sie Kooperation fördern. Um es im Polizeibeispiel auszudrücken: Es geht darum, den wahren Mörder zu ermitteln und nicht den Erstbesten. Werden Sie Ermittler in eigener Sache.

Dies wird nur gelingen, wenn Sie mit einer offenen Haltung in Gespräche gehen. So nützlich und wichtig das Aufstellen konkreter Hypothesen ist, geht es auch mit der Gefahr einher, dass man sich zu sicher wird. Dadurch kann es wiederum zu suggestiven Fragen (vgl. Abschn. 5.3) oder Schwerpunktsetzungen in der falschen Dimension kommen. Wir erleben zum Beispiel sehr oft, dass zunächst an der Verstehbarkeit angesetzt wird. Führungskräfte erklären dann immer wieder im Detail, was getan werden soll. Natürlich ist es wichtig, Verstehbarkeit sicherzustellen. Wenn die Gründe für fehlende Kooperation jedoch nicht im Bereich der Verstehbarkeit liegen, löst dies nicht nur das Problem nicht, sondern kann sogar noch mehr Widerstand erzeugen. Wenn beispielsweise jemand, der etwas nicht tut, weil er sich nicht wertgeschätzt fühlt, immer wieder erklärt bekommt, was er tun soll, denkt er eventuell: „Mein*e Chef*in erklärt mir das jetzt zum zehnten Mal, obwohl ich es längst verstanden habe! Hält er mich etwa für dumm?" Durch diesen Gedanken wird sich der oder die Mitarbeitende noch weniger wertgeschätzt fühlen.

Gehen Sie daher mit Ihrem Gegenüber in ein offenes Gespräch. Der folgende Abschnitt beschreibt genauer, welche Haltung dabei entscheidend ist.

8.1.2 Grundhaltung für ein Gespräch über WVBSW

Um Kooperation zu steigern, empfiehlt sich ein offenes und möglichst sanktions-freies Klima, wenn es um Rückmeldungen geht. Konflikte sind unvermeidbar im Miteinander von Menschen. Hilfreich ist es, wenn sie funktional und schnell gelöst werden und eine gemeinsame Haltung der Kooperation die Konfliktlösung flankiert. Der Fokus sollte also auf der Lösung und nicht auf dem Ist-Zustand (Konflikt) liegen.

Diese **Grundhaltung von Führungskräften im WVBSW-Modell** zeichnet sich durch folgende Glaubenssätze bei den Führungskräften aus:

- **Dimension Wertschätzung**
  Es ist für mich gewinnbringend, wenn Mitarbeitende mir mitteilen, dass sie sich von mir nicht wertgeschätzt fühlen. Durch diese Aussagen habe ich die Möglichkeit, mich zu reflektieren und mein Verhalten, wenn nötig, anzupassen. Ich pflege einen selbstwertschätzenden Umgang mit mir (vgl. Kap. 10) und bin in der Lage, mich selbst zu regulieren und bei Kritik professionell im Rahmen meiner Position als Führungskraft zu reagieren.
- **Dimension Verstehbarkeit**
  Es ist hilfreich, wenn Mitarbeitende mitteilen, dass sie etwas nicht verstehen. So können wir nachjustieren oder nachschulen. Mitzuteilen, etwas nicht zu ver-stehen, ist kein Zeichen von Schwäche, sondern von Stärke des Mitarbeitenden. Es herrscht eine wertschätzende Fehlerkultur.
- **Dimension Bewältigbarkeit**
  Die Verantwortung, genügend Ressourcen für eine Aufgabe zur Verfügung zu haben, ist eine geteilte Verantwortung zwischen Unternehmen und Mit-arbeitenden. Es ist wichtig, achtsam zu prüfen, ob Anforderungen und Ressourcen in einer stimmigen Balance stehen.
- **Dimension Sinnhaftigkeit**
  Es ist die Aufgabe des Unternehmens, den Mitarbeitenden Sinn in den Tätig-keiten, den Unternehmenszielen und der Unternehmensvision zu vermitteln. Dieser Sinn wird täglich in die Belegschaft auf unterschiedlichen Kanälen transportiert.
- **Dimension Wohlbefinden**
  Das Unternehmen sorgt für die Steigerung des körperlichen, mentalen und sozialen Wohlbefindens der Mitarbeitenden in geeigneter Weise und kooperiert hier im besten Falle eng mit den Mitarbeitenden, die ihre Bedürfnisse kundtun und sich aktiv in die realistischen Verbesserungen einbringen. Nur wenn Wohl-befinden gegeben ist, können optimale Leistungen erbracht werden.

Um eine der positiven Unternehmenskultur zuträgliche Grundhaltung zu intensivieren, lohnt ein Blick in die Humanistische Psychologie. Carl Rogers hat als amerikanischer Psychologe und Psychotherapeut die klientenzentrierte Psycho-therapie entwickelt. Sie ist heute fester Bestandteil vieler Therapieansätze und findet zunehmend auch Bedeutung in der allgemeinen Gesprächsführung. Sie kann Führungskräften ein sehr guter Kompass sein, um das WVBSW-Modell anzuwenden und Kooperation zu steigern.

▶   Die drei tragenden Elemente der klientenzentrierten Gesprächsführung sind Kongruenz, Empathie und bedingungslose positive Zuwendung (vgl. Rogers, 1993). Sie lassen sich hervorragend im Unternehmenskontext anwenden, um Kooperation zu fördern.

Kongruenz einer Führungsperson meint Echtheit, Unverfälschtheit beziehungsweise Transparenz. Die Führungskraft wirkt für die Mitarbeitenden also konsistent und authentisch. So kann Vertrauen entstehen. Im organisatorischen Umfeld kann also auch von Authentizität der Führungskraft gesprochen werden, was wiederum ein wichtiges Merkmal beispielsweise der transformationalen Führung ist. Die Führungskraft darf sich also nicht hinter Fassaden oder Rollen verstecken, sondern sollte sich auch emotional einbringen können, um eine echte Beziehung zu den Mitarbeitenden eingehen zu können. Diese nehmen die Führungskraft ihrerseits dann nicht nur in ihrer Rolle, sondern als Mensch wahr. Dies erleichtert die Identifikation und Kooperation, zumal Inkongruenz, also nicht authentisches Verhalten, Mitarbeitenden in der Regel sofort auffällt. Sie haben dann den Eindruck, mit ihnen werde nicht ehrlich umgegangen, ihnen werde nicht ehrlich begegnet, was passive Ablehnung, Dienst nach Vorschrift oder Widerstände begünstigt.

Es ist im Rahmen des authentischen Verhaltens der Führung nicht nötig und nicht dienlich, besonders weich zu führen, hohe Ansprüche zu reduzieren und Konflikte zu vermeiden. Im Gegenteil. Authentisch ist eine Führungskraft, wenn sie dafür einsteht, was sie antreibt, wenn sie Ziele hat und hohe Qualität und Kooperation in der Zielerreichung erwartet – vorausgesetzt, das tut sie.

Empathie einer Führungskraft zeichnet sich aus durch das einfühlende Verstehen, ohne direkt zu bewerten. Es handelt sich also um ein echtes Verständnis für die Situation des Gegenübers, was im Grunde Authentizität der Führung bereits voraussetzt. Wer nicht authentisch mit sich selbst sein kann, der kann kaum glaubhaft empathisch reagieren. Wenn die Führung kongruent, also authentisch ist, so ermöglicht dies ihr, sich auf das Gegenüber einzulassen und einen Perspektivwechsel vorzunehmen, also die Welt mit den Augen des Gegenübers zu sehen. Somit kann die Führung das Erleben und die damit verbundenen Werte, Bedürfnisse und Ängste des Gegenübers besser verstehen und dann für sich selbst einordnen. Zugegebenermaßen ist dieser Prozess heikel und bedarf oft eines guten Führungskräftecoachings, weil es bei den Übertragungsprozessen zu gravierenden Missverständnissen kommen kann. Trotzdem ist es vielen Führungskräften sehr gut möglich, ihre Empathie zu trainieren und entsprechend Sicherheit in der Kommunikation mit Mitarbeitenden oder Kolleg*innen zu erlangen. Die einfachste Formel mag vielleicht die selbstreflektorische Frage sein: Wie würde sich das für mich anfühlen? Wer einen Bezug zu seinen eigenen Gefühlen hat, der vermag diese Frage mit zunehmender Übung besser zu beantworten und kann dann im Kontakt mit dem Gegenüber ins Hypothesentesten gehen und prüfen, ob seine

Einschätzung stimmig ist. Es geht also darum, dem Gegenüber einfühlend und nicht „vom hohen Ross" zu begegnen und offen für ihn oder sie zu sein, neugierig zu sein, ohne direkt in Bewertungen zu verfallen. Auf diese Weise lernen Führungskräfte viel über die Sichtweisen und Bedürfnisse ihrer Mitarbeitenden und können dieses Wissen in der Folge gewinnbringend nutzen. Auch hier geht es im Übrigen nicht um Weichheit, wie manchmal verkürzt vermutet wird, sondern darum, das Gegenüber bestmöglich in seinem Handeln zu verstehen. Verstehen meint nicht akzeptieren. Aber Verstehen bietet die Möglichkeit, Dinge zu verändern, wenn beispielsweise für unerwünschtes Verhalten die wahre Ursache gefunden wurde.

Bedingungslose Zuwendung lässt sich übertragen in **Wertschätzung** (vgl. Kap. 3), da Wertschätzung immer frei von Bedingungen sein sollte und sich als positive Zuwendung definieren lässt. Auch Rogers (1993) selbst beschreibt diese Haltung als Wertschätzung. Die Bedürfnisse des Gegenübers wahrzunehmen, zu respektieren und wenn möglich sogar in Einklang mit den Anforderungen der Arbeitswelt zu bringen, ist ein wichtiger Baustein von Wertschätzung. Zur Wertschätzung gehört nach Rogers (1993) ebenfalls, die momentanen Gefühle des Gegenübers zu tolerieren. Groll, Ärger, Zorn, Furcht oder Wut können solche Gefühle sein, die die wertschätzende Führungskraft nicht aus ihrer professionellen Haltung bringen. Sie bleibt sachlich empathisch, ohne sich persönlich angegriffen zu fühlen und ihrerseits mit Abwehr oder Aggression zu reagieren. Ein kurzes Beispiel aus unserer Unternehmensberatungspraxis soll dies verdeutlichen.

> **Beispiel: Umgang mit verbalen Angriffen oder emotionalen Widerständen von Mitarbeitenden**
>
> Viele Führungskräfte fühlen sich durch ihre Mitarbeitenden immer wieder persönlich angegriffen, wenn sie zum Beispiel verbal attackiert werden. Wir bitten die Führungskraft in solch einer Situation, dass sie sich in die Rolle einer Kinderärztin im Krankenhaus versetzt. Dort soll einem Kind Blut abgenommen werden. Dies ist ein wichtiger und notwendiger Schritt bei den Symptomen, die das Kind zeigt. Die Ärztin geht nun zu dem auf einer Liege liegenden Kind und wird zunächst von dem Kind beschimpft und dann sogar getreten. Wie wird sich die Ärztin fühlen? Keine unserer Führungskräfte hat in diesem Beispiel angegeben, sie würde sich in einer solchen Situation persönlich infrage gestellt oder verletzt fühlen. Die Führungskräfte sind umgehend in der Lage, das Verhalten des Kindes auf die eigene Angst vor der Blutuntersuchung zu beziehen und nicht darauf, dass es die Ärztin als Person nicht mag. Viele der Führungskräfte, die wir beraten, berichten in der Folgezeit, dass ihnen dieses Bild hilft, wenn sie wieder einmal in einer schwierigen Situation sind. In den meisten Konfliktsituationen gibt es nämlich innere Motive des Gegenübers, die zu Abwehr oder Aggression führen und die weniger mit der Person des Gegenübers (Kinderärztin) als mit der Situation (bevorstehende Blutabnahme) zu tun haben. ◀

Die Führungskraft stimmt den negativen Gefühlen des Mitarbeitenden also nicht zwangsläufig zu, sie ist aber in der Lage, diese ohne Wertung oder Gefühl eines persönlichen Angriffs hinzunehmen. Dies lässt sich für Führungskräfte dann erreichen, wenn sie das Gegenüber als eigenständigen Menschen mitsamt entsprechenden Gefühlen und daraus entstehenden Handlungen respektiert und im besten Fall versteht. Die Führung unterscheidet zwischen dem Menschen, dem sie Wertschätzung entgegenbringt, und dessen aktueller Handlungen, die sie möglicherweise nicht akzeptiert, und kann dies beides differenzieren. Dadurch ist Mitarbeitenden im Idealfall möglich, durch das Agieren der Führung, sich selbst besser zu verstehen. Wenn dies erreicht wird, dann entsteht in der Führung eine Art Vorbild. „Mein*e Chef*in versteht mich besser als ich mich selbst und er geht gut mit mir um. Ich kann ihm vertrauen." Auf diese Art wachsen starke Bindungen und Kooperation wird ermöglicht bzw. gestärkt.

8.1.3 Gespräche gut vorbereiten

Um die eigenen Annahmen zu überprüfen und die Ursachen für fehlende Kooperation bzw. Widerstände zu identifizieren, ist es sinnvoll, wie in Kap. 3 bis Kap. 7 dargestellt, Fragen zu stellen, um durch die Antworten des Gegenübers Rückschlüsse auf Probleme oder Störungen im System oder der Motivation der Mitarbeitenden zu erkennen.

Es ist vielleicht ungewohnt, viele Fragen mit solchem Detailreichtum zu stellen. Deswegen ist unser Rat, dass Sie die neue Fragetechnik dosiert anwenden und zunehmend steigern. Ihre vorherige Analyse anhand der fünf Dimensionen des WVBSW-Modells und das Aufstellen konkreter zu prüfender Annahmen (vgl. Abschn. 8.1.1) helfen Ihnen bei der Auswahl. Machen Sie sich zunächst mit Grundfragen vertraut, vgl. Übersicht Kap. 2, und werden Sie erst Stück für Stück spezifischer.

Sie erhalten an dieser Stelle (Tab. 8.2) einen erweiterten Praxistipp für die Anwendung im Gespräch.

Es ist dabei besonders wichtig, den **Selbstwert der Mitarbeitenden** zu erhalten und dafür zu sorgen, dass sie sich im Gespräch wohlfühlen und dadurch offen äußern können. Sie wollen sie nicht menschlich infrage stellen, sondern sachlich abprüfen, ob die fünf Bereiche (WVBSW) gegeben sind. Neben einer grundlegend wertschätzenden Haltung (vgl. Kap. 3) ist es im Gespräch über die Dimensionen des WVBSW-Modells also von zentraler Bedeutung, immer wieder zu erklären, warum Sie diese Fragen stellen – also eine erste Sinnhaftigkeit (vgl. Kap. 6) auch hier darzustellen.

Folgende Beispielsätze, die Sie individuell natürlich anpassen, unterstützen Sie als Führungskraft, den Selbstwert der Mitarbeitenden zu erhalten:

• Ich werde Ihnen gleich einige Fragen zum Arbeitsauftrag stellen. Das tue ich nicht, um Sie infrage zu stellen, sondern weil es mir wichtig ist, dass wir beide genau wissen, was das Ziel der zu verrichtenden Arbeit sein soll.

Tab. 8.2 Gesprächsphasen

Vorphase Wertschätzung und Stärkung des Selbstwerts des Gegenübers	Drücken Sie Wertschätzung aus (vgl. Kap. 3). Erklären Sie, dass es Ihnen bei den folgenden Fragen nicht darum geht, Ihre Mitarbeitenden infrage zu stellen, sondern dass Sie im Gegenteil für Entlastung sorgen wollen. Sie wollen ins Gespräch darüber kommen, wie Sie als Führungskraft wahrgenommen werden, ob Sie wertschätzend sind, „verstehbare"/„bewältigbare"/„sinnhafte" Aufträge verteilen und dazu beitragen, dass Mitarbeitende sich wohlfühlen können oder ob Sie an bestimmten Stellen eventuell nachbessern können Durch die Lenkung auf Ihr Führungsverhalten schützen Sie den Selbstwert Ihrer Mitarbeitenden, die sich ansonsten schnell kritisiert oder als Person infrage gestellt fühlten
Hintergrund erläutern Warum stellen Sie Fragen?	Sie können Ihren Mitarbeitenden zum Beispiel sagen, dass Sie daran interessiert sind, das Miteinander/die Aufgabenverstehbarkeit/-bewältigbarkeit/-sinnhaftigkeit/das Wohlbefinden der Mitarbeitenden im Unternehmen zu optimieren (und dass Sie dabei Hilfe brauchen) Sie können sagen, dass es Beschwerden gab oder auch Sie selbst mit einigen Sachaspekten nicht zufrieden sind und sich jetzt auf die Suche machen, wo etwas verbessert werden kann. Deshalb werden Sie jetzt einige Fragen stellen (um Ihre eigenen Annahmen zu hinterfragen). Sie möchten also ins Gespräch kommen Nennen Sie in jedem Fall Gründe, warum Sie jetzt gleich einige Fragen stellen werden, um Verunsicherung entgegenzuwirken Erläutern Sie eventuell auch Konsequenzen, die für Sie oder auch die Mitarbeitenden zu erwarten sind
Fragenphase Auf die Antworten kommt es an	Sie stellen die für Sie wichtigen Fragen und erlauben dem Gegenüber eine Antwort, die Sie gegebenenfalls direkt zu Ihrer nächsten Frage führt Sie erlangen über die Antworten Wissen
Kooperativer Austausch und Rückmeldung	Sie bedanken sich für die Offenheit, die Ihnen Ihre Mitarbeitenden entgegengebracht haben. Sie zeigen, dass Ihnen eine offene Kommunikation wichtig ist. Sie vermitteln, dass es Ihnen wichtig ist, dass Mitarbeitende eigenständig mitdenken und Lösungsvorschläge unterbreiten. Sie vermitteln, dass Fehler etwas Normales sind, solange man im Austausch darüber ist, wie man sie in Zukunft verringern kann Sie fragen z. B. nach Wünschen, Bedürfnissen oder offenen Punkten bei den Mitarbeitenden. Sie machen aber auch deutlich, dass Sie vermutlich nicht alle Wünsche oder Bedürfnisse berücksichtigen können. Wenn Sie in bestimmten Bereichen unsicher sind, erbeten Sie sich Zeit

(Fortsetzung)

- Ich frage so detailliert nach, nicht weil ich Ihnen die Aufgabe nicht zutraue, sondern weil ich wissen will, ob vielleicht noch irgendetwas zur Bewältigung der Aufgabe benötigt wird, das Sie von mir noch nicht erhalten haben.
- Ich stelle diese Fragen, weil ich sichergehen möchte, dass Sie alle nötigen Informationen auch zur Hand haben, die Sie jetzt brauchen, bevor ich mich meiner nächsten Aufgabe zuwende.
- Entschuldigen Sie, wenn ich Sie mit diesen Fragen überrumple. Mir ist es wichtig, sicherzustellen, dass ich mich an jeder Stelle so ausgedrückt habe, dass Sie wirklich wissen, was jetzt zu tun ist, und Sie sich nicht unsicher fühlen oder Fragen offenbleiben.
- Mir ist es wichtig, mit Ihnen ins Gespräch zu kommen und herauszufinden, ob Sie sich bei uns wertgeschätzt und wohlfühlen. Daher frage ich so genau nach.

Fazit

Damit Kooperation gelingen kann, brauchen Führungskräfte eine entsprechende Haltung, es braucht Unternehmenswerte, die zu gemeinsamen Werten zwischen Führungskraft und Mitarbeitenden werden. Diese Werte sowie die grundlegende Haltung der Führungskraft müssen in konkretes, kongruentes Verhalten übertragen werden, sodass sie für Stakeholder sichtbar sind. Durch das Analysieren möglicher Gründe für fehlende Kooperation (mithilfe der WVBSW-Dimensionen) können konkrete Annahmen betroffen werden, um im Gespräch dann **gezielt** den Ursachen von unerwünschtem Verhalten auf den Grund zu gehen und gleichzeitig eigene, zu schnelle Urteile zu vermeiden. Durch eine gezielte Gesprächsvorbereitung ist es Führungskräften möglich, die fünf Dimensionen des WVBSW-Modells, Wertschätzung, Verstehbarkeit, Bewältigbarkeit, Sinnhaftigkeit und Wohlbefinden, bei Mitarbeitenden und in Prozessen abzuprüfen und bei Bedarf nachzusteuern. So können Widerstände und latente Konflikte vermieden werden. Ein offener Austausch ist hierzu notwendig, ebenso wie eine Fehlerkultur, die es Mitarbeitenden ermöglicht, sich Unterstützung aktiv zu erbitten, wenn sie mit einer Aufgabe nicht weiterkommen. Wenn Führungskräfte es schaffen, die stillen Beweggründe und Ursachen für fehlende Kooperation ihrer Mitarbeitenden zu erkennen und zu verstehen, führen sie erfolgreicher, weil sie zum einen signalisieren, die Mitarbeitenden ernst zu nehmen, zum anderen die Ursachen für fehlende Kooperation abstellen können und damit die eigenen Forderungen fast immer durchsetzen können, sobald das Problem des Gegenübers erkannt und eine Lösung entwickelt ist.

Wenn hier im Unternehmen die grundlegende, kooperationsfördernde Haltung fehlt oder Führungskräfte ausschließlich antrainiertes Verhalten zeigen, sich aber mit den Werten des Unternehmens nicht identifizieren oder sie nicht wissen, wie sie diese Werte in ihr konkretes Führungsverhalten übertragen sollen, läuft das Unternehmen Gefahr, dass die Mitarbeitenden aus der Kooperation gehen. Wer die Werte des Unternehmens als Führungskraft nicht teilt und lebt, der wird kaum seine Mitarbeitenden überzeugen können, diese Werte zu leben.

8.2   Praktische Anwendung in der Gestaltung der Strukturen

Bei der Anwendung des WVBSW-Modells sollte nicht nur die Ebene der Personalführung in den Blick genommen werden, sondern auch bei der Gestaltung der Organisationsstrukturen ist es wichtig, die fünf Dimensionen des Modells zu bedenken. Für gelingende Kooperation sind also auch die strukturellen Bedingungen wie z. B. die Unternehmenskultur oder Arbeitsgestaltung (Spieß, 2021) entscheidend.

▶   Mithilfe des WVBSW-Modells Kooperation auf der Ebene der Personalführung zu fördern, kann nicht funktionieren, wenn die vorhandenen Strukturen und die Gestaltung des Umfelds nicht dazu passen.

Dieser Teil des Kapitels beschäftigt sich daher mit der Frage, was auf der Ebene der Strukturen bei der Anwendung des WVBSW-Modells zu beachten ist. Es geht zum einen darum, Strukturen zu gestalten, die WVBSW überhaupt **ermöglichen** (z. B. genügend Ressourcen wie z. B. Zeit, Räumlichkeiten, Informationen zur Verfügung stellen), und zum anderen um die Frage, wie darüber hinaus auf Strukturebene WVBSW **zusätzlich gestärkt** werden kann (z. B. Etablierung von Unterstützungssystemen, festen Abläufen/Ritualen, Feedback und Rückmeldemöglichkeiten).

Gelingende Kooperation erfordert vor allem Kommunikation und Austausch von Informationen (Konradt & Hertel, 2002). Die Gestaltung der Strukturen und Arbeitsformen beeinflusst stark die Möglichkeiten und Arten, wie dieser Austausch stattfinden kann. Ende des 20. Jahrhunderts hat eine weltweite Veränderung der Strukturen in Organisationen stattgefunden (Kozlowski & Bell, 2013; Kozlowski und Illgen 2006). Arbeiten werden zunehmend nicht mehr von einzelnen Angestellten, sondern von Teams gemeinsam erledigt. Gründe für diese Veränderungen der Organisationsstrukturen sind veränderte Anforderungen im ökonomischen, strategischen und technologischen Bereich (Kozlowski & Bell, 2013). Ein wachsender internationaler Wettbewerb macht Innovationen notwendig. Damit ein Unternehmen den steigenden Ansprüchen, der Schnelllebigkeit der heutigen Zeit und den damit einhergehenden, unvorhersehbaren Veränderungen gerecht werden kann, braucht es Mitarbeitende mit vielseitigen Fähigkeiten, einem hohen Maß an Fachkompetenz und schnellen Reaktions- und Anpassungsfähigkeiten. Dies begründet die strukturelle Veränderung hin zu mehr Teamarbeit. Den gestiegenen Anforderungen kann begegnet werden, indem individuelles Wissen, einzelne Fähig- und Fertigkeiten in Teams kombiniert und durch den Einsatz technischer Möglichkeiten auch international vernetzt werden. Durch eine Arbeitsstrukturierung in Teams ist eine schnellere und flexiblere Anpassung an unerwartete Veränderungen möglich (Kozlowski & Illgen, 2006). Gemeinsam im Team kann etwas erreicht werden, was außerhalb der Möglichkeiten jedes Einzelnen liegt (Marks et al., 2001). Dies funktioniert aber nur, wenn die Teammitglieder bestmöglich miteinander kooperieren. Die Frage, wie Strukturen so gestaltet werden können, dass Teams effektiv zusammenarbeiten, d. h. gelingend kooperieren, ist also ein zentrales Anliegen. Dabei ist ebenfalls zu berücksichtigen, dass die Kooperation auch dann gelingt, wenn die Teams virtuell zusammenarbeiten, was in vielen Bereichen bereits vor der Coronapandemie, aber danach noch weiter verbreitet der Fall ist. Mit den spezifischen Vorteilen und Herausforderungen virtueller Kooperation beschäftigen sich u. a. Konradt und Hertel (2002).

Eine entscheidende Variable für Teameffektivität sind Teamprozesse (Kozlowski und Illgen 2006; Marks et al., 2001). Ob Teams erfolgreich sind, hängt also nicht nur davon ab, welche Fähigkeiten die Teammitglieder haben oder welche Ressourcen vorhanden sind, sondern vor allem auch von den Prozessen, also der Art und Weise, wie die Teammitglieder interagieren und wie ihre Zusammenarbeit auf struktureller Ebene gestaltet ist (Fisher, 2014; Marks et al., 2001). Welche Bereiche für die Gestaltung erfolgreicher Teamprozesse auf struktureller Ebene wichtig sind und was dabei im Hinblick auf die WVBSW-Dimensionen zu beachten ist, wird im Folgenden dargestellt.

Informationsweitergabe
Bei der Gestaltung der Strukturen im Sinne des WVBSW-Modells spielt das Thema Informationsweitergabe eine große Rolle. Prüfen Sie,

- welche Informationen,
- in welchem Umfang (wie viel, wie ausführlich),
- in welcher Form (mündlich, schriftlich, Bild, Text) bzw. auf welchem Kanal (direktes Gespräch, digitale Kommunikation, Aushänge, Informationsschreiben etc.),
- wie strukturiert, geordnet und klar nachvollziehbar

in Ihrer Organisation weitergegeben werden.

Wenden Sie auch in den Strukturen WVBSW an.

Es ist wichtig, dass Informationen **verstehbar** sind. Achten Sie auf die Sprache (ggf. Fremdsprachen) und Vermeidung von komplizierten Fachbegriffen. Wählen Sie Bilder statt oder ergänzend zu Texten.

Außerdem kommt es auch darauf an, dass der Empfang der Informationen **bewältigbar** ist, d. h., dass Empfangende mit den jeweiligen Medien vertraut sind und auch die Menge an Informationen (zeitlich) bewältigen können. Hier gilt es, ein geeignetes Maß zu finden bzw. Informationen gut strukturiert weiterzugeben. Mehr Informationen sind nicht immer besser! Andererseits müssen es genug Informationen sein. Damit Mitarbeitende sich eingebunden und dadurch wertgeschätzt fühlen und auch größere Zusammenhänge verstehen und dadurch Sinnhaftigkeit erleben, ist Transparenz (durch Informationsweitergabe) von großer Bedeutung. Um weder zu viele noch zu wenige Informationen weiterzugeben und damit sowohl Bewältigbarkeit und Wohlbefinden als auch Verstehbarkeit, Wertschätzung und Sinnhaftigkeit zu gewährleisten, hilft eine gute Strukturierung.

In E-Mails oder Aushängen können z. B. verschiedene Kategorien durch entsprechende Überschriften (z. B. „Für alle wichtig" oder „Muss gelesen werden" bzw. „Weitere Informationen" oder „Bei Interesse") gekennzeichnet werden. Überlegen Sie immer, welche Informationen Sie wie weitergeben und wozu Sie dies tun.

Auch das Thema Visualisierung spielt im Bereich Informationsweitergabe eine große Rolle. Mithilfe geeigneter Visualisierungen wie z. B. „Kanban Boards" (Anderson, 2011) können auch Prozesse innerhalb eines Teams transparent gemacht werden. Diese Methode aus dem agilen Arbeiten fördert auf viele Arten Kooperation. Es wird nicht nur Verstehbarkeit gestärkt, sondern auch die Bewältigbarkeit (übersichtliche Darstellung, begrenzte Anzahl an Themen in Bearbeitung), die Wertschätzung (einbezogen werden, eigener Beitrag wird gesehen), die Sinnhaftigkeit (Veranschaulichung des Gesamtprozesses) und das Wohlbefinden (z. B. Visualisierung von erreichten Erfolgen). Eine besondere Rolle im Bereich Informationsweitergabe spielt das Thema Feedback, welches im Abschn. 8.2.1 genauer betrachtet wird.

Materialien, Hilfsmittel und räumliche Ausstattung
Vor allem in Kap. 5 wurde bereits die Relevanz von Ressourcen deutlich gemacht. Auf der strukturellen Ebene sind die Bereitstellung und Gestaltung von Materialien, Hilfsmitteln und räumlicher Ausstattung von großer Bedeutung. Nicht nur kann damit die Bewältigbarkeit ermöglicht werden, es lassen sich auch weitere Dimensionen dadurch stärken. Ohne entsprechende Ausstattung können viele Arbeitsaufträge nicht oder nicht in der gewünschten Qualität bewältigt werden. Das Zurverfügungstellen von hochwertigen Materialien, Werkzeugen und Arbeitsmitteln und die ansprechende Arbeitsplatzgestaltung können darüber hinaus aber auch Wertschätzung den Mitarbeitenden gegenüber ausdrücken. Durch entsprechende Beschilderung in der Raumgestaltung lässt sich Verstehbarkeit stärken und ergonomische Arbeitsmittel erhöhen das Wohlbefinden. Das Vorhandensein entsprechender Räumlichkeiten ermöglicht zudem Austausch und Miteinander im Team, was wiederum positiv auf verschiedene Dimensionen und damit die Kooperation wirkt. Bei der räumlichen Gestaltung spielen nicht nur der jeweilige Arbeitsplatz und das Vorhandensein von Sozialräumen eine Rolle, sondern vor allem auch die Gestaltung des Eingangsbereichs. Betrachten Sie einmal Ihren Eingangsbereich und fragen Sie sich: Was erlebt man, wenn man Ihre Organisation betritt? Fühlt man sich gleich willkommen? Kann man sich hier wohlfühlen? Findet man sich zurecht? Welche Informationen erhält man? Dieser oft unterschätzte Bereich bietet viele Ansatzpunkte, wie Sie WVBSW stärken können.

Weiterbildungen und Unterstützungsangebote
Eine weitere Möglichkeit, WVBSW auf Strukturebene zu stärken, sind (interne und externe) Weiterbildungen und Unterstützungsangebote. In Kap. 7 wurde bereits auf verschiedene Gesundheitsangebote und auch auf Employee Assitance Programs (EAP) als Beratungsangebot für Mitarbeitende eingegangen und die Vorteile für das Wohlbefinden wurden erläutert. Fachliche Weiterbildungsmaßnahmen

können die Verstehbarkeit und Bewältigbarkeit erhöhen. Und auch die weiteren Dimensionen können zum Beispiel durch gemeinsame Workshops gestärkt werden. Wenn Sie durch geschicktes Fragen (vgl. Kap. 3–7) feststellen, dass in einem Bereich vermehrt bei vielen Mitarbeitenden die Gründe für fehlende Kooperation liegen, lohnt es sich, dieses Thema (mit externer Unterstützung) gemeinsam zu bearbeiten. Haben einzelne Mitarbeitende Schwierigkeiten in einem Bereich, können Sie Ihnen eine passende Weiterbildung ermöglichen.

Mitarbeitende, die sich nicht wertgeschätzt fühlen, brauchen andere Zuwendung oder Unterstützung als Mitarbeitende, die etwas fachlich noch nicht ganz durchdrungen haben. Um passgenaue Interventionen zu finden, ist es so wichtig, WVBSW zu reflektieren und in den Strukturen umzusetzen.

Zeitgestaltung
Eine weitere wichtige Ressource ist Zeit. Bei der Gestaltung der Strukturen einer Organisation ist die Zeitgestaltung von entscheidender Bedeutung für gelingende Kooperation durch WVBSW. Wenn nicht genug Zeit zum richtigen Zeitpunkt vorhanden ist, können Aufgaben nicht bewältigt werden. Der Faktor Zeit spielt aber nicht nur für die Bewältigbarkeit eine wesentliche Rolle. Zeit für gemeinsame Gespräche ermöglicht ein wertschätzenderes Miteinander und stärkt das (soziale) Wohlbefinden. Wollen Sie Ihren Mitarbeitenden gegenüber Wertschätzung ausdrücken, dann nehmen Sie sich Zeit für sie! Wenn genügend Zeit zum Austausch vorhanden ist, können außerdem Arbeitsaufträge ausführlicher erläutert und dabei auch größere Zusammenhänge dargestellt werden. Damit lassen sich Verstehbarkeit und Sinnhaftigkeit erhöhen.

Für die Bewältigbarkeit und vor allem auch das Wohlbefinden spielen die Arbeitszeiten (und die Einhaltung dieser) sowie Pausenzeiten eine wichtige Rolle.

Ziele
Ziele haben eine motivierende Wirkung und dienen als Orientierung (Latham & Locke, 1991). Wenn Mitarbeitende kooperieren sollen, ist es nötig, dass sie gemeinsame Ziele haben und auch wissen, wie diese erreicht werden können.

Für gelingende Kooperation ist es nicht nur wichtig, dass es gemeinsame Ziele gibt, sondern auch, dass diese

- verstehbar („Ich verstehe, was konkret das Ziel ist, wann ich es erreicht habe und bis wann es zu erreichen ist" – Vergleiche „S", „M" und „T" der SMART-Methode, s. u.),
- bewältigbar („Ich kann die Zielerreichung bewältigen, weil die Anforderungen des Ziels zu meinen Fähigkeiten passen. Die Zielerreichung bringt mich nicht so sehr an meine Grenzen, dass es mir nicht mehr gut geht" – Vergleiche „R" der SMART-Methode)
- und sinnhaft („Ich finde das Ziel sinnvoll und möchte es erreichen" – Vergleiche „A" der SMART-Methode)

sind und alle sich auf dem Weg der Zielerreichung wohl- und wertgeschätzt fühlen.

Eine Methode, die dabei hilft, Ziele zu formulieren, die den WVBSW-Kriterien entsprechen, ist die SMART-Methode (u. a. dargestellt in Graf, 2012; die Methode geht auf die Ergebnisse von Locke und Latham [1990] zurück).

SMARTe Ziele formulieren

- **S**pezifisch: Formulieren Sie Ihr Ziel möglichst spezifisch und präzise. Dadurch wird klar, was Sie genau erreichen wollen, und es entstehen keine Fehlinterpretationen.
- **M**essbar: Formulieren Sie Ihr Ziel so, dass es messbar ist. Nur wenn sich die Zielerreichung auch überprüfen lässt, können Sie wirklich feststellen, ob Sie geschafft haben, was Sie wollten.
- **A**ttraktiv: Formulieren Sie Ihr Ziel in attraktiver Form und ohne Verneinungen. Legen Sie den Fokus auf das, was Ihnen wichtig und durch die Zielerreichung möglich ist. Ein attraktiv formuliertes Ziel motiviert.
- **R**ealistisch: Formulieren Sie ein realistisches Ziel. Es darf herausfordernd sein, sollte aber nicht überfordern. Das Ziel soll mit den vorhandenen Ressourcen erreichbar sein.
- **T**erminiert: Legen Sie bei der Formulierung Ihres Ziels fest, bis wann das Ziel erreicht sein soll. Dies schafft Verbindlichkeit für die Überprüfung der Zielerreichung. ◄

Um gemeinsame Ziele zu entwickeln, die als sinnhaft erlebt werden, helfen Leitbilder und gemeinsame Werte (vgl. Abschn. 8.1). Die einzelnen Ziele können sich so an etwas Großem orientieren und dienen der Umsetzung der Unternehmenswerte. Wenn es kein Fundament in Form gemeinsamer Werte gibt, wird es schwer, sinnhafte Ziele (für alle Beteiligten) zu entwickeln. Die Bedeutung gemeinsamer Werte für gelingende Kooperation verdeutlicht Abschn. 8.1. Wie Sie gemeinsame Werte und Ziele konkret erarbeiten können, lesen Sie in Abschn. 8.2.2.

Personaleinsatzplanung
Zur Arbeitsgestaltung und Strukturierung Ihrer Organisation gehört auch die Frage, wer wann welche Aufgaben erledigt. Beachten Sie auch bei der Einsatzplanung (oder in der Schule z. B. auch Stundenplangestaltung) die WVBSW-Dimensionen. Es ist wichtig, dass verstehbar ist, wer genau wofür verantwortlich ist. Zudem sollten die eingesetzten Mitarbeitenden ihre Aufgaben gut bewältigen können. Achten Sie auf eine Passung zwischen Ressourcen und Stärken der Mitarbeitenden und der Aufgabe. Sie können damit nicht nur die Bewältigbarkeit sicherstellen, sondern auch das Wohlbefinden positiv beeinflussen. Wenn Menschen ihre Stärken einsetzen können und Spaß an einer Aufgabe haben, stärkt dies ihr Wohlbefinden (vgl. Kap. 7). Wenn auch persönliche Bedürfnisse und Werte der Mitarbeitenden bei der Aufgabenverteilung und Einsatzplanung Berücksichtigung finden, können Sie damit Wertschätzung und Sinnhaftigkeit fördern. Beispiele hierfür sind flexible Arbeitszeiten für Mitarbeitende (Wertschätzung,

vgl. Abschn. 3.3.4) oder die Ernennung einer Mitarbeiterin zur Klimaschutzbeauf-
tragten, die sich für Klimaschutz engagiert (Sinnhaftigkeit, vgl. Abschn. 6.2.3).

Gestaltung von Anfang und Ende
Zwei besondere Elemente bei der Gestaltung von Strukturen sind Anfänge und
Enden. Wenn Sie diese Elemente genauer in den Blick nehmen und im Sinne
der WVBSW-Dimensionen gestalten, können Sie die Kooperation in Ihrer
Organisation entscheidend beeinflussen.

Wichtige Anfänge sind zum Beispiel Begrüßungen und auch die Einarbeitung
neuer Mitarbeitender. Achten Sie darauf Ihre Mitarbeitenden zu begrüßen. Dies
mag banal klingen, macht aber einen entscheidenden Unterschied für die Wertschätzung in Ihrem Unternehmen. Die Art der Einarbeitung neuer Mitarbeitender
ist oft eine Fundgrube an Gründen für mangelnde Kooperation oder positiv ausgedrückt, wenn Sie die Einarbeitung in den Fokus nehmen, können Sie gleich
mehrere WVBSW-Dimensionen von Beginn an in den Fokus nehmen und damit
Kooperation ermöglichen. Durch Erklärungen und eine fachliche Einarbeitung
kann von Beginn an Verstehbarkeit geschaffen werden. Dies ist nicht nur bei
Berufseinsteiger*innen wichtig. Entscheidend ist auch, dass Ihre neuen Mit-
arbeitenden wissen, wie Dinge in Ihrer Organisation gehandhabt werden. Achten
Sie darauf, dass nichts als selbstverständlich und keiner Erklärung bedürfend
angesehen wird und dass neue Mitarbeitende die Möglichkeit haben, alle
Informationen zu erhalten, ohne auf selbst initiiertes Fragen angewiesen zu sein.
Dies ist wichtig, da sich oft besonders neue Mitarbeitende nicht trauen, manche
Fragen zu stellen. Nehmen Sie sich im Rahmen der Einarbeitung auch Zeit, Ihre
Mitarbeitenden kennenzulernen. Dies fördert nicht nur die Wertschätzung, sondern
hilft Ihnen, die Stärken und Besonderheiten Ihrer Mitarbeitenden besser kennenzulernen. Dadurch lässt sich bei der Arbeitsgestaltung ein passendes Maß an
Anforderungen und Ressourcen finden und Bewältigbarkeit stärken. Achten Sie
darauf, dass es bei der Einarbeitung nicht nur um fachliche Themen geht, sondern
dass auch gemeinsame Werte und die Unternehmenskultur thematisiert werden,
und unterstützen Sie Ihre „Neulinge" darin, gut bei Ihnen anzukommen, damit sie
sich wohlfühlen können.

Nehmen Sie das Thema Einarbeitung auch in den Fokus, wenn dieses in
Ihrer Branche vielleicht eine nicht so große Rolle zu spielen scheint, und überlegen Sie, wie Sie geeignete Strukturen schaffen können, die neuen Mitgliedern
Ihrer Organisation das Ankommen erleichtern und direkt von Beginn an WVBSW
fördern. Eine bewährte Form ist zum Beispiel das Vernetzen neuer Mitarbeitender
untereinander kombiniert mit regelmäßigen Kontakten dieser Gruppe zu einer
Führungsperson. „Die Neuen" unter sich können sich auf Augenhöhe über
eventuelle Fragen und Unsicherheiten austauschen (und diese dann gemeinsam
mit der Führungskraft ansprechen), sie finden Gleichgesinnte und Unterstützung
beim Ankommen.

Natürlich kostet eine solche Art der intensiven Einarbeitung Zeit. Wenn Sie
diese aber nicht zu Beginn investieren, kommt es im Verlauf häufiger zu fehlender
Kooperation, was dann auch wiederum Zeit in Anspruch nimmt.

Neben den beiden genannten Anfängen gibt es noch viele weitere: Der Beginn einer Besprechung, der Start einer Arbeitswoche, der Anfang eines neuen Projekts, der Start in ein neues Schuljahr, der Schichtbeginn, die Eröffnung eines Gesprächs etc. Überlegen Sie, welche Anfänge in Ihrem Bereich von Bedeutung sind und wie Sie diese so gestalten können, dass WVBSW und damit Kooperation gefördert werden.

Neben den Anfängen sind auch die Enden ein wichtiges Element bei der Gestaltung der Strukturen. Womit endet eine Besprechung, der Arbeitstag, der Projektabschluss, das Schuljahr, ein Gespräch? Fassen Sie Ergebnisse eines Gesprächs oder einer Besprechung am Ende zusammen und halten Sie kurz die wichtigsten Punkte fest. Sie sorgen so für mehr Verstehbarkeit und Bewältigbarkeit. Nehmen Sie zum Ende eines Meetings oder eines Projekts positive Dinge und Erfolge in den Fokus. Sie können damit z. B. die Selbstwirksamkeitserwartung als wichtige Ressource für Bewältigbarkeit stärken, das Wohlbefinden fördern und Wertschätzung ausdrücken. Zeigen Sie bei erreichten Zielen und Ergebnissen den Zusammenhang zu gemeinsamen Werten auf und erhöhen Sie so die erlebte Sinnhaftigkeit. Anfänge und Enden bleiben besonders im Gedächtnis (Primacy- und Recency-Effekt, Abele, 2019; Rummer & Schweppe, 2022). Nutzen Sie diese Tatsache, um durch entsprechende Strukturen an diesen entscheidenden Stellen Kooperation zu fördern.

Anfänge und Enden spielen auch eine besondere Rolle bei Veränderungen. Etwas Vertrautes endet und etwas Neues, Unbekanntes beginnt. Veränderungen sind ein häufiger Grund für die Entstehung von Widerständen. Daher ist vor allem bei diesen Enden vertrauter Umstände bzw. Anfängen eines neuen unbekannten Weges die Stärkung von WVBSW zum Erhalt der Kooperation besonders wichtig. Strukturelle Veränderungen sind unerlässlich, sie können aber gut vorbereitet und begleitet und damit erfolgreich und kooperativ gemeistert werden (Kotter, 1995, vgl. Abschn. 6.4).

Sie haben in diesem Abschnitt einige wichtige Bereiche für die Gestaltung kooperationsfördernder Strukturen kennengelernt. Wichtig ist, dass Sie diese Bereiche, die hier nur in allgemeiner Form vorgestellt werden können, im Detail für Ihre Situationen betrachten und überlegen, wie Sie Strukturen gestalten und damit WVBSW fördern können.

In den folgenden beiden Abschnitten werden zwei bereits erwähnte Themen genauer vorgestellt, die eine besondere Bedeutung für kooperationsfördernde Strukturen haben.

8.2.1 Feedback

Feedback ist ein zentraler Erfolgsfaktor für Unternehmen (Jöns & Bungard, 2018; Semmer & Jacobshagen, 2010; Woike & Hafenbrädl, 2020). Feedback zu erhalten, motiviert und ist essenziell für Lernen und Entwicklung (Ilgen et al., 1979). Kooperation lässt sich durch häufiges und konkretes Feedback zu positiven Ergebnissen stärken (Konradt & Hertel, 2002). Der Erfolg von Organisationen hängt in der heutigen immer komplexer werdenden Arbeitswelt davon ab, wie gut die Zusammenarbeit innerhalb und zwischen einzelnen Teams gelingt (Jöns & Bungard, 2018 und Anfang Abschn. 8.2). Durch Feedback können Arbeitsleistungen und Zusammenarbeit in Teams gesteigert werden. Feedback ist daher für erfolgreiche Unternehmen nicht nur wichtig, sondern absolut nötig, oder wie Jöns und Bungard (2018, S. 5) es ausdrücken: *„Unternehmen mit nicht funktionierenden Feedbacksystemen sind mittelfristig nicht überlebensfähig."* Es ist also entscheidend, Feedbacksysteme in die Strategie des Unternehmens zu integrieren (Jöns & Bungard, 2018) und dafür zu sorgen, dass Raum und Zeit gegeben sowie ein standardisiertes Vorgehen für regelmäßiges Feedback etabliert wird.

Neben der emotionalen, motivierenden Komponente geht es bei Feedback darum, Informationen zu erhalten bzw. weiterzugeben. Wenn Menschen Feedback erhalten, können sie etwas über sich selbst lernen und „blinde Flecken" aufdecken (vgl. Johari-Fenster, Luft & Ingham, 1955). Andererseits kann eine Rückmeldung auch dazu dienen, etwas von sich selbst preiszugeben und mit anderen zu teilen (Luft & Ingham, 1955).

Wichtig ist, dass in einer Organisation Feedback bzw. Rückmeldung in verschiedene Richtungen ermöglicht wird. Oft wird nur das Feedback von Führungskräften an einzelne Mitarbeitende oder Teams betrachtet.

▶   Ebenso wichtig ist es, auch für Mitarbeitende durch das Etablieren entsprechender Strukturen die Möglichkeit zu schaffen, jederzeit Rückmeldung zu geben und nicht nur, wenn sie einmal direkt gefragt werden. So kann jedes Mitglied der Organisation etwas beitragen und die Organisation erfolgreicher machen.

Diese Art der Rückmeldung „von unten nach oben" ist oft aufgrund von Hierarchien erschwert (Jöns & Bungard, 2018) und von Führungskräften aufgrund eigener Unsicherheiten oft auch nicht erwünscht. Sie ist jedoch sehr wichtig. So stellen Jöns und Bungard (2018, S. 13) fest: *„Eine Organisation kann auf die Dauer nicht optimal funktionieren, wenn man kein Feedback bei den Entscheidungsträgern über die Realität an der Wertschöpfungsfront erhält."* Es gibt innerhalb einer Organisation wichtige Aspekte, die nur von den Mitarbeitenden gut beurteilt werden können. Daher ist es von großer Bedeutung auf Strukturebene dafür zu sorgen, dass Informationen, die nur die Mitarbeitenden haben, hierarchiefrei weitergeleitet werden können (Jöns & Bungard, 2018). Dies ist zum Beispiel durch Rückmeldesysteme auf anonymem Weg oder über einen Rückmeldungsbeauftragten, der sich um die Anliegen der Mitarbeitenden kümmert, zu erreichen.

In der Literatur finden sich viele Beiträge zum Thema Feedback, zu der Frage, wann Feedback wie wirkt (u. a. Ilgen et al., 1979; Kluger & DeNisi, 1996), verschiedenen Feedback-Instrumenten, Gestaltungshinweisen und Beispielen (u. a. Jöns & Bungard, 2018). An dieser Stelle legen wir den Fokus auf die Verbindung zwischen Feedback und Kooperation. Durch Rückmeldung der Mitarbeitenden erhalten Führungskräfte Informationen darüber, ob die Dimensionen des

WVBSW-Modells erfüllt sind oder wo entsprechend nachgesteuert werden sollte, um Kooperation zu fördern. Wenn Mitarbeitende durch entsprechende Strukturen frühzeitig Feedback geben können und das, ohne sich vor Konsequenzen fürchten zu müssen, dann kann auch schnell gehandelt werden, ohne dass erst Widerstände entstehen und folglich in Gesprächen die Ursachen erfragt werden müssen. Feedback und vor allem positive Rückmeldung von Führungskräften an ihre Mitarbeitenden kann das Wohlbefinden, die Wertschätzung und die Bewältigbarkeit erhöhen. Sie können damit Ihren Mitarbeitenden zeigen, dass sie gesehen werden, können den Beitrag der einzelnen sichtbar machen und zum Beispiel die Selbstwirksamkeitserwartung (vgl. Kap. 5) und damit die Bewältigbarkeit stärken. Feedback kann die wahrgenommene Bedeutung des eigenen Beitrags für den Gesamterfolg des Teams oder der Organisation erhöhen und damit Motivation und Kooperation stärken (Konradt & Hertel, 2002). Wenn Mitarbeitende den Eindruck bekommen, ihr Beitrag sei nicht entscheidend für den Gesamterfolg, werden sie ihre Anstrengungen reduzieren und somit Ressourcen einsparen (Konradt & Hertel, 2002, Trittbrettfahrer-Effekt, vgl. auch Kap. 2). Dies geschieht selbst dann, wenn sie die Unternehmensziele sinnhaft finden. Sie steigen also aus der Kooperation aus. Dies führt zu Problemen: zum einen, wenn ihr Beitrag sehr wohl entscheidend war, auch wenn sie dies – durch fehlende Rückmeldung – selbst nicht wahrgenommen hatten, zum anderen, wenn die Reduzierung des persönlichen Einsatzes von anderen aus dem Team als ungerecht erlebt wird (Konradt & Hertel, 2002). Häufiges und konkretes Feedback zu positiven Ereignissen, einzelnen Arbeitsschritten und dem Gesamterfolg des Teams sind daher wichtig.

Entscheidend, um Kooperation zu fördern, ist auch, auf welche Art Feedback gegeben wird. So zeigen Woike und Hafenbrädl (2020), dass je nach Art des Feedbacks kooperatives oder konkurrierendes Verhalten erzeugt werden kann. Individuelles Feedback führt zu kooperativem Verhalten, während „Ranking Feedback", bei dem die Mitarbeitenden Rückmeldung zu ihren Leistungen *im Vergleich* zu anderen erhalten, zu konkurrierendem Verhalten führt. Dies ist auch der Fall bei Teams, die in kooperativen Situationen bzw. an kooperativen Zielen (= man kann das Ziel nur gemeinsam erreichen) arbeiten. In Unternehmen wird oft Feedback eingesetzt, das Vergleiche zu anderen herstellt. Wollen Sie Ihr Unternehmen durch Kooperation erfolgreich machen, ist es wichtig, dass Sie einzelnen Mitarbeitenden persönliches, individuelles und von anderen unabhängiges Feedback geben und andersherum auch einzelne Mitarbeitende um ihre Rückmeldung bitten bzw. Rückmeldung strukturell ermöglichen.

8.2.2 Entwicklung gemeinsamer Werte und Ziele

In Abschn. 8.1 wurde verdeutlicht, wie wichtig gemeinsame Werte und Haltungen für erfolgreiche Unternehmen und insbesondere für Kooperation sind. Daran anschließend stellt sich die Frage, wie auf Strukturebene gemeinsame Werte für eine Organisation gefunden und dann auch im Alltag umgesetzt werden können. In diesem Abschnitt erläutern wir Ihnen ein Vorgehen, welches wir in unserem

Beratungsalltag als Netzwerk HOLZRICHTER-BERATUNGEN entwickelt und vielfach erprobt haben. Schwerpunkt des Vorgehens ist die Betrachtung und Verknüpfung unterschiedlicher Ebenen. Ähnliche Ansätze finden sich z. B. im „Golden Circle" von Simon Sinek (2009; die Ebenen „Warum", „Wie" und „Was") oder im St. Gallen Management Model (Bleicher 1991; normatives, strategisches und operatives Management). In unserer Arbeit verwenden wir die aus der Soziologie bekannten Begriffe „Makro" (= groß), „Meso" (= mittel) und „Mikro" (= klein), welche im Folgenden in der von uns genutzten Form beschrieben werden.

Bei der Werteentwicklung wird von uns zunächst die Makroebene in den Blick genommen. Diese Ebene bildet das „Warum" ab. Warum soll etwas getan werden? Was sind die Werte, die dahinterstehen und dadurch gelebt werden? Außerdem erarbeiten wir auf der Mikroebene ganz konkrete Verhaltensweisen, die im Alltag umgesetzt und erlebt werden können. Die Verbindung schafft die Mesoebene. Entscheidend ist die Verknüpfung der Ebenen. Ein Wert wird mit einem konkreten Verhalten verknüpft.

▶ Das Verhalten ist Ausdruck des Werts und der Wert ist die Begründung für das Verhalten. Ohne das entsprechende Verhalten werden Werte nicht erlebbar und treten so in der Praxis nicht in Erscheinung. Andersherum ist das Verhalten ohne den entsprechenden Wert nicht in einen größeren Kontext eingeordnet und kann im Alltag im Detail sinnlos erscheinen.

Es kommt also immer auf beides und vor allem auf die Verbindung an. Uns geht es nicht um toll klingende Unternehmensvisionen oder Leitbilder, die entwickelt werden und dann nur auf der Website stehen. Uns geht es darum, gemeinsame Werte zu finden und diese im Alltag durch konkretes Verhalten umsetzbar und erlebbar zu machen. Im Folgenden beschreiben wir Ihnen den Prozess, den wir initiieren, wenn wir Teams bei ihrer Werteentwicklung und -umsetzung unterstützen. Abb. 8.2 veranschaulicht das Vorgehen.

Makroebene: Gemeinsame Werte entwickeln
Im ersten Schritt regen wir alle Beteiligten dazu an, sich mit ihren eigenen Werten auseinanderzusetzen und sich bewusst zu machen, welche Werte ihnen für das Unternehmen, die Organisation oder das Team wichtig sind. Dabei können ausgelegte Übersichten verschiedener Werte als Anregung dienen. Jede Person hält ihre Werte für sich fest. Im Folgenden werden durch Austausch in Kleingruppen und im Plenum in verschiedenen Phasen gemeinsame Werte festgelegt. Dabei kann z. B. die Methode „1, 2, 4, all" helfen. Es kann aber auch direkt in Gruppen mit beispielsweise fünf Personen weitergearbeitet werden. Wichtig ist, die Anzahl der Werte zu begrenzen, auf die sich die jeweiligen Gruppen einigen sollen. Am Ende im Plenum kann eine Abstimmung helfen, um eine Rangfolge für die wichtigsten Werte zu erstellen. Bei der Auswahl, welche Werte am wichtigsten sind, kann es auch hilfreich sein, jeweils nur zwei Werte mit-

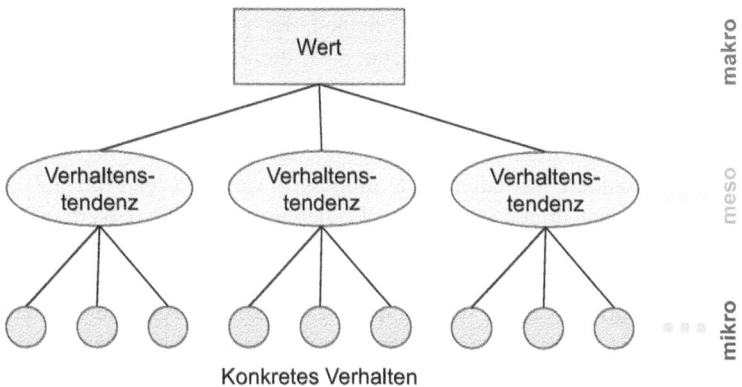

Abb. 8.2 Prozess der Werteentwicklung auf Makro-, Meso- und Mikroebene

einander zu vergleichen und zu entscheiden, welcher dieser beiden eine größere Bedeutung hat. Vergleicht man so alle Werte einzeln miteinander und vergibt entsprechende Punkte, erhält man eine Priorisierung. Auf dem Weg zur Einigung untereinander ist es wichtig, das Mesotes-Prinzip (Quelle: https://de.wikipedia. org/wiki/Mesotes) im Blick zu behalten. Jeder Wert hat ein Übermaß und einen Mangel. So ist zum Beispiel ein Zuviel an Großzügigkeit (= Wert) Verschwendung (= Übermaß) und zu wenig Großzügigkeit wäre Geiz (= Mangel). Wenn sich Widerstände gegen einzelne Werte zeigen, liegt dies oft daran, dass die jeweiligen Personen negative Vorerfahrungen mit einem Übermaß oder Mangel gemacht haben, welche mit dem Wert assoziiert werden. Entscheidend ist, bewusst zu machen, dass es um die goldene Mitte geht und Werte im Einklang mit anderen ergänzenden Werten ins Gleichgewicht gebracht werden, um Mangel- oder Übermaßzuständen vorzubeugen. Wenn am Ende des ersten Teils einige Gewinnerwerte feststehen, geht es mit der Mesoebene weiter. Die weiteren Werte kommen ggf. in einen Wertespeicher und können später in den Veränderungsprozess miteinbezogen werden.

Mesoebene: Die Werte mit Leben füllen
Im nächsten Schritt ist es wichtig, die Werte mit Leben zu füllen und Einigkeit zu erlangen, was der jeweilige Wert für die Praxis bedeutet. Dazu werden in Teams verschiedene Verhaltenstendenzen zu einem Wert entwickelt. Diese Verhaltenstendenzen beschreiben allgemein, was getan wird, wenn man diesen Wert lebt. Zum Beispiel kann der Wert Zuverlässigkeit mit den folgenden Verhaltenstendenzen mit Leben gefüllt werden:

- Wir halten uns an Vereinbarungen bzw. Absprachen.
- Wir halten Zeiten ein.
- Wir setzen Beschlüsse um.

Dies mag schon recht konkret erscheinen. Es geht jedoch noch um über-geordnete Verhaltensweisen (vgl. Abschn. 8.1), die zunächst eine Richtung vor-geben. In diesem Schritt zeigt sich auch, warum es wichtig ist, die Anzahl der Gewinnerwerte auf der Makroebene stark zu beschränken. Zu einem Wert lassen sich mehrere Verhaltenstendenzen finden, welche wiederum im nächsten Schritt durch mehrere konkrete Verhaltensziele umgesetzt werden (vgl. Abb. 8.2). Damit dies im Alltag zu bewältigen ist, ist eine Festlegung auf wenige Werte nötig. Die Verhaltenstendenzen zeigen dann auf, was die einzelnen Mitglieder unter dem Wert verstehen, wie sie ihn auslegen und wie sie ihn mit Leben füllen. Wert-schätzung als Begriff ist nicht für jeden mit den gleichen Aspekten im Tun ver-bunden. Deswegen ist es so wichtig, auf der Mesoebene über Definitionen und Verhaltenstendenzen zu sprechen.

Mikroebene: Konkrete Ziele für die Umsetzung im Alltag festlegen
Im letzten Schritt geht es darum, sehr konkrete Ziele für die Umsetzung im All-tag zu formulieren. Diese mögen im Ergebnis klein scheinen. Ein sehr klein-teiliges Vorgehen ist allerdings wichtig, damit die Ziele auch wirklich zeitnah umgesetzt werden können. Durch das Erreichen erster Erfolge und das Sichtbar-werden der gemeinsamen Werte im Alltag entsteht eine neue Motivation für die nächsten kleinen Schritte (vgl. Kotter, 1995, Abschn. 6.4). Entscheidend ist dabei auch, dass die Verbindung der kleinen Teilziele und der dahinterstehenden und dadurch gelebten Werte gesehen wird. Wie eingangs erwähnt braucht es immer beides. Ohne die Betrachtung der Werte mögen die Ziele klein und ernüchternd wirken, ohne genau diese Ziele jedoch wären die Werte nichts als schöne Worte. Jedes noch so kleine Ziel, das umgesetzt wird, macht einen größeren Unterschied in der Praxis als ein Wert, der nur auf dem Papier steht. Bei der Festlegung von konkreten Zielen kann u. a. die SMART-Methode (vgl. Abschn. 8.2) helfen. Es hat sich als besonders gewinnbringend erwiesen, den Fokus v. a. auf die folgende(n) Frage(n) zu legen: **Wer** macht **was bis wann** und was ist dabei jetzt der **nächste Schritt**?

Wichtig ist es in diesem Schritt auch, die Ziele und dazugehörigen Werte zu visualisieren und Rückmeldung zu erhalten, welche Ziele bereits umgesetzt wurden. Bei der Gestaltung dieser Umsetzungsprozesse können z. B. Methoden aus dem agilen Arbeiten (Kanbanboards, vgl. auch Abschn. 8.2) helfen.

Das folgende Beispiel veranschaulicht die drei verschiedenen Ebenen.

Beispiel: Werteentwicklung auf drei Ebenen

Die Mitarbeitenden eines Teams beschäftigen sich mit ihren gemeinsamen Werten und erarbeiten, welche Ziele sich daraus ergeben. Einer der Werte, die ihnen für die gemeinsame Arbeit wichtig sind, ist Zuverlässigkeit. Zunächst tauschen sich die Mitarbeitenden darüber aus, was dieser Wert für sie bedeutet. Es geht darum, den Wert mit Leben zu füllen und zu klären, was es für das

Team bedeutet, diesen Wert im Alltag auszudrücken. Für das Team bedeutet Zuverlässigkeit, dass sich alle an Vereinbarungen und Absprachen halten, dass Zeiten eingehalten und Beschlüsse umgesetzt werden. Im nächsten Schritt wird gemeinsam überlegt, welche Ziele sich das Team für die kommenden Wochen setzt, um diese Verhaltenstendenzen konkret bei der gemeinsamen Arbeit zu zeigen. Sie legen fest, dass zukünftig Fristen vereinbart werden sollen, bis wann Vereinbarungen und Absprachen von allen umgesetzt werden. Dadurch wird klarer, wie viel Zeit jeder dafür hat, und es gibt einen festen Zeitpunkt, wann geprüft werden kann, ob alles umgesetzt wurde. Außerdem entscheidet sich das Team dafür, alle getroffenen Beschlüsse in einheitlicher Form schriftlich festzuhalten und für alle zugänglich zu machen. Sie erhoffen sich davon, dass es so allen besser möglich ist, die Beschlüsse auch einzuhalten. Ein weiterer Punkt sind die gemeinsamen Meetings. Diese haben in der Vergangenheit oft nicht pünktlich gestartet, weil auf einzelne Fehlende gewartet wurde. Dies wollen sie in Zukunft anders handhaben. Alle wollen sich bemühen, schon fünf Minuten früher da zu sein, sodass es pünktlich losgehen kann. Sie vereinbaren außerdem, dass die Meetings zur vereinbarten Zeit starten werden, auch wenn Einzelne ggf. noch nicht anwesend sind. ◄

Abschließend lässt sich sagen, dass diese sehr effektive Methode besonders erfolgreich ist, wenn nicht nur eine bestimmte Vorgehensweise befolgt wird, sondern die einzelnen Beteiligten auch mit einer offenen Haltung in den Prozess gehen. Besonders wenn es in Ihrem Team bisher viele Konflikte und Uneinigkeit gab – aber auch sonst – kann es sich lohnen, sich beratende und moderierende Unterstützung für einen solchen Prozess zu suchen.

Fazit

Damit gelingende Kooperation ermöglicht werden kann, sollten Führungskräfte neben der personellen Führung der Mitarbeitenden auch die Strukturen ihrer Organisation in den Blick nehmen. Auch bei der Gestaltung der Strukturen spielen die fünf Dimensionen des WVBSW-Modells eine entscheidende Rolle. Strukturen sollten zum einen so gestaltet werden, dass Wertschätzung, Verstehbarkeit, Bewältigbarkeit, Sinnhaftigkeit und Wohlbefinden überhaupt grundsätzlich ermöglicht werden, und zum anderen ist es wichtig, darüber hinaus auf Strukturebene die fünf Dimensionen zusätzlich zu stärken. Eine wichtige Rolle spielen dabei die Themen Informationsweitergabe, Bereitstellung von Materialien, Hilfsmitteln und räumlicher Ausstattung, Weiterbildung und Unterstützungsangebote, Zeitgestaltung, Entwicklung gemeinsamer Werte und Ziele, Personaleinsatzplanung, Gestaltung von Anfängen und Enden sowie das Thema Feedback.

Literatur

Abele, A. (2019). Eindruck, erster. In M. A. Wirtz (Hrsg.), *Dorsch Lexikon der Psychologie*. Hogrefe. https://dorsch.hogrefe.com/stichwort/eindruck-erster. Zugegriffen: Datum.

Anderson, D. J. (2011). *Kanban: Evolutionäres Change Management für IT-Organisationen*. Dpunkt.

Bleicher, K. (1991). *Das Konzept integriertes Management. Visionen – Missionen – Programme* (8. Aufl.). Campus.

Brohm, M. (2017). *Werte, Sinn und Tugenden als Steuerungsgrößen in Organisationen. Für Fach- und Führungskräfte*. Springer.

Cameron, K., & McNaughtan, J. (2014). Positive organizational change. *The Journal of Applied Behavioral Science, 50*(4), 445–462.

Doppler, K., & Lauterburg, C. (2002). *Change management. Den Unternehmenswandel gestalten*. Campus.

Fisher, D. M. (2014). Distinguishing between taskwork and teamwork planning in teams: Relations with coordination and interpersonal processes. *Journal of Applied Psychology, 99*(3), 423–436.

Fredrickson, B. L. (2001). The role of positive emotions in positive psychology: The Broaden-and-Build Theory of positive emotions. *The American Psychologist, 56*(3), 218–226.

Fredrickson, B. L. (2004). The broaden-and-build theory of positive emotions. Philosophical transactions of the royal society of London. Series B. *Biological Sciences, 359*(1449), 1367–1377.

Graf, A. (2012). *Selbstmanagement-Kompetenz in Unternehmen nachhaltig sichern: Leistung, Wohlbefinden und Balance als Herausforderung*. Springer.

Ilgen, D. R., Fisher, C. D., & Taylor, M. S. (1979). Consequences of individual feedback on behavior in organizations. *Journal of Applied Psychology, 64*(4), 349–371.

Jöns, I., & Bungard, W. (Hrsg.). (2018). *Feedbackinstrumente im Unternehmen: Grundlagen, Gestaltungshinweise, Erfahrungsberichte* (2. Aufl.). Springer.

Kluger, A. N., & DeNisi, A. (1996). The effects of feedback interventions on performance: A historical review, a meta-analysis, and a preliminary feedback intervention theory. *Psychological bulletin, 119*(2), 254–284.

Konradt, U., & Hertel, G. (2002). *Management virtueller Teams: Von der Telearbeit zum virtuellen Unternehmen*. Beltz.

Kotter, J. P. (1995). Why transformation efforts fail. *Harvard Business Review, 73*, 59–67.

Kozlowski, S. W. J., & Ilgen, D. R. (2006). Enhancing the effectiveness of work groups and teams. *Psychological Science in the Public Interest, 7*, 77–124.

Kozlowski, S. W. J., & Bell, B. S. (2013). Work groups and teams in organizations. In I. B. Weiner, N. W. Schmitt, & S. Highhouse (Hrsg.), *Handbook of psychology. Vol. 12: Industrial and Organizational Psychology* (S. 412–469). Wiley.

Kruger, J., & Dunning, D. (1999). Unskilled and unaware of it: How difficulties in recognizing one's own incompetence lead to inflated self-assessments. *Journal of personality and social psychology, 77*(6), 1121–1134.

Latham, G. P., & Locke, E. A. (1991). Self-regulation through goal setting. *Organizational Behavior and Human Decision Processes, 50*(2), 212–247.

Locke, E. A., & Latham, G. P. (1990). *A theory of goal setting and task performance*. Perntice Hall.

Luft, J., & Ingham, H. (1955). The Johari window, a graphic model of interpersonal awareness. *Proceedings of the western training laboratory in group development, 246*, 2014–2003.

Marks, M. A., Mathieu, J. E., & Zaccaro, S. J. (2001). A temporally based framework and taxonomy of team processes. *Academy of Management Review, 26*, 356–376.

Rogers, C. R. (1993). *Die klientenzentrierte Gesprächspsychotherapie*. Fischer-Taschenbuch.

Rummer, R., & Schweppe, J. (2022). Recency-Effekt. In M. A. Wirtz (Hrsg.), *Dorsch Lexikon der Psychologie*. Hogrefe. https://dorsch.hogrefe.com/stichwort/recency-effekt. Zugegriffen: Datum.

Semmer, N. K., & Jacobshagen, N. (2010). Feedback im Arbeitsleben – Eine Selbstwert-Perspektive. *Gruppendynamik und Organisationsberatung, 41*(1), 39–55.

Sinek, S. (2009). *Start with why: How great leaders inspire everyone to take action*. Penguin.

Spieß, E. (2021). Kooperation. In M. A. Wirtz (Hrsg.), *Dorsch Lexikon der Psychologie*. Hogrefe. https://dorsch.hogrefe.com/stichwort/kooperation. Zugegriffen: 15. Jan. 2022.

Stangl, W. (2021). Konsistenz. In W. Stangl (Hrsg.), *Online Lexikon für Psychologie und Pädagogik*. https://lexikon.stangl.eu/20428/konsistenz. Zugegriffen: 23. Dez. 2021.

Wirtz, M. (2021). Selbsterfüllende Prophezeiung. In M. A. Wirtz (Hrsg.), *Dorsch Lexikon der Psychologie*. Hogrefe. https://dorsch.hogrefe.com/stichwort/selbsterfuellende-prophezeiung. Zugegriffen: Datum.

Woike, J. K., & Hafenbrädl, S. (2020). Rivals without a cause? Relative performance feedback creates destructive competition despite aligned incentives. *Journal of Behavioral Decision Making, 33*(4), 523–537.

Die Anwendung des WVBSW-Modells anhand von Beispielen: Ursachen für fehlende Kooperation identifizieren

9

Zusammenfassung

In diesem Kapitel wird die Anwendung des WVBSW-Modells exemplarisch an zwei konkreten Beispielen vorgestellt. Die Beispiele zeigen, wie Sie mithilfe des WVBSW-Modells nach den Ursachen für fehlende Kooperation suchen können. Sie können das Modell sowohl für Ihre eigenen Vorüberlegungen als auch für die Gestaltung eines Gesprächs nutzen. Die Beispiele veranschaulichen konkrete Gründe für fehlende Kooperation in den fünf Bereichen des Modells. Dies kann Ihnen helfen, mögliche Gründe in Ihrem Bereich zu identifizieren. Außerdem wird beispielhaft gezeigt, wie Sie bei der Vorbereitung und Durchführung von Gesprächen mithilfe des WVBSW-Modells vorgehen können. Es geht dabei in erster Linie um das Vorgehen und nicht die inhaltlichen Details. Jede Organisation ist verschieden und so kann es keine allgemeingültige Lösung geben, die in allen konkreten Fällen hilft, WVBSW herzustellen. Wichtig ist, dass Sie passgenaue Ideen für Ihren Bereich entwickeln. Dieses Kapitel soll Ihnen dabei helfen, das WVBSW-Modell in seiner Gesamtheit zu betrachten und durch zwei exemplarische Vorgehensweisen Anregungen für Ihre jeweilige Situation zu bekommen.

9.1 Anwendung am Beispiel einer Hotelkette

In einer amerikanischen Hotelkette gibt es in einem der Hotels wiederholt Probleme mit Kundenbeschwerden über verdorbene Speisen und entsprechende Magenprobleme. Der Geschäftsleitung ist nach Beobachtung der Küchensituation schnell klar, dass dies aufgrund nicht genügend gereinigter Küchenmaschinen vorkommt. Die Reinigung dieser Maschinen gehört jeden Abend zu den Aufgaben der letzten Schicht. Der Geschäftsführer der Hotelkette und die Restaurantleitung nutzen das WVBSW-Modell, um herauszufinden, warum die Mitarbeitenden diese Aufgabe nicht ausführen. Sie gehen zunächst zu zweit die fünf Bereiche des Modells durch und überlegen, wo die Ursachen liegen könnten. Dabei stellen die beiden sich folgende Fragen:

Wertschätzung

- Fühlen sich die Mitarbeitenden wertgeschätzt?
- Wie zeigen wir den Mitarbeitenden, dass wir sie wertschätzen?
- Wie ist der Umgang zwischen der Restaurantleitung und den Mitarbeitenden?
- Fühlen die Mitarbeitenden sich ggf. übergangen? Wodurch?
- Erhalten sie positive Rückmeldung von uns Führungskräften?
- Fühlen die Mitarbeitenden sich von uns ernst genommen?
- Wie reagieren wir auf das, was sie äußern?
- Welche Anliegen haben sie, die wir nicht genug berücksichtigen?

Verstehbarkeit

- Verstehen die Mitarbeitenden, wer wann wie (und womit) die Maschinen reinigen soll?
- Wie ist die Anleitung zum Reinigen der Maschinen gestaltet?
- Liegt die Anleitung in der Küche aus?
- Enthält diese Anleitung komplizierte Fachbegriffe? Verstehen alle Mit-arbeitenden diese sprachlich?
- Wie läuft der Einarbeitungsprozess ab? Gab es Besonderheiten in der Küche? Wurden alle Mitarbeitenden ausführlich eingearbeitet oder kam es aufgrund von Personalengpässen ggf. zu unzureichender Einarbeitung Einzelner?
- Wissen die Mitarbeitenden, dass einige der Maschinen nur im auseinander-gebauten Zustand komplett gereinigt werden können?
- Ist den Mitarbeitenden klar, welche Teile der Maschinen wie auseinandergebaut werden müssen?
- Ist allen Mitarbeitenden bewusst, dass die Abendschicht für die Reinigung verantwortlich ist und nicht – wie in anderen Unternehmen z. T. üblich – die Schicht am nächsten Morgen?

Bewältigbarkeit

- Haben die Mitarbeitenden alles, was sie brauchen, um die Maschinen reinigen zu können?
- Welche Aufgaben müssen zusätzlich auch nach Küchenschluss erledigt werden? Wie lange brauchen die Mitarbeitenden dafür? Sind alle Aufgaben in der Zeit bis zum Schichtende zu schaffen oder müssten die Mitarbeitenden Überstunden machen?
- Welche Ressourcen benötigen die Mitarbeitenden neben Zeit noch für die Reinigung?

- Sind alle Reinigungsmittel in der Küche vorhanden? Werden diese regelmäßig und rechtzeitig nachgeliefert?
- Haben alle Mitarbeitenden genug Kraft, die einzelnen Teile der Maschinen auseinanderzuschrauben?
- Gibt es eventuell jemanden, der Angst hat, sich beim Reinigen der Maschinen mit Messer zu verletzen?
- Sind die Mitarbeitenden zum Schichtende noch konzentriert genug, um an die vielen Aufgaben zu denken, die zur Spätschicht gehören?
- Wie ist die Zusammenarbeit der einzelnen Mitarbeitenden? Werden die Aufgaben nach Küchenschluss effektiv gemeinsam erledigt oder gibt es Probleme in der Zusammenarbeit?

Sinnhaftigkeit

- Verstehen die Mitarbeitenden, warum sie die Maschinen reinigen sollen?
- Ist es sinnvoll für sie, dies zu tun?
- Wissen die Mitarbeitenden, welche Folgen es hat, wenn die Maschinen nicht gereinigt werden?
- Ist den Mitarbeitenden der Zusammenhang zwischen der Reinigung der Maschinen, den mit Keimen kontaminierten Speisen und dem Erfolg der Hotelkette (und damit ihrer Arbeitsplatzsicherheit) klar?
- Ist den Mitarbeitenden bewusst, dass sie durch ihren Einsatz beeinflussen können, wie zufrieden die Gäste mit der Hotelkette sind?
- Wissen die Mitarbeitenden, warum die Maschinen nicht nur abgewischt, sondern auch mit dem entsprechenden Putzmittel gereinigt werden müssen?
- Ist den Mitarbeitenden klar, welche Bedeutung unzufriedene Gäste für den Erfolg der Hotelkette haben?
- Welche Bedeutung haben unzufriedene Gäste und der Erfolg der Hotelkette für die Mitarbeitenden?

Wohlbefinden

- Fühlen die Mitarbeitenden sich körperlich, mental und sozial wohl?
- Wie geht es den einzelnen Mitarbeitenden aktuell?
- Sind die Mitarbeitenden körperlich gesund oder haben sie Beschwerden?
- Gibt es genügend Möglichkeit, Pausen zu machen und dabei etwas Gesundes zu essen und genug zu trinken?
- Führt die Körperhaltung beim Auseinanderbauen und Reinigen der Maschinen zu Schmerzen?
- Sind die Mitarbeitenden aktuell gestresst?
- Arbeiten die Mitarbeitenden gern in diesem Hotel?
- Fühlen die Mitarbeitenden sich wohl im Team?

Der Geschäftsführer und die Restaurantleitung stellen fest, dass sie viele mögliche Gründe entdeckt und unterschiedliche Vermutungen entwickelt haben, woran es bei den einzelnen Mitarbeitenden jeweils gelegen haben könnte. Ihnen wird dabei bereits bewusst, dass es Bereiche gibt, in denen auch auf Unternehmensseite ggf. nachgesteuert werden müsste, zum Beispiel bei der rechtzeitigen Lieferung der entsprechenden Reinigungsmittel. Um ihre weiteren Vermutungen abzuklären, gehen sie in ein offenes Gespräch mit den jeweiligen Mitarbeitenden. Dabei prüfen sie ihre Annahmen durch konkrete Fragen (vgl. auch Abschn. 3.4, 4.3, 5.3, 6.3, 7.1.2, 7.2.2 und 7.3.2), um herauszufinden, welche Ursachen es bei den jeweiligen Mitarbeitenden gibt, warum die Maschinen nicht gereinigt werden. Sie machen deutlich, dass es nicht darum geht, Schuldige zu finden, sondern gemeinsam zu überlegen, wie Lösungen aussehen können, und gemeinsam erfolgreich zu sein.

Durch die Gespräche finden die Führungskräfte Folgendes heraus:

Bei Mitarbeiterin Susanne liegt kein ausgeprägtes affektives Commitment vor. Sie wünscht sich, dass die Anliegen der Mitarbeitenden in der Küche stärker berücksichtigt werden. Sie ist der Meinung, dass die Führungskräfte des Unternehmens die Mitarbeitenden in der Küche zu wenig **wertschätzen.** Ihrer Meinung nach können diejenigen, die in der Küche mitbekommen, wie es läuft, zu wenig Rückmeldung geben und werden zu wenig zu wichtigen Entscheidungen befragt. Die fehlende Wertschätzung führt bei ihr zu nachlassendem Einsatz und mangelnder Kooperation. Die Möglichkeit, Rückmeldung geben zu können und zu erleben, dass diese ernst genommen wird, würde für sie einen großen Unterschied machen.

Mitarbeiterin Anne gibt im Gespräch zu bedenken, dass sie die Anleitung zur Reinigung der Maschinen sehr kompliziert findet. Da sie eher selten die Spätschicht hat, musste sie bisher auch noch nicht so oft die Maschinen reinigen und nutzt daher noch jedes Mal die Anleitung, **versteht** diese aber nicht vollständig. Bilder der einzelnen Arbeitsschritte würden ihr sehr helfen, da sie Bilder besser versteht als komplizierte Fachwörter und lange Texte, die zudem recht klein gedruckt sind. Mitarbeiter Ahmed hat ebenfalls Schwierigkeiten mit der **Verstehbarkeit.** Er ist zu einer Zeit eingearbeitet worden, als ein großer Personalmangel herrschte. Daher musste er sehr schnell eigenständig eingesetzt werden, um fehlende Mitarbeitende zu vertreten. Außerdem hatte auch niemand so richtig Zeit, ihn ausführlich einzuarbeiten. Das Reinigen der Maschinen wurde ihm nur kurz erklärt, aber nicht vorgemacht. Zeit für Rückfragen gab es nicht und dass eine Anleitung existiert, wusste er auch nicht. Er hat bisher versucht, die Maschinen zu reinigen, hatte aber nicht alle Details verstanden. Nach dem Gespräch hat die Restaurantleitung ihm das Reinigen ausführlich gezeigt und ihm auch gesagt, wo er die Anleitung findet. Sven versteht jetzt, wie er die Maschinen reinigen soll.

Im Gespräch mit Mitarbeiterin Sunita stellt sich heraus, dass es ihr oft nicht gelingt, die Maschinen zum Reinigen auseinanderzubauen, da die Schrauben sehr fest angezogen sind. Ihr fehlt dann die Kraft, die Aufgabe zu **bewältigen.** Je nachdem, wer die Maschine am Vortag zusammengebaut hat, sind die Schrauben unterschiedlich stark angezogen. Die Restaurantleitung verspricht Sunita, dass sie mit den anderen Mitarbeitenden der Küche besprechen wird, dass die Schrauben nicht zu fest angezogen werden. Mitarbeiterin Gaby fehlt eine andere Ressource zur **Bewältigbarkeit** der Aufgabe. Sie hat oft allein die Spätschicht und berichtet, dass es nicht möglich ist, alle Aufgaben in der vorhandenen Zeit zu schaffen. Sie kann auch nicht länger bleiben – wie manche Kolleg*innen das machen –, sondern muss pünktlich zum Schichtende los, um den letzten Bus noch zu bekommen. Bisher hatte sie sich nicht getraut, das Problem anzusprechen. Sie ist erleichtert, dass es nun ein offenes Gespräch gab und die Restaurantleitung künftig bei der Schichtplanung berücksichtigt, dass genug Zeit bzw. Personal vorhanden ist.

Mitarbeiter Jens erlebt es nicht als **sinnvoll,** in seiner Freizeit die Maschinen zu reinigen. Wie bereits von Gaby erwähnt, stellt auch Jens fest, dass nicht alle Aufgaben bis Schichtende zu schaffen sind. Länger zu bleiben und die Arbeiten in seiner Freizeit zu erledigen, findet er nicht sinnvoll (auch wenn es ihm möglich wäre). Er findet, wenn es den Führungskräften wichtig ist, dass die Maschinen gründlich gereinigt werden, dann muss auch entsprechende Arbeitszeit zur Verfügung gestellt werden. Auch Mitarbeiterin Emily nennt die **Sinnhaftigkeit** als Grund. Sie ist als Aushilfe tätig und plant nicht, langfristig Teil des Unternehmens zu sein. Daher hat der Erfolg der Hotelkette wenig Bedeutung für sie. Die Schilderung der Führungskräfte, wie krank man durch verdorbene Lebensmittel werden kann, geben ihr allerdings zu denken. Sie will zukünftig die Maschinen sorgfältig reinigen.

Mitarbeitern Bettina berichtet, dass es ihr momentan schwerfällt, ihren beruflichen Anforderungen gerecht zu werden, da es ihr nicht **gut geht.** Sie leidet unter starken Rückenschmerzen und hat Schwierigkeiten, lange zu stehen. Die Restaurantleitung empfiehlt ihr einen Rückenkurs. Dieser wird im Rahmen der Gesundheitsförderung vom Unternehmen kostenlos für die Mitarbeitenden angeboten. Das wusste Bettina bisher noch nicht. Bettina ist hoffnungsvoll, dass sich durch die Unterstützung ihre Beschwerden schnell bessern und sie ihrer Arbeit wieder vollumfänglich nachgehen kann.

9.2 Anwendung am Beispiel einer Schule

Eine Schule möchte inklusiver werden. Sie hat deswegen in Zusammenarbeit mit dem zuständigen Förderzentrum Regelungen und Rituale auf einem Fortbildungstag nach vorheriger Beratung durch die Experten festgelegt. An diese Regelungen und Rituale sollen sich nun alle Lehrkräfte halten, um ein differenzierteres Unterrichten zu ermöglichen und gleichsam den Schülerinnen und Schülern mit Förderschwerpunkten die nötige Unterstützung zu bieten, die diese brauchen. Obwohl alle Lehrkräfte der Schule vereinbart hatten, diese Regelungen und Rituale einheitlich umzusetzen, halten sich nicht alle daran. Die Förderschullehrerin hat bereits mehrfach daran erinnert, trotzdem ändert sich dies nicht.

Im Gespräch mit der Schulleitung überlegt die Förderschullehrerin, woran dies liegen könnte. Gemeinsam gehen sie die fünf Bereiche des WVBSW-Modells durch, um mögliche Ursachen zu identifizieren. Dabei stellen sie sich folgende Fragen:

Wertschätzung

- Fühlen sich die Lehrkräfte an der Schule wertgeschätzt?
- Wie drücken wir und das Team untereinander Wertschätzung aus?
- Haben die Lehrkräfte die Möglichkeit, ihre Anliegen einzubringen?
- Nehmen wir uns genug Zeit für Austausch mit den Lehrkräften, um ihre Anliegen zu hören?
- Haben alle Lehrkräfte – auch diejenigen, die nur mit wenigen Stunden vertreten sind oder in Teilzeit arbeiten – das Gefühl, dass sie mit ihren Bedürfnissen beachtet werden?
- Fragen wir die Lehrkräfte nach ihren Ansichten? Gibt es einen gemeinschaftlichen Austausch?
- Haben die Lehrkräfte das Gefühl, dass wir mitbekommen, wie sehr sie sich für ihre Schüler*innen einsetzen?

Verstehbarkeit

- Verstehen die Lehrkräfte im Detail, wie die Regelungen und Rituale angewendet werden?
- Wissen Sie, dass bzw. wie die Dokumentation am Ende der Stunde erfolgen soll?
- Ist allen Lehrkräften klar, welche Regelungen wann zum Tragen kommen?
- Verstehen die Lehrkräfte, bei welchem Verhalten die Regelungen in welcher Weise zu adaptieren sind?
- Wissen die Lehrkräfte, wo sie das Begleitmaterial zu den Regelungen bekommen?
- Wissen die Lehrkräfte, dass die Rituale regelmäßig stattfinden sollen?
- Wurden die Regelungen und Rituale neuen Vertretungslehrkräften erklärt?

Bewältigbarkeit

- Haben die Lehrkräfte alles, was sie brauchen, um die Regelungen anwenden zu können?
- Ist das nötige Material in allen Klassen- und Fachräumen vorhanden?
- Liegt eine Liste zur Dokumentation in allen Klassenbüchern?
- Haben die Lehrkräfte nach Stundenende genügend Zeit für die Dokumentation?
- Haben die Lehrkräfte genügend kognitive Kapazitäten, die Regelungen im Unterricht durchzuführen – zusätzlich zum eigentlichen Unterricht?
- Bekommen die Lehrkräfte mit, welche Schüler*innen ein Verhalten gezeigt haben, auf das mit entsprechenden Regelungen und Ritualen reagiert werden soll?

Sinnhaftigkeit

- Verstehen die Lehrkräfte, warum sie die Regelungen und Rituale anwenden sollen?
- Ist den Lehrkräften bewusst, dass die Regelungen und Rituale besonders gut wirken, wenn sie von allen Lehrkräften angewendet werden?

- Kennen die Lehrkräfte die Vorteile der Regelungen und Rituale?
- Ist den Lehrkräften bewusst, dass sie mit den Regelungen und Ritualen den Kindern etwas beibringen können?
- Haben die Lehrkräfte erkannt, dass die Regelungen und Rituale auch dabei helfen, den Schüler*innen gegenüber gerechter zu sein?
- Ist den Lehrkräften bewusst, dass erfahrene Lehrkräfte jungen Lehrkräften damit helfen können, wenn sie alle gemeinsam die Regelungen und Rituale anwenden?

Wohlbefinden

- Fühlen die Lehrkräfte sich körperlich, mental und sozial wohl?
- Wie geht es den einzelnen Lehrkräften im Moment?
- Gibt es etwas, was die Lehrkräfte aktuell belastet?
- Haben die Lehrkräfte die Chance am Schulvormittag, eine Pause machen zu können?
- Können die Lehrkräfte während der Unterrichtszeit genug trinken? Haben sie die Chance, auf Toilette gehen zu können?
- Arbeiten die Lehrkräfte gern an dieser Schule?
- Fühlen sich die Lehrkräfte wohl im Jahrgangsteam?

Die Schulleitung und die Förderschulkollegin bemerken, dass es viele Gründe geben könnte, warum einige Lehrkräfte die Regelungen und Rituale nicht anwenden. Durch die Vorüberlegungen hat sich ihre Haltung bereits verändert und es gelingt ihnen dadurch, offen in die Gespräche mit den einzelnen Lehrkräften zu gehen. Gemeinsam wollen sie herausfinden, woran es jeweils liegt und was getan werden kann, um Kooperation zu ermöglichen. Dazu stellen sie ihrem Gegenüber konkrete Fragen zu den fünf Bereichen. Sie machen dabei deutlich, dass es ihnen nicht darum geht, die Lehrkräfte zu kritisieren oder ihre Art des Unterrichtens zu hinterfragen, sondern gemeinsam zu überlegen, wie Lösungen erarbeitet werden können. In den Gesprächen finden die beiden Folgendes heraus:

Lehrerin Gudrun, die schon sehr lange an der Schule ist, hat durch die vielen Neuerungen an der Schule in der letzten Zeit das Gefühl, mit ihren Erfahrungen und pädagogischen Kompetenzen nicht genug berücksichtigt zu werden. Ihrer Meinung nach lief es bisher sehr gut. Dass sie nun vieles anders machen soll, führt bei ihr dazu, dass sie sich infrage gestellt und nicht **wertgeschätzt** fühlt. Sie wünscht sich wieder mehr Austausch im Team zu pädagogischen Themen, auch zu den Regelungen und Ritualen. Auch Lehrerin Simone fühlt sich im Team nicht **wertgeschätzt.** Es finden regelmäßige Gemeinschaftsaktionen im Jahrgangs- team statt. Gern wäre Simone auch dabei, wenn die anderen Lehrkräfte sich privat treffen. Die Treffen finden allerdings immer abends statt. Daher kann Simone aufgrund ihrer kleinen Kinder nicht teilnehmen. Obwohl sie dies schon mehr- fach geäußert hat, werden weiterhin Abendtermine gewählt. Simone ist enttäuscht und fühlt sich nicht gesehen. Ihr ist es wichtig, dass ihre Bedürfnisse gesehen und berücksichtigt werden.

Im Gespräch mit Lehrer Stefan stellt sich heraus, dass er die Regelungen und Rituale anwendet, allerdings nicht so, wie es vorgesehen war. Stefan nutzt Rituale vorne bei sich am Lehrerpult und führt sie nicht mit den Kindern durch. Stefan war nicht bewusst, dass ein aktives Mitmachen der Kinder wichtig ist. Nachdem die Förderschulkollegin es ihm erklärt hat, wird er die Rituale nun gemeinsam mit den Kindern praktizieren. Er **versteht** jetzt, was er genau tun soll und findet dies zudem auch noch sinnvoller. Lehrerin Heike ist bereits sehr lange im Schuldienst tätig, jedoch erst vor Kurzem an diese Schule gewechselt. Sie gibt im Gespräch zu, dass sie noch nicht genau **verstanden** hat, was sie tun soll. Ihr war es als erfahrene Lehrkraft jedoch unangenehm einzugestehen, dass sie die Regelungen und Rituale zur Unterstützung inklusiver Kinder nicht kennt. Im Gespräch, welches auf Augenhöhe und sehr herzlich geführt wurde, kann sie sich öffnen und ihre Fragen klären.

Im Gespräch mit Lehrer Rainer erfährt die Schulleitung, dass in Rainers Fachraum keine magnetische Tafel steht. Daran hatte sie bisher nicht gedacht. Rainer **konnte** also die Magnete, die zur Umsetzung einiger Regelungen (Nutzung von Bildkarten) gebraucht werden, nicht nutzen. Die Schulleiterin hat die Idee, dass Rainer stattdessen Wäscheklammern nutzen könnte. Sie bietet an, in der nächsten Woche welche mitzubringen. Rainer findet die Idee gut und kann die Bildkarten als Teil der Regelungen nun auch anwenden. Lehrerin Ursula berichtet, dass sie die Regelungen und Rituale zwar im Unterricht nutzt, es aber nicht immer schafft, am Ende der Stunde zu dokumentieren, welche Fortschritte erzielt wurden. Wenn sie direkt im Anschluss an die Stunde Aufsicht hat, ist nicht genug Zeit dafür. Gemeinsam überlegen die drei, wie die Dokumentation für Ursula **bewältigbar** werden könnte. Der Vorschlag, sie könnte die Dokumentation bereits in der Stillarbeitsphase leisten, gefällt ihr. Sie will es versuchen.

Lehrerin Birgit erklärt im Gespräch, dass sie die Regelungen und Rituale nicht anwendet, da sie keine Schwierigkeiten mit den Schüler*innen hat. Sie kommt gut mit ihrer Klasse zurecht und braucht dazu keine neue Methode. Die Schulleitung und Förderschullehrkraft erläutern, warum es für den Gesamterfolg der inklusiven Maßnahmen so wichtig ist, dass alle Lehrkräfte mitziehen – auch diejenigen, die es für sich selbst nicht brauchen. Wenn die Schüler*innen es gewohnt sind, dass die Regelungen und Rituale in jeder Stunde angewendet werden, erhalten sie Stabilität und Orientierung. Birgit war nicht bewusst, dass sie mit dem Einsatz der Regelungen und Rituale den Kindern ein solches Mehr an Orientierung geben kann. Nachdem sie mehr zu den inklusiven Besonderheiten und Bedarfen der entsprechenden Schüler*innen gehört hat, wird sie die Regelungen anwenden, auch wenn sie sie persönlich nicht braucht, erkennt sie nun einen **Sinn** darin, es auch in ihren Stunden zu tun.

Im Gespräch mit Lehrerin Lena erfahren die Schulleitung und die Förderschulkollegin, dass es Lena aktuell nicht besonders gut geht. Sie ist sehr im Stress und leidet oft unter Kopfschmerzen. Sie kommt trotzdem zur Schule, weil sie ihre Klasse und ihre Kolleg*innen nicht hängen lassen will, ist aber aufgrund der Belastungen weniger konzentriert und hat die Regelungen und Rituale daher in manchen Stunden nicht angewendet. Die Schulleitung schlägt vor, dass ihr vielleicht ein Coaching helfen könnte, anders mit ihrem Stress umzugehen. Sie gibt Lena die E-Mail-Adresse einer Beraterin, mit der sie gute Erfahrungen gemacht hat. Lena nimmt sich vor, diese zu kontaktieren und etwas für ihr **Wohlbefinden** zu tun.

Die Führungskraft als Vorbild

10

Zusammenfassung

Mit diesem Kapitel wird die Bedeutung der Vorbildfunktion von Führung unterstrichen. Es wird veranschaulicht, wie die Lesenden das WVBSW-Modell auf sich selbst anwenden können. Mitarbeitende greifen die von Führungskräften vorgelebten Methoden der Problemlösung, Strategien des Miteinanders, aber auch der Zielerreichung und der Art der Steuerung der unterschiedlichen Unternehmensprozesse auf. Eine gelingende Selbstregulation ist für erfolgreiche Führungskräfte ausgesprochen wichtig. Das Kapitel zeigt die vielen Vorteile, die eine Selbstreflexion in Bezug auf WVBSW mit sich bringt. Schätze ich mich selbst wert? Verstehe ich, wie meine Arbeit zu tun ist? Ist sie für mich bewältigbar? Habe ich genügend Ressourcen? Ist mein Tun sinnvoll? Fühle ich mich wohl? Wichtige Fragen, die sich Führungskräfte in regelmäßigen Abständen stellen sollten. Dieses Kapitel liefert viele Ansätze zur vertiefenden Selbstreflexion, damit ein authentisches Führen in Balance mit Energie und Wohlbefinden gelingt.

Dass eine Führungskraft eine Vorbildwirkung auf die Mitarbeitenden hat, ist Ihnen sicherlich geläufig und klar. Wozu braucht es dann noch dieses Kapitel?

Mit diesem Kapitel wollen wir Ihnen die Bedeutung der Vorbildfunktion noch einmal unterstreichen und veranschaulichen, wie Sie das WVBSW-Modell auch auf sich selbst anwenden können. Sie erhalten dadurch praktische Tipps für Ihr Führungshandeln.

▶ Mitarbeitende greifen die von Führungskräften vorgelebten Methoden der Problemlösung, Strategien des Miteinanders, aber auch der Zielerreichung und der Art der Steuerung der unterschiedlichen Unternehmensprozesse auf.

Führungskräfte haben darüber hinaus einen maßgeblichen Einfluss auf die Haltungen, die Werte und die Ziele, die ein Unternehmen vertritt und für die ein Unternehmen einsteht. Die Werte, die dabei gelebte Praxis sind, spiegeln sich in den vielen Hunderten Aktionen der Führungskräfte und den vielen Tausenden Aktionen der Mitarbeitenden wider. Es reicht nicht, die Werte irgendwo in ein Leitbild zu schreiben. Sie entfalten ihre Wirkung erst, wenn sie im Alltag gelebt und durch das Führungshandeln geprägt werden (vgl. Kap. 8).

Führungskräfte haben über diese Bereiche hinaus einen großen Einfluss auf das Erleben von Stress ihrer Mitarbeitenden und das Gesundheitsverhalten allgemein. Sie gestalten auch hier und sie wirken auch in diesen Bereichen als Vorbild, sofern sie sich ihrer Rolle diesbezüglich bewusst sind.

Franke und Felfe (2011) haben diese Vorbildfunktion besonders herausgearbeitet, indem sie einen Übertragungseffekt beschrieben, der aufzeigt, dass Führungskräfte, die sich nicht um die eigene Gesundheit kümmern, dieses Verhalten an die Mitarbeitenden weitergeben. Zusammenfassend, so die Autoren (Franke & Felfe, 2011), sprechen viele Forschungsergebnisse dafür, dass es einen klaren Zusammenhang zwischen Selbstführung und Personalführung gibt.

▶   Es gibt einen klaren Zusammenhang zwischen Selbstführung und Personalführung.

Dieses Phänomen lässt sich in andere Bereiche übertragen, so wirken Führungskräfte zum Beispiel durch ihren Kommunikationsstil auf die Leistungsbereitschaft der Mitarbeitenden (Badura, 2010).

Führungskräfte, die bestimmte Haltungen, Werte oder Skills nicht haben und dementsprechend für sich selbst nicht leben bzw. anwenden, können diese auch nicht in der Führung anwenden und entsprechend keine Übertragungsleistung vollbringen.

▶   Wenn Führungskräfte bestimmte Haltungen und Werte nicht selbst leben, können sie diese nicht in die Belegschaft transportieren.

Da vor allem auch die indirekte Wirkung der Führungskräfte auf ihr Unternehmen in vielfältiger Weise groß ist (Badura et al., 2020), ist es folgerichtig, die Selbstführung mit den Themen dieses Buches zu verbinden. Deswegen soll an dieser Stelle das WVBSW-Modell auf das Selbst der Führungskräfte angewendet werden.

10.1 Dimension Wertschätzung und Selbstwertschätzung

Im Kap. 3 haben Sie viel über das Thema Wertschätzung gelesen. Nun ist es an der Zeit, sich der Selbstwertschätzung zuzuwenden. Kap. 3 macht bereits deutlich, dass der eigene Selbstwert eine entscheidende Rolle spielt, um anderen gegenüber wertschätzend sein zu können.

Wertschätzung ergibt sich, wie Sie in Kap. 3 gelesen haben, aus einer wohlwollenden inneren Haltung anderen Menschen gegenüber. Wertschätzendes Verhalten ist demnach Ausdruck dieser Haltung. Wertschätzung ist voraussetzungslos und unabhängig von Fähigkeiten, Leistungen oder Verdiensten.

▶ **Selbstwertschätzung** als Teil der Selbstfürsorge bezeichnet eine wohlwollende innere Haltung sich selbst gegenüber. Selbstwertschätzendes Verhalten ist Ausdruck dieser Haltung und zeigt sich in der voraussetzungslosen Annahme des Selbst, unabhängig von Fähigkeiten, Leitungen oder Verdiensten.

Sie haben sich als Führungskraft sicherlich schon häufig Gedanken darüber gemacht, wie Sie mit anderen Menschen sprechen. Aber haben Sie sich schon einmal intensiv Gedanken darüber gemacht, wie Sie mit sich selbst sprechen? Haben Sie schon einmal geprüft, wie Sie mit sich selbst umgehen, wenn Sie Fehler machen, unkonzentriert waren oder nicht die Leistung gebracht haben, die Sie sich erhofft hatten?

Jetzt ist Gelegenheit dazu, sich diesen Fragen zu stellen. Ziel ist es, wertschätzendes Verhalten nicht wie ein gelerntes Verhalten und damit unauthentisch abzuspulen, wenn Sie auf Ihre Mitarbeitenden treffen, sondern Wertschätzung als tiefe Haltung auch sich selbst gegenüber zu verstehen und entsprechend in das tägliche Handeln zu übertragen. Erst dann entwickelt sich ein schlüssiges, für andere als kongruent, d. h. authentisch erkennbares und damit glaubwürdiges Verhalten. Sie erreichen dann Vertrauen bei Ihren Mitarbeitenden sowie Ihren Geschäftspartner*innen. Vertrauen zu gewinnen, ist eine der großen Schlüsselqualifikationen von erfolgreichen Führungskräften (Enste et al., 2020) und Grundvoraussetzung für Kooperation.

Folgende Selbstreflexion soll Ihnen helfen, sich im Bereich der authentischen Wertschätzung zu spiegeln.

Selbstreflexion: Selbstwertschätzung prüfen

- Wie denke ich im Allgemeinen über mich?
- Bemerke ich meine Bedürfnisse (z. B. nach Pausen) oder Ausgleich? Nehme ich diese auch ernst und handle danach?
- Erlaube ich mir, diesen Bedürfnissen auch nachzugehen?
- Bemerke ich meine Stärken regelmäßig und setze sie ein?
- Weiß ich, was mir liegt, und sorge dafür, diese Dinge tun zu können?
- Was unternehme ich, um meine Gesundheit zu erhalten und zu fördern?
- Was unternehme ich, um meine Beziehung zu mir gut und verlässlich zu gestalten?
- Wie spreche ich mit mir selbst? Freundlicher oder unfreundlicher als mit meinen Mitarbeitenden?

- Würde ich mich wertgeschätzt fühlen, wenn ein anderer Mensch so mit mir sprechen würde, wie ich mit mir spreche?
- Gehe ich mit mir warm und freundlich um, auch wenn ich einen Fehler gemacht habe?
- Gehe ich großzügig mit mir um, wenn ich eine Pause brauche?
- Weiß ich, was ich wirklich brauche?
- Nehme ich mich ernst oder erlaube ich mir, in einer abfälligen oder geringschätzenden Weise über mich zu denken?
- Wie gehe ich mit meinen Erfolgen um? Kann ich sie benennen? Kann ich stolz sein?
- Welche Eigenschaften mag ich an mir?

Die Selbstwertschätzung ist eine Disziplin, die viele von uns nicht in Perfektion beherrschen. Früh in der Sozialisation lernen Kinder, dass sie sich an andere anzupassen haben oder ihre Bedürfnisse den Bedürfnissen anderer oder den äußeren Erfordernissen unterzuordnen haben. In der westlichen Erziehung und insbesondere in der Erziehung der Kriegs- und der Nachkriegszeit war wenig Raum für das Ausdrücken von Bedürfnissen und Gefühlen (bezugnehmend auf Haarer, 1934). So lassen sich auch Unterschiede in den Generationen erklären, die sich in Bezug auf die Arbeitswelt zum Beispiel zwischen den Babyboomern und der Generation Z deutlich zeigen.

Bei vielen älteren Führungskräften, mit denen wir arbeiten, ist der Zugang zu sich selbst an dieser Stelle verschüttet oder zumindest nicht offensichtlich vorhanden. Junge Führungskräfte agieren hier sehr viel freier in Bezug auf eigene Gefühle und Bedürfnisse in der Kommunikation mit dem Außen.

▶   Die Arbeit an sich selbst, die Frage nach der persönlichen Selbstwertschätzung und die individuelle Definition der Selbstwertschätzung als wichtige Entwicklungsaufgaben sind Voraussetzung einer gelungenen Selbstreflexion, die von Führungskräften zunehmend erwartet wird.

Gleichzeitig dient Selbstreflexion dazu, den eigenen Führungsstil zu professionalisieren und damit zu verbessern. Ein genauer Blick auf das Selbst, die eigenen Bedürfnisse, Werte, nicht gelebte Werte, sprich Sehnsüchte und auch auf die eigenen Begrenzungen ist unabdingbar, um eine authentische Führungskraft sein zu können (vgl. Kap. 8).

Um die Haltung der eigenen Selbstwertschätzung zu hinterfragen, sollen folgende Glaubenssätze Aufschluss geben. Glaubenssätze, die die Führungskraft bejahen kann, spiegeln dabei eine eher geringe Selbstwertschätzung wider. Sie können durch Arbeit am Selbst in positive Erlaubnissätze umgewandelt werden, um dann in einer neuen Haltung, einer Haltung der Selbstwertschätzung zu münden. Prüfen Sie bei den nun folgenden Glaubenssätzen einmal, wie häufig Sie diesen Sätzen eine Zustimmung geben würden, also „Ja" zu dem Satz sagen würden.

Selbstreflexion: Glaubenssätze, die der Selbstwertschätzung im Weg stehen
Viele Jas zeigen eine eher geringe Selbstwertschätzung auf.

- „Erst die Arbeit, dann das Vergnügen."
- „Ich muss es perfekt machen!"
- „Ich muss mich zusammenreißen."
- „Ich bin für alles verantwortlich."
- „Ich bin nur liebenswert, wenn ich leiste."
- „Ich muss beliebt sein."
- „Ich darf keine Fehler machen."
- „Ich muss immer für die anderen da sein."
- „Ich muss stark sein, darf keine Schwächen zeigen."
- „Das ist nicht gut genug!"
- „Ich bin faul!"
- „Das macht man nicht!"
- „Ich bin nicht so gut wie …!"
- „Man lobt sich nicht selbst."
- „Ich darf nicht offen über meine Stärke und Erfolge sprechen."

Solche Denkmuster sind verbreitet bei Menschen, die wenig selbstwertschätzend mit sich umgehen. Wenn Sie mehreren Sätzen zustimmen konnten, mag es sein, dass Sie in diesem Feld ein gewisses Übungspotenzial haben, um Wertschätzung tatsächlich authentisch und aus einer tiefen, inneren Haltung heraus zu leben und nach außen zu tragen.

Eine Aufgabe für Sie könnte es also sein, diese Sätze in freundliche, wertschätzende Sätze umzuformulieren und sich einen inneren Sprachgebrauch anzueignen, der dies bewusst macht.

Aufgabe Erlaubnissätze
Aus dem Satz „Ich darf keine Fehler machen" kann dann der Satz „Auch ich darf Fehler machen, wie jeder andere Mensch" werden.

Aus „Ich muss mich zusammenreißen" kann „Auch ich darf auf meine Bedürfnisse und Gefühle achten" werden.

Wie könnten Ihre Glaubenssätze sich in selbstwertschätzende Erlaubnisse verwandeln?

Ein herzlicher, ein bejahender und ein dennoch reflektierter Blick auf das Selbst ist möglich und kann sich in einer besseren, da authentischeren Personalführung widerspiegeln.

Alles fängt eben doch meist bei uns selbst an.

10.2   Dimension Verstehbarkeit und eigenes Verständnis

Um funktionale Prozesse zu fördern, ist es wichtig, dass Mitarbeitende den Mut und die Chance haben, ohne Sanktionen kenntlich zu machen, wenn sie einen Arbeitsschritt, eine Anweisung oder den Prozess einer Zielerreichung nicht verstanden haben. Dies kostet zwar anfänglich mehr Ressourcen – in Form von Zeit und Einsatzbereitschaft des oder der Vorgesetzten – und stellt damit für Führungskräfte auch eine zusätzliche Beanspruchung dar, dennoch führen sauber ausgeführte Arbeiten langfristig zu weniger Energieaufwand, um Fehler und Folgefehler zu beheben oder Produkte auszuliefern, die nicht den internen Qualitätsstandards genügen und damit aufseiten der Kundenzufriedenheit Erfolg einzubüßen. Auch im Dienstleistungssektor kann fehlendes Verstehen bei den Mitarbeitenden zu unprofessionellen Interaktionen mit den Kund*innen und entsprechender Unzufriedenheit führen.

Für die Selbstreflexion von Führungskräften ist es daher entscheidend, ein genaues Wissen darüber zu haben, was sie selbst wissen und verstehen, und an welchen Stellen sie andere Experten hinzuziehen sollten. Nur das, was Sie selbst im Detail verstehen, können Sie anderen auch verständlich erklären. Immer dann, wenn Führungskräfte neue Prozesse vorgeben, sollten sie sich folgende Fragen selbst stellen:

Selbstreflexion: Eigene Verstehbarkeit überprüfen

- Habe ich sprachliche Barrieren, die hier eine Rolle spielen, um die Aufgabe perfekt zu delegieren oder zu erledigen?
- Verstehe ich, welche Erwartungen meine Geschäftspartner*innen, aber auch meine Mitarbeitenden in diesem Prozess an mich in der Funktion der Führung haben?
- Kann ich mir den Zielzustand vorstellen und bin ich mir sicher, dass ich erkenne, wenn der Zielzustand erreicht oder eben auch nicht erreicht ist? Gibt es hierfür Kriterien, die messbar und damit überprüfbar sind, oder wie kommt es zu meinen Entscheidungen?
- Weiß ich, wie die Teilschritte zur Zielerreichung aussehen müssen? Habe ich genügend (fachliches) Verständnis für die Teilschritte? Wen ziehe ich sonst als Expert*innen hinzu?
- Kenne ich die Prozesse, die mit der Zielerreichung dieses Prozesses zusammenhängen?
- Sind Prozesskonflikte oder Zielkonflikte zu erwarten?

- Können Synergien auf dem Weg zur Zielerreichung genutzt werden?
- Weiß ich, welche Hilfsmittel zur Zielerreichung notwendig sind?
- Kenne ich die konkreten Zeitvorgaben, z. B. der Geschäftspartner*innen, aber auch der Mitarbeitenden in Bezug auf Arbeitszeitkapazitäten, Einsatzplanung usw.?
- Weiß ich, wen ich an welcher Stelle hinzuziehen kann, um fachliches Wissen oder andere Ressourcen zu erhalten?
- Weiß ich, an wen ich mich selbst wenden kann, wenn ich etwas selbst nicht (genau) verstehe?
- Habe ich einen klaren Entscheidungsrahmen in dieser Sache?

Immer wenn Führungskräfte nicht alle dieser Reflexionsfragen mit einem „Ja" für sich beantworten können, ist es geboten, innezuhalten und zu überprüfen, wie fehlende Informationen beschafft werden können. Es sollten verschiedene Instrumente in Betracht gezogen werden, um die Informationen zu gewinnen oder andere Mitarbeitende in den Prozess miteinzubeziehen. So kann es beispielsweise sinnvoll sein, zu überprüfen, ob genügend Aufgaben an Fachkräfte delegiert wurden und ob diese Fachkräfte in einer Feedbackschleife genügend Informationen gegeben haben. Gleichzeitig kann es hilfreich sein, auf externe Beratende zurückzugreifen und sich damit ein Know-how einzukaufen, was vor Ort nicht in der Spezifizierung abrufbar ist.

Wichtig bleibt hier festzuhalten, dass eine Führungskraft unmöglich über alle Bereiche genügend Kenntnisse haben kann, um sie zu überblicken und ein komplettes Verständnis zu erlangen, insbesondere, wenn es sich um sehr komplexe Prozesse handelt. Umso wichtiger ist es also in der Führung, Informationen zu sammeln, Aufgabenstellungen zu reflektieren und Führungsaufgaben in klaren Teilbereichen zu delegieren und bei den hinzugezogenen Personen wieder Verstehbarkeit herzustellen bzw. herstellen zu lassen. Auch diese Personen müssen dann in ihrer Weiterführung der Prozesse und in ihrer Führung auf Verstehbarkeit achten.

▶   Wenn jede*r Mitarbeitende in seinem oder ihrem Bereich die maximale Verstehbarkeit erlebt, werden Prozesse sehr viel sicherer ablaufen und Fehler werden früher erkannt werden können.

Führungskräfte provozieren unnötig dysfunktionale Prozesse, wenn sie nicht genau prüfen, ob sie eine Aufgabenstellung, einen Prozess, eine Anweisung oder eine Idee selbst genügend verstanden haben, um als Führungskraft dann auch entsprechend wirken zu können. Wenn eine Führungskraft die Aufgaben selbst nicht versteht und sie dann auf Mitarbeitende abwälzt, die sie wiederum nicht verstehen, so scheidet die Führungskraft an dieser Stelle bereits aus der Kooperation aus.

Auch hier geht es also wieder um Selbstreflexion und die eigene Auseinandersetzung mit dem Thema. Dies beinhaltet, dass Führungskräfte, bevor sie überhaupt

in die Kommunikation mit Mitarbeitenden gehen, um Prozesse oder Arbeitsschritte anzuweisen, diese selbst für sich vollständig durchdacht haben, Zielklarheit gewonnen haben und auch erste Wege zur Zielerreichung skizzieren können.
Die oben dargestellten Reflexionsfragen sollen die Führungskraft in diesem
Prozess unterstützen.

Natürlich ist es als Führungskraft nicht möglich, in allen Bereichen solche
Fachkompetenz zu haben, dass Sie selbst die Prozesse bis ins kleinste Detail
durchdringen. Es ist selbstverständlich dann nicht Ihre Aufgabe, maximale
eigene Verstehbarkeit herzustellen. Wichtig ist es jedoch, zu erkennen, wo das
eigene Expertenwissen fehlt und dann ggf. mithilfe anderer (z. B. Bereichs- oder
Abteilungsleitende mit entsprechendem Fachwissen) oder durch eine verstehbare
Erklärung des Zielzustandes dafür zu sorgen, dass die Mitarbeitenden Verstehbarkeit in ihrem Verantwortungsbereich erlangen.

Verstehbarkeit verstärken trotz fehlender Detailkenntnisse der Führung
Der Mitarbeitende sollte Antworten auf Fragen für sich finden können, wie:

- Was ist genau der Zielzustand?
- Woran erkenne ich, dass das Ergebnis erreicht ist?
- Wie, wo und wodurch kann das Ergebnis erreicht oder eben auch nicht
  erreicht werden?
- Was sind mögliche Hindernisse auf dem Weg?
- Welche Informationen brauche ich von der Führungsebene oder anderen
  Beteiligten zum besseren Verständnis, um das Ziel maximal gut umzu-
  setzen?

Damit Mitarbeitende in den eigenen Reflexions- und Verantwortungsübernahme-
prozess einsteigen können, ist es zwangsläufig wichtig, dass die Führungskraft
eine Vision oder einen Zielzustand benennen kann, der verstehbar ist.

Um diesen Prozess gelingend zu unterstützen, ist es notwendig, dass die
Führungskraft auch Vorbild im Umgang mit Unwissenheit und Fehlern ist und
eine funktionale Fehlerkultur in der Belegschaft fördert. Erst wenn klar ist, dass
Unwissenheit und Fehler zu Arbeitsprozessen dazugehören, können die Mitarbeitenden ihre eigene Scham überwinden, ihr Unwissen zu kommunizieren
und nachzufragen, sobald für sie die Verstehbarkeit in einem Prozess oder einer
Arbeitsanweisung nicht gegeben ist. Die Führungskraft sollte also nicht nur die
eigene Verstehbarkeit reflektieren, sondern vor allem auch die eigene Unwissenheit transportieren und signalisieren, dass es normal ist, dass man etwas nicht weiß
und dass nur durch Nachfragen (statt Vertuschung oder Widerstand) Erkenntnis-
gewinn und letztendlich Erfolg möglich sind.

10.3 Dimension Bewältigbarkeit und der Blick auf eigene Ressourcen

Die Frage, die wir uns im Kap. 5 zur Bewältigbarkeit auf der Ebene der Personalführung genauer angesehen haben, nämlich: „Hat mein Gegenüber genügend Ressourcen, um zu tun, was es tun soll?" ist ebenfalls eine Basis der Selbstführung, indem wir uns fragen: Habe ich genügend Ressourcen, um zu tun, was ich tun soll?

▶ Die Analyse der eigenen Ressourcen ist ein Standard erfolgreicher Führungskräfte.

Eine Übersicht über mögliche Ressourcen, die eine Führungskraft dabei auch für die eigene Person regelmäßig in den Blick nehmen sollte, findet sich auf Seite 86 in (Tab. 5.3).

Erfolgreiche Führungskräfte zeichnen sich dabei nicht nur dadurch aus, dass sie viele Ressourcen real zur Verfügung haben, sondern dass sie Ressourcen auch erkennen, wo andere sie vielleicht nicht erkennen, weil ihre Wahrnehmung (vgl. Kap. 5) entsprechend unfokussierter ist. So sagte Winston Churchill: *„Ein Optimist sieht eine Gelegenheit in jeder Schwierigkeit; ein Pessimist sieht eine Schwierigkeit in jeder Gelegenheit."*

Dabei ist es allerdings wichtig, die Ressourcen tatsächlich zur Verfügung zu haben und nicht in eine verdrängende Art des positiven Denkens oder eine unrealistische (Selbst-)Bestärkung mit blumigen Worten wie „Du schaffst das" zu verfallen (Tenney et al., 2015). Dies kann vielleicht sogar negative Ergebnisse hervorrufen und sollte unbedingt vermieden werden.

Es geht also in der Selbstführung sowie in der Personalführung immer um eine möglichst realistische Abbildung der zur Verfügung stehenden Ressourcen und eine daraufhin entsprechend angepasste Zielformulierung. Dabei sollten die Ziele stets anspruchsvoll, aber unter Einsatz der zur Verfügung stehenden Ressourcen realistisch erreichbar sein (vgl. Abschn. 8.2).

Folgende Fragen unterstützen die Selbstreflexion, wobei anzumerken ist, dass die Frage nach Bewältigbarkeit und Ressourcenverfügbarkeit so vielseitig ist, dass sie hier nicht umfänglich dargestellt werden kann. Eine ergänzende Darstellung entnehmen Sie Kap. 5.

Selbstreflexion: Eigene Bewältigbarkeit überprüfen

Umweltbezogene Ressourcen (Beispiele)

- Stehen mir geeignete Umgebungsfaktoren zur Verfügung wie Räume, technische Ausstattung, Hilfsmittel, Werkzeuge etc.?
- Sind die Strukturen effektiv? Wie z. B. Informationsfluss, Feedbackschleifen, Ordnungssysteme etc.?

Fähigkeiten und Fertigkeiten (Beispiele)

- Habe ich genügend Fähigkeiten und Fertigkeiten, um in diesem Bereich zu führen?
- Welche Fähigkeiten sind genau von Vorteil? Kann ich sie ausbauen?
- Welche Fertigkeiten könnte ich ausbauen, um besser zu sein in meinem Bereich?

Weitere internale physische Ressourcen (Beispiele)

- Achte ich genügend auf meine körperlichen Bedürfnisse wie Regeneration, Schlaf, Ernährung, Flüssigkeitszufuhr?
- Achte ich auf einen guten körperlichen Gesundheitszustand?

Weitere internale psychische Ressourcen (Beispiele)

- Kann ich mich selbst motivieren?
- Kann ich meine Kreativität abrufen, wenn ich sie brauche?
- Traue ich mir die Aufgabe zu? Bin ich neugierig? Bin ich lernwillig?
- Kenne ich meine Stärken? Bin ich fokussiert darauf, sie einzusetzen?
- Kann ich mich gut selbst regulieren?
- Kann ich mich selbst disziplinieren?
- Kann ich mich selbst wertschätzen?
- Verfüge ich über eine gute Selbsteinschätzung? Stimmen Fremd- und Selbstbild meist überein?
- Habe ich genügend Kompetenzen in der Selbstorganisation?
- Bin ich konflikt- und kritikfähig?

Soziale Ressourcen (Beispiele)

- Befinde ich mich in einem unterstützenden sozialen Klima?
- Kann ich auf Hilfe anderer vertrauen?
- Habe ich ein gut funktionierendes Netzwerk?
- Habe ich enge, unterstützende Freundschaften?

Privater Bereich (Beispiele)

- Habe ich ein unterstützendes Familiensystem, welches meine beruflichen Entscheidungen mitträgt?
- Habe ich ausgleichende Hobbys und Beschäftigungen, um außerhalb der Arbeit zu regenerieren?
- Habe ich andere Lebensbereiche, in denen ich ebenfalls Anerkennung erhalte und Wertschätzung erfahre?
- Stehen meine Arbeitszeit und meine Freizeit in Bezug auf meine Bedürfnisse in einem ausgewogenen Verhältnis zueinander?

Im Idealfall können Sie alle Fragen mit einem klaren Ja beantworten oder Sie sind für ihren Arbeitsbereich nicht von Bedeutung. Bilden Sie gerne auch ähnliche Fragen, die Ihnen für Ihren Arbeitsbereich besser geeignet scheinen und prüfen Sie, ob Sie auch diese mit Ja beantworten können. Dort, wo Sie Fragen nicht mit einem Ja beantworten können, liegen Ihre Entwicklungsbereiche im Sinne der Ressourcensteigerung.

Während wir den privaten Bereich im Kap. 5 auf der Ebene der Personalführung nicht in den Blick genommen haben, tun wird dies im Bezug auf die Selbstführung. Es ist wichtig, dass Sie nicht nur auf genügend Ressourcen in Bezug auf Ihr Arbeitsumfeld achten, sondern auch selbst lebenslang in Entwicklung bleiben und Ihr Selbstkonzept an die äußeren Erfordernisse anpassen oder wiederum die äußeren Erfordernisse an Ihr sich wandelndes Selbstkonzept anpassen. Im Bereich der Selbstführung wird es immer eine Wechselwirkung zwischen Arbeits- und Privatbereich geben und insofern ist es wichtig, dass Sie Ihre Ressourcen allumfassend in den Blick nehmen, um dann eine möglichst hohe Bewältigbarkeit im Arbeitsbereich herzustellen und letztlich die Führungskraft zu sein, die genügend Ressourcen hat, um zu tun, was sie tun soll – und will.

10.4 Dimension Sinnhaftigkeit und der eigene Sinn des Lebens

Der letzte Absatz des Abschnitts Bewältigbarkeit und eigene Ressourcen endete mit dem Satz: „… und will“. Dem „will“ kommt eine große Bedeutung zu, wenn es um die Frage der Sinnhaftigkeit geht.

- Will ich das tun, was ich gerade tue?
- Und wenn ja, warum?
- Warum ergibt es für mich Sinn?
- Warum setze ich meine Lebenszeit für diese Art von Arbeit ein?
- Warum entscheide ich mich in einer bestimmten Art und Weise?

Im Bereich der Selbstführung geht es im WVBSW-Modell beim Aspekt Sinnhaftigkeit um die Frage des inneren Kompasses, der nötige Voraussetzung für gelingende Kooperation ist.

- Worum geht es eigentlich für mich?
- Habe ich die große Vision vor Augen?
- Weiß ich jeden Tag, warum ich meine Prioritäten in einer bestimmten Art und Weise gesetzt habe? Nutze ich meine begrenzt verfügbare Zeit für die richtigen Dinge?

Wer seine Bedürfnisse nicht kennt, der kann schwer in gelingende Kooperation mit anderen gehen (vgl. Abb. 1.1).

Die Frage nach dem Sinn kann Probleme verkleinern, weil wir bemerken, dass wir uns an Themen aufhalten, die kaum einer Beachtung Wert sind, weil sie das Große und Ganze, die Zielerreichung nur minimal tangieren. Hier ist es sinnvoll, weder in der Selbst- noch in der Personalführung viel Energie in solche Probleme zu stecken und sich nicht in unwichtigen Details zu verlieren.

▶   Die Reflexion der Sinnhaftigkeit hilft, Prioritäten richtig zu setzen und
    Energie, Zeit und Ressourcen für die richtigen Dinge zu nutzen.

Stellen Sie sich vor, Sie haben ein Ladengeschäft in einer Kleinstadt und ihr*r arbeitende*r gestaltet wiederholt die Auslage etwas anders als vorgegeben. Da bricht vor ihrem Geschäft eine ältere Dame zusammen. Der oder die Mitarbeitende*r leistet umgehend und beherzt Erste Hilfe. Später gibt es einen Zeitungsartikel über seinen Hilfseinsatz, bei dem ein Foto des oder der Mitarbeitenden vor Ihrem Geschäft gedruckt wird. Kleine Dinge, die man so oder so machen kann, verlieren manchmal Bedeutung, wenn man sich den größeren Rahmen ansieht.

Gleichzeitig sind kleine Ungenauigkeiten mit dem WVBSW-Modell schnell zu beheben. Warum hält er sich nicht an die Vorgaben der Auslage? Fühlt er sich nicht gesehen? Hat er nicht genau verstanden, was er tun soll? Fehlen ihm Ressourcen? Sieht er keinen Sinn darin, es auf diese bestimmte Art und Weise zu tun? Was auch immer es ist, Sie könnten es in kürzester Zeit mit effektiven Fragen herausfinden und Abhilfe schaffen.

Andere Probleme können ohne die Betrachtung der Sinnhaftigkeit enorm groß werden. So beschreibt Covey (2011, S. 113): *„Man kann ganz leicht in eine Aktivitätsfalle geraten, in der Geschäftigkeit des Lebens gefangen sein, härter und härter für die nächste Sprosse auf der Erfolgsleiter arbeiten, um dann zu entdecken, dass die Leiter, auf der man steht, an die falsche Mauer gelehnt ist. Es ist möglich, sehr, sehr beschäftigt, aber nur wenig effektiv zu sein."*

Einige Reflexionsfragen sollen Ihnen helfen, auch die Dimension Sinnhaftigkeit einmal in Bezug auf die eigene Rolle in der Führung zu betrachten.

Selbstreflexion: Eigene Sinnhaftigkeit überprüfen
Wenn wir uns bewusst machen, dass unsere Lebenszeit auf dieser Erde begrenzt ist:

- Käme mir mein Arbeitseinsatz der letzten Jahre sinnvoll vor?
- Käme mir mein Arbeitseinsatz der letzten Wochen sinnvoll vor?
- Käme mir meine Tagesstruktur, die Zeit, die ich für bestimmte Projekte verwende, sowie die Priorisierung sinnvoll vor?
- Wo würde ich justieren, um in Bezug auf mein Leben ein Gefühl von mehr Sinnhaftigkeit herzustellen?

Fokussieren Sie sich nun nicht auf Ihre begrenzte Lebenszeit, sondern gehen Sie Ihr tägliches Tun in Bezug auf die Zielerreichung der Vorgaben durch:

- Was ist Ihre Vision? Können Sie diese Vision in wenigen Sätzen auf den Punkt bringen?
- Wer definiert Ihre Ziele? Sind das Ihre Ziele? Können Sie sich damit identifizieren?
- Gibt es Konflikte zwischen Ihrer Vision oder Ihren Zielen und anderen vorgegebenen Zielen?
- Wie beschreiben Sie Ihre Haltung?
- Welche Werte sind Ihnen wichtig? Wofür stehen Sie ein?
- Welche Werte sollten aus Ihrer Sicht im Unternehmen gelebt werden? Gibt es zwischen Ihren Werten und den Werten des Unternehmens eher große oder kleine Schnittmengen?
- Wie übertragen Sie Ihre Werte in das konkrete tägliche Tun, z. B. in der Führung?
- Gibt es Haltungs- oder Wertekonflikte?
- Erscheinen Ihnen die Ziele sinnvoll, um die angestrebten Entwicklungen zu erreichen?

Gehen Sie nun auf die Ebene des Tagesgestaltung:

- Ist Ihre Tagesgestaltung in Struktur und Abläufen entsprechend an Ihren Zielen orientiert?
- Gibt es Anteile, die für Sie weniger sinnvoll sind als andere und die genauso gut delegiert werden können?
- Können Sie durch eine Schärfung Ihres täglichen Tuns Ihrem Arbeitstag im Gesamtbild mehr Sinn geben?
- Leben Sie Ihre Haltung und Ihre daraus resultierenden Werte so, dass sie für Stakeholder, z. B. in Ihrem Verhalten, in Ihrer Kommunikation, sichtbar sind?

Sinnhaftigkeit kann nicht nur das eigene Leben erfüllender machen. Gelebte Sinnhaftigkeit kann sich auf ein gesamtes Unternehmen auswirken. Wenn Führungskräfte sich stark mit dem, was sie tun, identifizieren können und Sinn erleben, so können sie diesen Sinn in die Belegschaft transportieren und damit von vielfältigen Vorteilen profitieren. Ein Beispiel aus der Praxis soll dies verdeutlichen.

Beispiel: Sinnhaftigkeit umfassend steigern

Bodo Janssen ist Geschäftsführer der Hotelkette Upstalsboom. Bei einer Mitarbeiter*innen befragung erhielt er 2010 ein niederschmetterndes Ergebnis. Sein Unternehmen war bis zu diesem Zeitpunkt ausgerichtet auf Gewinnmaximierung und das Handeln der Führungsriege war auf Qualität und Wirtschaftlichkeit ausgerichtet. Die Mitarbeitenden sahen sowohl den Geschäftsführer als auch das Unternehmen sehr kritisch, die Mitarbeitenden

zeigten eine niedrige Arbeitszufriedenheit. Herr Janssen hinterfragte die Sinnhaftigkeit seines Tuns. Das Unternehmen investierte in der Folge intensiv in
die Persönlichkeitsentwicklung der Führenden. Es fanden Klosterseminare
mit Anselm Grün statt, die Führungskräfte und die Mitarbeitenden setzten
sich intensiv mit dem Thema Sinnhaftigkeit auseinander. Daraus folgte eine
starke Veränderung des Führungsverständnisses. Durch Potenzialentfaltungs-
seminare wurde das Sinnerleben der Mitarbeitenden gestärkt. Die Geschäftsführung berichtete in der Folge vom Rückgang der Krankheitstage, von einer
Verdopplung des Umsatzes, mehr Vertrauen, Offenheit sowie einem Klima der
Zufriedenheit, welches sich auch auf die Gäste übertragen hatte. (Quelle: Der
Upstalsboom   Weg. https://www.youtube.com/watch?v=culjElgNTmw&t=2s.
Zugriffen: 12.11.2021). ◄

Wenn Führungskräfte, wie im Beispiel des Bodo Janssen, ihre eigene Haltung,
ihre Werte und den Sinn in ihrem Tun hinterfragen und sich in ihrer Persönlichkeit
entwickeln, dann entsteht daraus Authentizität. Diese Echtheit wiederum hat viele
Vorteile in der Mitarbeitendenführung, weil sie das Vertrauen, die Konsistenz der
Führungsperson und auch die Bindung an das Unternehmen stärkt.

10.5   Dimension Wohlbefinden der Führungskraft

Wohlbefinden lässt sich unterteilen in körperliches, mentales und soziales Wohlbefinden (vgl. Kap. 7). Führungskräfte sollten nicht nur auf das Wohlbefinden
ihrer Mitarbeitenden in diesen drei Bereichen achten, sondern auch ihr eigenes
Wohlbefinden in der täglichen Arbeit im Blick behalten.

Um im Bereich des Wohlbefindens ein Vorbild für Mitarbeitende zu sein
und zugleich aber auch vom positiven Effekt des Wohlbefindens auf die eigene
Leistungsfähigkeit und Lebenszufriedenheit zu profitieren, sollen einige
Reflexionsfragen Ihnen die Möglichkeit geben, diese Bereiche für sich zu prüfen
und bei Bedarf Veränderungen anzugehen.

> **Selbstreflexion: Eigenes Wohlbefinden überprüfen**
>
> **Reflexion des körperlichen Wohlbefindens:**
>
> - Bin ich mit meiner körperlichen Belastbarkeit zufrieden?
> - Habe ich Probleme in bestimmten Körperregionen, die ich angehen sollte,
>   weil sie meine Leistungsfähigkeit und mein Wohlbefinden beeinträchtigen
>   (z. B. Nackenschmerzen von langer PC-Arbeit)?
> - Erlebe ich mich als vital? Kann ich mich gut an meine Umwelt und die
>   damit verbundenen Erfordernisse anpassen?
> - Bin ich (auch in Stressphasen) genussfähig und kann mir Zeit und Ruhe
>   nehmen, um Genuss zu erleben? Kann ich mir Muße und Entspannung
>   erlauben?

- Erlebe ich innere Ruhe? Finde ich gut in den Schlaf und erlebe einen erholsamen Schlaf? Kann ich auch im Arbeitsalltag immer wieder Momente der inneren Ruhe erleben und daraus Kraft ziehen?
- Sorge ich für gesunde Ernährung und genügend Flüssigkeitszufuhr im Laufe des Arbeitstages?
- Erlaube ich mir Bewegung im Verlauf des Arbeitstages?

Reflexion des mentalen Wohlbefindens:

- Erlebe ich regelmäßig auch während der Arbeit positive Emotionen wie z. B. Dankbarkeit, Freude, Heiterkeit und Zuversicht?
- Gibt es Tätigkeiten, in denen ich aufgehe und alles um mich herum vergessen kann?
- Bin ich in der Lage, positive Beziehungen aktiv zu gestalten?
- Erlebe ich Sinn in meinem Tun? Habe ich Bereiche in meinem Leben, für die ich mich intensiv engagiere?
- Erreiche ich Ziele und erlebe mich als selbstwirksam?
- Kann ich Erfolge feiern?
- Kann ich selbstfürsorglich sein (Holzrichter, 2016)? Lebe ich Selbstachtsamkeit, Selbstakzeptanz und Selbstwertschätzung?

Reflexion des sozialen Wohlbefindens:

- Sind die räumlichen Voraussetzungen bei der Arbeit wie im Privatbereich gegeben, sodass ich soziales Wohlbefinden erleben kann?
- Erlebe ich Zugehörigkeit zu einer Gruppe? Fühle ich mich emotional zum Unternehmen zugehörig? Erlebe ich Gemeinschaft auch mit den Mitarbeitenden?
- Gestalte ich positive soziale Interaktionen, zum Beispiel durch meine Kommunikation, aber auch durch Aktionen, die mich positiv mit anderen Menschen verbinden?
- Bin ich mit meinen Beziehungen, am Arbeitsplatz, im Freundes- und im Familienbereich, zufrieden? Wenn nein, was müsste besser sein?

Die Reflexion Ihres eigenen Wohlbefindens gemeinsam mit der Reflexion zur Selbstwertschätzung (vgl. Abschn. 10.1) wird Ihnen helfen, sich selbst besser zu behandeln und einen selbstfürsorglicheren Weg zu gehen. Selbstfürsorge umfasst dabei nach Holzrichter (2016) die Selbstachtsamkeit, die Selbstakzeptanz und die Selbstwertschätzung.

▶ **Selbstfürsorge setzt sich zusammen aus:**
Selbstachtsamkeit: die eigenen Bedürfnisse und Gefühle wahrzunehmen, sie zu achten, zu äußern und danach zu handeln.

Selbstakzeptanz: die eigenen Stärken, Schwächen und Grenzen zu schätzen und zu akzeptieren.

Selbstwertschätzung: eine wohlwollende inneren Haltung sich selbst gegenüber.

Ihr eigenes körperliches, mentales und soziales Wohlbefinden, gestärkt durch eine selbstfürsorgliche Haltung, wird sich auf Ihre Mitarbeitenden übertragen und so werden Sie positive Spiralen in Gang setzen können, die über Ihr gesteigertes Wohlbefinden das Wohlbefinden der anderen Führungskräfte und Mitarbeitenden stärken. Eine persönliche Führungskräfteberatung oder ein Coaching kann Ihnen dabei helfen, Ihre Persönlichkeit zu reflektieren und zu entwickeln.

Fazit

Eine Führungskraft ist dann ein erfolgreiches Vorbild für ein gelingendes (Arbeits-)Leben für die Mitarbeitenden im Unternehmen sowie für weitere Stakeholder, wenn sie mit sich selbst einen selbstwertschätzenden Umgang pflegt, ein klares eigenes Verständnis ihrer Aufgaben hat und Aufgaben entsprechend verstehbar delegieren kann, ihre eigenen Ressourcen im Blick hat und stärkt, Sinn erlebt und diesen über Visionen und Ziele transportieren und im Alltag erlebbar machen kann, eine Haltung der Selbstfürsorge an den Tag legt und für das eigene Wohlbefinden und darüber den Erhalt der eigenen Leistungsfähigkeit sorgt.

Literatur

Badura, B. (2010). Wege aus der Krise. In B. Badura, H. Schröder, J. Klose, & K. Macco (Hrsg.), *Fehlzeiten-Report 2009. Arbeit und Psyche: Belastungen reduzieren – Wohlbefinden fördern.* Springer.

Badura, B., Ducki, A., Schröder, H., Klose, J., & Meyer, M. (2020). *Fehlzeiten-Report 2020. Gerechtigkeit und Gesundheit.* Springer.

Covey, S. R. (2011). *Die sieben Wege zur Effektivität. Prinzipien für persönlichen und beruflichen Erfolg* (20. Aufl.). GABAL.

Enste, D., Kürten, L., & Schwarz, I. (2020). *Vertrauen in Unternehmen: Die Bedeutung von Vertrauen in Krisenzeiten.* IW-Report, Nr. 45. Köln, Institut der deutschen Wirtschaft (IW).

Franke, F., Vincent, S., & Felfe, J. (2011). Gesundheitsbezogene Führung. In E. Bamberg, A. Ducki, & A.-M. Metz (Hrsg.), *Handbuch Betriebliche Gesundheitsförderung und Gesundheitsmanagement in der Arbeitswelt* (S. 371–393). Hogrefe.

Haarer, J. (1934). *Die deutsche Mutter und ihr erstes Kind.* Lehmanns.

Holzrichter, T. (2016). *Selbstfürsorge als Basis der Lehrergesundheit – Strategien, Tipps und Praxishilfen.* Verlag an der Ruhr.

Tenney, E. R., Logg, J. M., & Moore, D. A. (2015). (Too) optimistic about optimism: The belief that optimism improvesperformance. *Journal of personality and social psychology,108*(3), 377.

Stichwortverzeichnis

The manufacturer's authorised representative in the EU is Springer
Nature Customer Service Centre GmbH, Europaplatz 3, 69115 Heidelberg,
Germany. If you have any concerns regarding our products, please
contact ProductSafety@springernature.com

Printed and bound by CPI Group (UK) Ltd, Croydon, CR0 4YY
28/04/2026
02098499-0007